Philosophische Hermeneutik

Akademie Studienbücher

Philosophie

Karen Joisten

Philosophische Hermeneutik

Akademie Verlag

Die Autorin:
Prof. Dr. Karen Joisten, Jg. 1962, unterrichtet an der Johannes Gutenberg-Universität Mainz

Bibliografische Information der Deutschen Nationalbibliothek
Die Deutsche Nationalbibliothek verzeichnet diese Publikation in der Deutschen Nationalbibliografie; detaillierte bibliografische Daten sind im Internet über http://dnb.d-nb.de abrufbar.

ISBN 978-3-05-004400-2

© Akademie Verlag GmbH, Berlin 2009

www.akademie-studienbuch.de
www.akademie-verlag.de

Das eingesetzte Papier ist alterungsbeständig nach DIN/ISO 9706.
Alle Rechte, insbesondere die der Übersetzung in andere Sprachen, vorbehalten. Kein Teil dieses Buches darf ohne schriftliche Genehmigung des Verlages in irgendeiner Form – durch Fotokopie, Mikroverfilmung oder irgendein anderes Verfahren – reproduziert oder in eine von Maschinen, insbesondere von Datenverarbeitungsmaschinen, verwendbare Sprache übertragen oder übersetzt werden.

Einband- und Innenlayout: milchhof : atelier, Hans Baltzer Berlin
Einbandgestaltung: Kerstin Protz, Berlin, unter Verwendung von Giovanni da Bolognas *Merkur* (1580)
Satz: Druckhaus »Thomas Müntzer« GmbH, Bad Langensalza
Druck und Bindung: CS-Druck Cornelsen Stürtz GmbH, Berlin

Printed in Germany

Philosophische Hermeneutik

1	**Einführung in die philosophische Hermeneutik**	7
1.1	Verstehen und Auslegen	9
1.2	Zur Geschichte der Hermeneutik(en)	12
1.3	Philosophische Hermeneutik – was ist das?	16
2	**Hermeneutische Anfänge in der Antike**	21
2.1	Platon und die hermeneutische Leistung des Rhapsoden	23
2.2	Hermeneutik und Dialektik bei Platon	28
2.3	Aristoteles' Aussagelogik	30
3	**Die allegorische Schriftauslegung**	35
3.1	Philon und der zweifache Schriftsinn	37
3.2	Origines und der dreifache Schriftsinn	42
3.3	Der vierfache Schriftsinn	46
4	**Augustinus: Die „erste ‚Hermeneutik' großen Stils"**	49
4.1	Regeln zur Deutung der Heiligen Schrift	51
4.2	Das innere und das äußere Wort	56
4.3	Die „abgründigere Tiefe unserer Erinnerung"	60
5	**Die protestantische Bibelexegese**	65
5.1	Luthers Diktum: Der „literalis sensus, der thuts"	67
5.2	Melanchthons hermeneutische Rhetorik	71
5.3	Flacius' Schlüssel zur Heiligen Schrift	76
6	**Die allgemeine Auslegungskunst in der Aufklärung**	81
6.1	Dannhauers Idee eines wahren Interpreten	83
6.2	Chladenius' „Auslege-Kunst"	85
6.3	Meiers Versuch einer allgemeinen Auslegungskunst	89
7	**Die allgemeine Hermeneutik Friedrich Schleiermachers**	95
7.1	Hermeneutik als Kunst des Verstehens	97
7.2	Grammatische und psychologische Seite der Auslegung	101
7.3	Die Rede besser verstehen als ihr Urheber	105
8	**Diltheys Grundlegung der Geisteswissenschaften**	109
8.1	„Gesetzmäßiger Gang" der Hermeneutik	111
8.2	Erleben, Ausdruck und Verstehen	115
8.3	Formen des Verstehens	118

9	**Heideggers Hermeneutik des Daseins**	123
9.1	Befindlichkeit und Verstehen	125
9.2	Die Auslegung	130
9.3	Sinn und Aufgabe der Hermeneutik	132

10	**Gadamers hermeneutische Ontologie**	139
10.1	Vorurteile als Bedingungen des Verstehens	141
10.2	Das Prinzip der Wirkungsgeschichte	145
10.3	Am Leitfaden der Sprache	149

11	**Hermeneutik und Ideologiekritik**	153
11.1	Die Gadamer-Habermas-Kontroverse	155
11.2	Tiefenhermeneutik und szenisches Verstehen	160
11.3	Szientistik, Hermeneutik, Ideologiekritik	163

12	**Ricœurs reflexive Hermeneutik**	169
12.1	Der Text, die Interpretation und die Welt	171
12.2	Hermeneutik und Reflexionsphilosophie	174
12.3	Die narrative Identität	178

13	**Derridas Dekonstruktion**	183
13.1	Destruktion und De-kon-struktion	185
13.2	Eine Lektüre von Platons *Phaidros*	188
13.3	Die Schrift und die Differenz	193

14	**Hermeneutik heute**	197
14.1	Tendenzen und Perspektiven	199
14.2	Eine Hermeneutik des Bildes	202
14.3	Die interkulturelle Hermeneutik	206

15	**Serviceteil**	211
15.1	Allgemeine bibliografische Hilfsmittel	211
15.2	Forschungsinstitutionen und Web-Adressen	212
15.3	Werkausgaben, Periodika und Institutionen zu einzelnen Autoren	213

16	**Anhang**	223
16.1	Zitierte Literatur	223
16.2	Abbildungsverzeichnis	233
16.3	Personenverzeichnis	234
16.4	Glossar	237

1 Einführung in die philosophische Hermeneutik

Abbildung 1: Monika Manthei: Ohne Titel (2002)

Auf dem Gemälde von Monika Manthei sieht man im Hintergrund eine Gruppe Menschen, von der eine einzelne Person rechts im Vordergrund abgehoben ist. Sie scheint fremd in diesem Kreis, vielleicht fühlt sie sich nicht verstanden und hat sich deshalb zurückgezogen. Vielleicht können die anderen aber auch nichts mit ihr anfangen und grenzen sie deswegen aus. Unabhängig davon, wie man sich die Abseitsstellung dieser vereinzelten Gestalt erklärt, zeigt sich in dem Spannungsverhältnis, das zwischen ihr und den anderen Gruppenmitgliedern besteht, bereits anschaulich die hermeneutische Grundsituation. Sie entsteht nämlich immer dort, wo eine Differenz zwischen Eigenem und Anderem, Bekanntem und Unbekanntem, Vertrautem und Fremdem auftaucht und eine Vermittlung zwischen diesen Seiten erforderlich wird. Das Verstehen geschieht dann nicht mehr unmittelbar auf eine selbstverständliche Weise, sondern muss von den Beteiligten gewollt und schrittweise vollzogen werden. Nur so kann die Differenz überbrückt und ein auf Verständnis gründendes Miteinander möglich werden.

Die Anfänge einer philosophischen Hermeneutik, die sich in einem allgemeinen Sinne als Kunst des Verstehens und Auslegens auffassen lässt, können bereits im 4. Jahrhundert v. Chr. bei Platon und dessen Schüler Aristoteles ausgemacht werden. Seit dieser Zeit ist eine Vielfalt hermeneutischer Ansätze entfaltet worden, die immer wieder einen Wandel im Selbstverständnis der Hermeneutik hervorriefen. So kann man die Geschichte der Hermeneutik auch als eine Geschichte von Hermeneutiken begreifen, die trotz ihrer kontinuierlichen Entwicklung eine Vielzahl originärer Konzeptionen in sich vereint. Will man vor diesem Hintergrund die Frage beantworten, was eine philosophische Hermeneutik heute ist, kann dies, anschaulich gesagt, nur geschehen, wenn man, diese historischen Entwicklungen im Kopf, den Blick nach vorne richtet.

1.1 **Verstehen und Auslegen**
1.2 **Zur Geschichte der Hermeneutik(en)**
1.3 **Philosophische Hermeneutik – was ist das?**

1.1 Verstehen und Auslegen

Jeder Mensch praktiziert in seinem Alltagsleben, ohne dass er sich dessen explizit bewusst sein muss, das, was man ‚Verstehen' nennt. Die Verstehensleistungen erstrecken sich nämlich von den einfachsten Handgriffen bis zur Verarbeitung kompliziertester theoretischer Zusammenhänge. So kann sich der Mensch z. B. darauf verstehen, ein Fenster zu öffnen oder mithilfe eines Hammers einen Nagel in die Wand zu schlagen, er kann die Worte eines Gesprächspartners verstehen oder er kann ein schwieriges Buch wie Immanuel Kants *Kritik der reinen Vernunft* (1781) durcharbeiten und dann von sich in Anspruch nehmen, es verstanden zu haben.

Diese Beispiele zeigen, dass das Verstehenkönnen dem Menschen prinzipiell zu eigen und untrennbar mit seinem Leben, Denken und Handeln verbunden ist. Das Verstehen kann man sogar geradezu als eine universale menschliche Leistung bezeichnen, weil es nicht nur jedem einzelnen Menschen zukommt, sondern auch die grundsätzliche Bedingung für ein funktionierendes Zusammenleben der Menschen darstellt. Versteht der Mensch nämlich einen anderen Menschen – und sei es auch nur in dieser oder jener Hinsicht –, hat er eine Beziehung zu dessen geistigen Horizont hergestellt, wodurch er ihm nicht mehr völlig fremd gegenübersteht und ein Gespräch möglich wird.

Verstehenkönnen

Zur Universalität des Verstehens gehört nicht nur, dass das Verstehen ein Grundvollzug des menschlich-zwischenmenschlichen Seins ist, sondern dass es eine unendliche Aufgabe darstellt. Zum Beispiel kann jederzeit eine Situation oder ein Ereignis eintreten, durch das ein anderer Mensch plötzlich besser verstanden wird als zuvor. Oder man gewinnt ein tieferes Hintergrundwissen zu Immanuel Kants Leben und Werk, das einem bei der zweiten Lektüre von Kants *Kritik der reinen Vernunft* die Augen öffnet und Zusammenhänge besser erfassen lässt, die einem bei der ersten Lektüre völlig entgangen waren. Diese Auffassung vom Verstehen als unendliche Aufgabe bedeutet, dass bei allem Verstandenem stets bisher noch nicht Verstandenes (und das heißt: bisher noch nicht Gedachtes, aber Denkbares) bleibt, was aber prinzipiell verstanden und gedacht werden könnte.

Universalität des Verstehens

Dieser prinzipielle Charakter des Verstehenkönnens darf allerdings nicht darüber hinwegtäuschen, dass das Verstehen untrennbar mit dem Missverstehen verbunden ist. Denn es ist alles andere als selbstverständlich, dass das Verstehen immer in der Weise gelingt, wie es dem Sinnhaften bzw. Intendierten gemäß ist, das man zu begreifen

Verstehen – Missverstehen

versucht. So kann man die Worte eines Gesprächspartners ebenso falsch auffassen, wie man ein mit einer bestimmten Intention verfasstes Schriftstück völlig fehlinterpretieren kann. Aber auch beim Aufeinandertreffen der eigenen Kultur mit einer anderen sind rasch Missverständnisse oder gar Unverständnis möglich. Die anderen Gewohnheiten, Sitten und Gebräuche treten dann plötzlich in Differenz zu denen der eigenen Kultur und erschließen sich nicht in der Weise, wie es ihnen angemessen wäre. Sie erscheinen dann primär fremd und anders, was auf beiden Seiten dann Irritationen, Unsicherheit und Distanzierung zur Folge hat.

Grad der Fremdheit

Denkt man vor diesem Hintergrund über den Grad der Fremdheit beim Verstehen sinnhaltiger Formen nach, lässt sich mit dem Lebensphilosophen Wilhelm Dilthey (1833–1911; → KAPITEL 8) folgendes festhalten:

„Die Auslegung wäre unmöglich, wenn die Lebensäußerungen gänzlich fremd wären. Sie wäre unnötig, wenn in ihnen nichts fremd wäre. Zwischen diesen beiden äußersten Gegensätzen liegt sie also. Sie wird überall erfordert, wo etwas fremd ist, das die Kunst des Verstehens zu eigen machen soll." (Dilthey 1958, S. 225)

An diesem Zitat wird sichtbar, dass das zu Verstehende einem Menschen nicht völlig fremd sein darf, da er diesem sonst frag- und sprachlos gegenüberstünde. Er hätte keinen Anknüpfungspunkt für sein Verstehen und könnte es darum nicht auf seinen eigenen Verstehenshorizont beziehen und eine Vermittlung vornehmen. Würde allerdings das Gegenteil zutreffen und wäre an der zu verstehenden Äußerung rein gar nichts fremd, wie es z. B. bei einem Wettergespräch der Fall ist, dann wäre eine Auslegung des Gehörten überflüssig. Das Verstehen stellt sich dann nämlich von selbst ein und bereitet überhaupt keine Schwierigkeiten.

Die oben zitierte Stelle macht zudem deutlich, dass das, was nach Dilthey ausgelegt wird, immer sogenannte „Lebensäußerungen" sind – also z. B. Texte, Kunstwerke oder auch Mimik und Tanz. Dabei bezieht sich der verstehende Mensch jedoch nicht direkt auf einen Gegenstand, ein Objekt, einen Geist, eine Kultur etc., sondern auf

Sinnhaftes

etwas Sinnhaftes, das durch so etwas wie den Gegenstand (die Lebensäußerung) ausgedrückt wird. Papier und Farbe ergeben darum zusammen ein Ensemble, das der Betrachter aufgrund seiner Erfahrung als ein sinntragendes Gemälde begreift. Der lange Holzstab, an dem rote Borsten befestigt sind, wird als Besen, also als ein Objekt verstanden, das letztlich den Zweck hat, die Straße zu kehren. Und der schweigende Mann, der auf den ersten Blick skurril anmutende Gesten vollführt, wird als Pantomime erfasst, der bestimmte charakteristische Handlungen künstlerisch in Szene setzt.

Ist das Verstehen dergestalt auf etwas Sinnhaftes ausgerichtet, lässt es sich folglich als ein Sinnverstehen auffassen. Es hat die Struktur ‚etwas-als-etwas'-Verstehen, mittels derer ansichtig wird, dass man ‚etwas', das ist die gegebene und zu verstehende Sache (der lange Holzstab mit den roten Borsten), als ‚etwas', nämlich in ihrem Sinn (als Besen), versteht.

Sinnverstehen

Martin Heidegger, einer der wichtigsten Philosophen des 20. Jahrhunderts, hat diese Struktur des ‚etwas-als-etwas'-Verstehens in der Wendung des *hermeneutischen* ‚Als' (→ KAPITEL 9.2) begrifflich zu fassen versucht (vgl. Heidegger 1984, S. 158). Diese Struktur selbst bewegt sich aus seiner Sicht gewissermaßen auf einer elementaren Ebene des Verstehens, da sie in den Aussagen nicht explizit thematisiert wird. In diesem Bereich versteht sich der Mensch z. B. darauf, zum Besen zu greifen und mit ihm die Straße zu kehren. Wenn er aber den Besen prüfend in die Hand nimmt und dann das Urteil fällt: ‚die Borsten sind zu grob', wird der Besen zum Gegenstand einer Aussage. In diesem Moment verlässt der Urteilende die elementare Ebene des Verstehens, in der das hermeneutische Als seinen Ort hat, und gelangt zu der abgeleiteten bzw. sekundären Ebene, in der das sogenannte *apophantische* ‚Als' der Aussage zu finden ist (vgl. Heidegger 1984, S. 158).

„Hermeneutisches Als"

Wendet man sich als Interpret einem schwierigen Auslegungsgegenstand, beispielsweise einem philosophischen Text zu, kann ein methodisch geschultes Auslegen hilfreich sein. Die Art der geschulten Auslegung bezeichnet Dilthey – wenn man erneut auf das von ihm angeführte Zitat blickt – als „Kunst des Verstehens", wobei eine solche Kunst Methoden und Regeln liefert, die ein angemessenes Sinnverstehen des zu interpretierenden Gegenstandes gewährleisten.

„Kunst des Verstehens"

Um nun Verstehen und Auslegen voneinander zu unterscheiden, muss man zunächst darauf hinweisen, dass beide Begriffe häufig ineinander übergehen und im üblichen Sprachgebrauch, aber auch bei ihrer philosophischen Verwendung oft nicht scharf genug getrennt werden. Verstehen lässt sich aber tendenziell als das Sinnverstehen einer gegebenen Sache beschreiben. Das Auslegen ist demgegenüber eher der (methodisch geregelte) Vorgang, der zu diesem Sinnverstehen führt, insofern der Interpret dabei z. B. Anweisungen folgt, die ein ‚richtiges' Textverständnis ermöglichen.

Verstehen und Auslegen

Für den zeitgenössischen Philosophen Matthias Jung sind Auslegen und Verstehen „demnach Wechselbegriffe, von denen der letztgenannte eher das hermeneutische Resultat, ersterer eher den hermeneutischen Prozeß benennt." (Jung 2001, S. 19)

Hermeneutik kann, ausgehend von dieser begrifflichen Unterscheidung, in einem ganz allgemeinen Sinne als eine Lehre des Verstehens bestimmt werden, die mit einer Lehre der Auslegung verbunden ist. Dabei beginnt die Hermeneutik z. B. schon mit den ersten Zeilen dieses Buches, also dort, wo das Verstehen selbst zum Thema wird. Zum Ziel einer hermeneutischen Untersuchung wird es dann, sowohl das Verstehen selbst zu verstehen und zu erkennen, wie es funktioniert (Lehre des Verstehens), als auch Kenntnis darüber zu gewinnen, mit welchen Mitteln man einen sinnhaften Ausdruck sinngemäß auslegen kann, konkreter gesagt, wie man sich den Text dieses Buches erschließt (Lehre des Auslegens). So verfolgt die Hermeneutik u. a. die Fragen:

- was Verstehen überhaupt ist,
- wie Verstehen und Missverstehen zusammenhängen,
- wie der Auslegungsgegenstand (das Sinngebilde) angemessen verstanden werden kann,
- welche Methoden und Regeln dabei behilflich sind,
- wie die Hermeneutik selbst zu bestimmen ist.

Diese Fragen der Hermeneutik richten sich einerseits theoretisch auf eine Klärung dessen, was das Vermögen des Menschen, etwas zu verstehen, eigentlich prinzipiell bedeutet. Andererseits ringen sie mithilfe praktikabler methodischer Anweisungen und Regeln um das angemessene Auslegen eines Gegenstandes (zumeist eines geschriebenen Textes). In dieser Spannbreite zwischen einer Reflexion über das Sinnverstehen überhaupt und einer methodischen Anleitung zum Auslegen eines konkret vorliegenden Textes hat sich in der Vergangenheit das hermeneutische Interesse bewegt.

1.2 Zur Geschichte der Hermeneutik(en)

Die Hermeneutik genau zu definieren ist schwierig, weil sich ihr Verständnis historisch bedingt immer wieder gewandelt hat. Mithilfe einer etymologischen Herkunftserklärung des griechischen Verbs *hermeneúein* ist es jedoch möglich, eine erste Einsicht in die Aufgaben bzw. Ziele der Hermeneutik zu gewinnen.

In seinem Artikel zur „Hermeneutik" aus dem Nachschlagewerk *Religion in Geschichte und Gegenwart* (1959) nennt Gerhard Ebe-

ling „drei Bedeutungsrichtungen" des griechischen Verbs (Ebeling 1959, Spalte 243):
- aussagen (ausdrücken),
- auslegen (erklären),
- übersetzen (dolmetschen).

Mit der ersten Bedeutungsrichtung, dem Aussagen, ist gemeint, dass etwas Gedachtes sprachlich artikuliert wird. Dabei versucht man einen Sachverhalt bzw. einen Sinngehalt in Worte zu fassen, um das Gedachte einem anderen mitzuteilen.

Aussagen

Im griechischen Verb *hermeneúein* kommt aber nicht nur die Bedeutung des konkreten Aussprechens zum Ausdruck, es zeigt sich daneben auch die Bedeutung des Auslegens bzw. Erklärens. Diese Bedeutungsrichtung ist komplementär zur erstgenannten Richtung des Aussagens, weil sich das Auslegen auf das gesprochene Wort eines Gesprächspartners bezieht, das man mithilfe einer Deutung zu verstehen versucht.

Auslegen

Das Übersetzen bzw. Dolmetschen weist in dieselbe Richtung wie das Auslegen. Auch hier geht es um die Aneignung einer fremden Rede und um die Aneignung ihres Sinns, insofern Fremdsprachliches in die eigene Sprache übertragen wird.

Übersetzen

Diese drei Bedeutungsrichtungen des griechischen Verbs *hermeneúein* lassen sich, wie man unter Rückgriff auf den zeitgenössischen französischen Hermeneutiker Jean Grondin behaupten kann, auf zwei Richtungen reduzieren: das Aussagen und das Auslegen (vgl. Grondin 2001, S. 36). Während nämlich beim Aussagen bzw. Ausdrücken ein innerer (gedachter) Sinn geäußert und nach außen übertragen wird, versucht das Auslegen (und Übersetzen) diesen inneren Sinn hinter dem Gesagten frei zu legen:

Zwei Bedeutungsrichtungen

„Beim ‚Ausdrücken' gibt der Geist sozusagen seine inneren Gehalte nach außen hin zur Kenntnis, während das ‚Interpretieren' [das Auslegen] dem geäußerten Ausdruck auf seinen inneren Gehalt hin zu durchschauen strebt. In beiden Richtungen geht es also um eine Verständlichmachung oder Sinnvermittlung." (Grondin 2001, S. 36f.)

Wie Reden und Denken also innerlich zusammengehören, insofern Reden die „äußere Seite des Denkens" ist, so lässt sich, wie bereits erwähnt, auch das Auslegen als Kehrseite des Ausdrückens verstehen. Während die „Verständlichmachung oder Sinnvermittlung" beim Ausdrücken dabei eine rhetorische Dimension besitzt, zeigt sich bei der Verständlichmachung oder Sinnvermittlung während des Auslegungsvorganges die explizit hermeneutische Dimension (vgl. Schleiermacher 1995, S. 76). Den Zusammenhang zwischen diesen beiden Dimensionen hat der Philosoph Friedrich Schleiermacher im 18. Jahrhundert paradigmatisch formuliert:

Hermeneutik und Rhetorik

„Die Zusammengehörigkeit der Hermeneutik und Rhetorik besteht darin, daß jeder Akt des Verstehens die Umkehrung eines Aktes des Redens ist, indem in das Bewußtsein kommen muß, welches Denken der Rede zum Grunde gelegen." (Schleiermacher 1995, S. 76)

Auch wenn man die Hermeneutik nun, wie schon angedeutet (→ KAPITEL 1.1), in einem weiten Sinne als Lehre des Verstehens und der methodisch sich vollziehenden Auslegung bestimmt, darf nicht übersehen werden, dass das Selbstverständnis und die zeitspezifische Ausformung der Hermeneutik seit ihren Anfängen in der Antike bis in unsere heutige Zeit hinein einem stetigen Wandel unterworfen waren und es immer noch sind. Aufgrund dieses Wandels ist es schwierig, die Hermeneutik ein für alle Mal zu definieren. Wird ihr Selbstverständnis nämlich in einem spezifischen historischen Kontext jeweils von neuem hervorgebracht, ergibt sich das, was Hermeneutik ist und wie man sie präziser und in einem engeren Sinne definieren kann, immer jeweils aus ihrer geschichtlichen Erscheinung.

Schwierigkeit einer Bestimmung

Für eine genauere Definition der Hermeneutik ist es darum erforderlich, die Geschichte der Hermeneutik als eine Geschichte der Hermeneutiken zu lesen und die Einheit der Hermeneutik als Inbegriff der in ihrer Geschichte präsenten Vielfalt der unterschiedlichen hermeneutischen Ansätze aufzufassen. Die Geschichte der Hermeneutik besteht also nicht nur aus einer, sondern aus vielen Hermeneutiken (→ KAPITEL 2-14). In jeder von ihnen kristallisiert sich ein spezifisches Selbstverständnis der Hermeneutik, das mit je spezifischen Aufgaben, Methoden, Fragen und Herausforderungen einhergeht.

Geschichte der Hermeneutiken

Erste philosophische Anfänge hermeneutischen Nachdenkens lassen sich bereits in der Antike bei Platon und Aristoteles (→ KAPITEL 2) aufspüren. So reflektierte Platon im 4. Jahrhundert v. Chr. mit seiner Deutung des vermittelnden Rhapsoden in seinem Dialog *Ion* erstmals die hermeneutische Leistung eines Interpreten. Platons Schüler Aristoteles ging anschließend in seiner Schrift *Peri hermeneías* (Über die Interpretation/Hermeneutik) über die Analyse der genuin menschliche Interpretationsleistung hinaus, indem er erstmals auch die Unterscheidung zwischen dem Gesagten und dem Gemeinten, worüber etwas gesagt wird, thematisierte.

Philosophische Anfänge

Im christlich geprägten Mittelalter (→ ASB MÜLLER) war dann die sogenannte allegorische Schriftauslegung, die neben dem wörtlichen einen dahinter liegenden tieferen Sinn aufdecken sollte, hermeneutisch von besonderer Relevanz. So hat sich der jüdische Philosoph Philon von Alexandrien im 1. Jahrhundert n. Chr. um die allegorische Auslegung der heiligen Schriften des Judentums – aus der Sicht der Christen das heutige Alte Testament – bemüht und sich dabei explizit gegen eine rein wörtliche Gesetzesauslegung gewendet (→ KAPITEL 3.1). Die frühchristlichen Philosophen bzw. Theologen konnten Philons Auslegungsschema dann nicht einfach übernehmen, da sie neben dem Alten nun auch ein Neues Testament zu deuten hatten. Daher baute der Kirchenlehrer Origines Anfang des 3. Jahrhunderts die allegorische Deutung aus, indem er mithilfe einer sogenannten typologischen Lesart Entsprechungen zwischen Altem und Neuem Testament aufzudecken versuchte, durch die das Neue Testament als Erfüllung des Alten gelten konnte (→ KAPITEL 3.2).

Allegorische Schriftauslegung

Die allegorische Auslegungstechnik übte über Jahrhunderte hinweg eine erstaunliche Wirkung aus und wurde erst im 15. Jahrhundert nachhaltig kritisiert. Die Reformatoren Martin Luther, Philipp Melanchthon und Matthias Illyricus Flacius pochten auf die wörtliche Schriftauslegung und damit auf die Beachtung des Buchstaben- bzw. Literalsinns – auch weil Sie hofften, mit dieser am Text ausgerichteten Deutung der Bibel den Einfluss der katholischen Kirche zurückdrängen zu können (→ KAPITEL 5).

Wörtliche Schriftauslegung

Allein im 20. Jahrhundert lassen sich eine Vielzahl bedeutender Konzeptionen in der Geschichte der Hermeneutik unterscheiden, denen in diesem Buch jeweils ein eigenes Kapitel gewidmet wird. Exemplarisch können Jürgen Habermas und Karl-Otto Apel genannt werden, die entschieden eine ideologiekritische Dimension der Hermeneutik betonten (→ KAPITEL 11). Während Habermas dieses kritische Konzept in seinem Entwurf der sogenannten „Tiefenhermeneutik" einzulösen versuchte, entwickelte Apel eine umfassende Wissenschaftsphilosophie, die die Hermeneutik mit der Ideologiekritik und den erklärenden Naturwissenschaften verband.

Hermeneutik und Ideologiekritik

Der französische Philosoph Paul Ricœur ist neben dem deutschen Philosophen Hans-Georg Gadamer der Hauptrepräsentant der gegenwärtigen Hermeneutik (→ KAPITEL 12). In seinem komplexen Werk hat er seine hermeneutischen Überlegungen in den 1960er-Jahren zunächst auf das Symbol fokussiert und diese schließlich zu einer Hermeneutik des Textes und zu einer Hermeneutik menschlicher Handlungen weiter entwickelt. All diese Bemühungen führten letztlich zu einer „reflexiven Hermeneutik", bei der der Vorgang der Textinterpretation zugleich als Prozess angesehen wird, der zu einem besseren und anderen Selbstverständnis des Lesers führt.

„Reflexive Hermeneutik"

Verschiebungen in der Bestimmung

Achtet man bei den angedeuteten grundlegenden Verschiebungen in der Bestimmung der Hermeneutik auf das, was trotz des Wandels unverändert geblieben ist, erkennt man, dass in der Hermeneutik stets von Neuem um das angemessene Verständnis des Verstehens und Auslegens eines bestimmten Auslegungsgegenstandes gerungen wird. Und so scheint die Geschichte der Hermeneutiken solange offen für neue Tendenzen, Akzentsetzungen und Verschiebungen zu sein, wie die Geistes- und Kulturwissenschaften sich mit ihrem hermeneutischen Erkenntnisinteresse um das Erfassen ihrer Gegenstände bemühen. Denn Geistes- und Kulturwissenschaften haben es unabdingbar mit Sprache zu tun, sei es in Gestalt des sprechenden Menschen, sei es in Gestalt sprachlicher Zeugnisse oder verstehbaren Seins schlechthin. Diese Sprache will verstanden und ausgelegt werden – was die philosophische Hermeneutik auf den Plan ruft und herausfordert.

1.3 Philosophische Hermeneutik – was ist das?

Hermeneutik lässt sich in einem allgemeinen Sinne als Lehre des Verstehens und der Auslegung bestimmen (→ KAPITEL 1.1). Will man auf philosophischem Feld nun genauer die sogenannte „philosophische Hermeneutik" charakterisieren, ist es hilfreich, in Anlehnung an den zeitgenössischen Philosophen Hans Ineichen zunächst „drei Frageebenen" zu benennen, die einer philosophischen Hermeneutik immanent sind:

Drei Frageebenen

> „die Ebene einer allgemeinen Lehre vom Verstehen und Auslegen von Texten, die Ebene des Verstehens von menschlichen Werken und Handlungen überhaupt und die Ebene des Verstehens als ontologischer Bestimmung des Menschen schlechthin." (Ineichen 1991, S. 22)

Texte – Werke – Verstehen

Die philosophische Hermeneutik umfasst demnach drei Ebenen. Während sie es auf einer konkret-materialen Ebene mit überlieferten Texten zu tun hat, die sie mithilfe von Anleitungen korrekt auslegen und verstehen will, geht es ihr auf einer allgemeineren Ebene um das Verstehen von Objektivationen menschlichen Lebens, worunter menschliche Werke oder Handlungen überhaupt subsumiert werden. Auf der allgemeinsten bzw. elementaren Ebene wendet sie sich dem Verstehen selbst zu, das aus dieser Sicht prinzipiell zum Menschen gehört und geradezu als seine Grundverfasstheit bezeichnet wird.

Ausgehend von diesen drei Frageebenen verfolgt die philosophische Hermeneutik die Ziele,

1. methodische Anleitungen zum Studium tradierter Texte zu geben,
2. den Auslegungsgegenstand nicht auf Texte zu begrenzen, sondern das weite Feld menschlicher Ausdrucksformen zu berücksichtigen,
3. das Verstehen selbst genauer zu untersuchen.

Einer philosophisch zu deutenden Hermeneutik geht es demnach um die Analyse des Verstehens (Ziel 3) und des sich in der Sprache ausdrückenden menschlichen Denkens (Ziele 1 und 2). Mit der Sprache ist dabei die Repräsentation von Sinnhaftem überhaupt gemeint, sie geht über das konkret gesprochene Wort hinaus und umfasst Texte, Handlungen und Kunstwerke, aber auch Gestik und Mimik. Diese Auffassung von philosophischer Hermeneutik ist nicht selbstverständlich. Bis sie sich entwickeln konnte, musste sich die Hermeneutik erst aus den Bindungen befreien, die sie mit der klassischen Philologie, der Theologie und der Jurisprudenz besaß. Erst nach der Überwindung dieser Spezialhermeneutiken konnte sie schrittweise den Weg ihrer Eigenständigkeit bis zu der philosophischen Hermeneutik gehen, wie sie oben charakterisiert wurde. Auf diesem Weg wurde sie schließlich, nicht zuletzt im 20. Jahrhundert durch die Philosophen Wilhelm Dilthey, Martin Heidegger und Hans-Georg Gadamer immer mehr zu einer „Grundlagenwissenschaft" (vgl. Szondi 1975, S. 11), die zugleich als Grundlegungsdimension der Philosophie die Philosophie selbst hermeneutisch werden ließ (vgl. Pöggeler 1972, 1983).

Verstehen und Sprache

Bezieht man die genannten Frageebenen und Ziele einer philosophischen Hermeneutik auf die Geschichte der Hermeneutiken und ordnet sie bestimmten grundlegenden Etappen tendenziell zu, kann die philosophische Hermeneutik auch historisch auf einen bestimmten Zeitraum eingegrenzt werden, der von dem Romantiker Friedrich Schleiermacher (→ KAPITEL 7) im 18. Jahrhundert (bzw. je nach Forschungsperspektive auch schon von den Aufklärern) über den Lebensphilosophen Wilhelm Dilthey (→ KAPITEL 8) im 19. Jahrhundert bis zu Hans-Georg Gadamer im 20. Jahrhundert führt. Gadamers Position gilt dabei als ihr Kulminations- und Endpunkt (vgl. Lessing 1999, S. 10; → KAPITEL 10).

Zeitraum

Die philosophische Hermeneutik mit dem Denken von Friedrich Schleiermacher um 1800 beginnen zu lassen, kann dadurch begründet werden, dass es ihm erstmals um das Verstehen und Auslegen überlieferter Texte (aber auch Reden) schlechthin ging, und damit – was der Hauptgesichtspunkt ist, weil es die erste der genannten Frageebenen betrifft – nicht mehr nur um das Verstehen und die methodisch geleitete Auslegung der Heiligen Schrift (vgl. Birus 1982, S. 7).

Beginn mit Schleiermacher

Bemühte sich die Hermeneutik das ganze Mittelalter hindurch bis zu den Anfängen der Aufklärung im frühen 17. Jahrhundert um das Auslegen und um die Vermittlung normativer Texte, sei es in der Gestalt einer *hermeneutica sacra* (d. i. die Hermeneutik der Theologie), sei es in der einer *hermeneutica profana* (d. i. die Hermeneutik der klassischen Texte/Philologie und Jurisprudenz), setzte mit den aufklärerischen Bestrebungen die Tendenz ein, diese Spezialhermeneutiken zu überwinden. Im Zuge dieser Universalisierung bemühten sich die damaligen Hermeneutiker darum, eine allgemeine Hermeneutik zu entwerfen, um diese als eigenständige Disziplin zu etablieren. Auf diesem Wege wurde die Hermeneutik aus ihrer Fixierung auf das Verstehen, Auslegen und Vermitteln normativer Texte befreit und entwickelte sich zu einer umfassenden Kunst des Verstehens und des Auslegens von Texten überhaupt. Den Kulminationspunkt dieser Entwicklung bildete dann Friedrich Schleiermachers Konzeption.

<small>Spezialhermeneutiken</small>

An der Position von Wilhelm Dilthey kann die zweite Frageebene einer philosophischen Hermeneutik, nach der es ihr in einer Öffnung des Auslegungsgegenstandsbereichs um das Verstehen von menschlichen Werken (Objektivationen) und Handlungen geht, historisch festgemacht werden. Die Geisteswissenschaften basieren Dilthey zufolge auf den inneren Zusammenhang der Trias (Er)Leben, Ausdruck und Verstehen. Eine Hermeneutik hat darum sowohl diesen Zusammenhang zu hinterfragen als auch darüber hinaus das Verstehen des Ausdrucks, worunter menschliche Lebensäußerungen, Werke und Handlungen fallen, zu reflektieren.

<small>Leben – Ausdruck – Verstehen</small>

Die dritte Frageebene einer philosophischen Hermeneutik, nach der es ihr um das Verstehen als eine Bestimmung menschlichen Seins geht, wird im 20. Jahrhundert in den Ansätzen von Martin Heidegger (→ KAPITEL 9) und schließlich von Hans-Georg Gadamer (→ KAPITEL 10) verfolgt. Bei diesen beiden Positionen ist eine entscheidende ontologische Wende festzustellen, insofern in ihren Ansätzen das Verstehen bzw. das Sinnverstehen als eine Wesensauszeichnung des Menschen ins Zentrum rückt. Dabei wird das Verstehen nicht mehr im Kontext der Methodenfrage der Geisteswissenschaften zur Erschließung von Texten oder anderer menschlicher Hervorbringungen behandelt – auf einer ontologischen Ebene dient es nun vielmehr zur Bestimmung des Menschen schlechthin.

<small>Ontologische Wende</small>

Verortet man die philosophische Hermeneutik zeitlich zwischen den Positionen von Friedrich Schleiermacher und Hans-Georg Gadamer, tritt dabei eine Vielzahl hermeneutischer Konzepte und Ansätze aus dem Blickfeld. Es ist daher angebracht, die philosophische Hermeneutik in einem umfassenderen Sinne zu definieren. Ihre Darstellung muss all die unterschiedlichen hermeneutischen Ansätze berücksichtigen, die in der gesamten Geschichte der abendländischen Philosophie zu finden sind. Die philosophische Hermeneutik beginnt dann nicht erst bei Friedrich Schleiermacher (bzw. in der Aufklärung), sondern bereits in der Antike bei Platon und Aristoteles, und auch das christlich geprägte Mittelalter oder die Reformation – um nur zwei markante Etappen zu nennen – müssen gebührend bedacht werden. Dieses erweiterte Verständnis von philosophischer Hermeneutik erlaubt es dann sogar, eine größere Offenheit gegenüber Neuansätzen zu wahren, da diese potenziell als Bereicherung angesehen werden – eine Offenheit, die angesichts der heutigen globalisierten und elektromagnetischen Welt notwendig erscheint. Denn als Folge der technischen und sozialen Veränderungen lässt sich in der Wissenschaft – nicht zuletzt innerhalb kulturwissenschaftlicher Zusammenhänge – die Tendenz zu fächerübergreifenden Kooperationen konstatieren, durch die auch die philosophische Hermeneutik neue Impulse, Problemstellungen und Denkanstöße erhalten kann (→ KAPITEL 14).

Philosophische Hermeneutik im weiteren Sinne

Fragen und Anregungen

- Überlegen Sie, wie sich das Verstehen kennzeichnen lässt.
- Welche Fragen können durch die Hermeneutik beantwortet werden?
- Überlegen sie, inwiefern sich die Geschichte der Hermeneutik als eine Geschichte der Hermeneutiken lesen lässt.
- Welche Bedeutungsrichtungen lassen sich bei einer etymologischen Perspektive im griechischen Verb *hermeneúein* nachweisen?
- Welche Frageebenen sind einer philosophischen Hermeneutik immanent?
- Was kann man unter einer philosophischen Hermeneutik verstehen?

Lektüreempfehlungen

Forschung

- Hendrik Birus (Hg.): Hermeneutische Positionen. Schleiermacher, Dilthey, Heidegger, Gadamer, Göttingen 1982. *Stellt in Einzelbeiträgen die Kerngedanken der Hauptrepräsentanten einer philosophischen Hermeneutik im engeren Sinne vor.*

- Hans-Georg Gadamer: Artikel „Hermeneutik", in: Historisches Wörterbuch der Philosophie, Bd. 3, herausgegeben von Joachim Ritter, Lizenzausgabe Darmstadt ohne Jahr, Sp. 1061–1073. *Überblicksartikel, der für die erste Orientierung hilfreich ist.*

- Jean Grondin: Einführung in die philosophische Hermeneutik, 2. überarbeitete Auflage, Darmstadt 2001. *Gelungene Darstellung der Geschichte der Hermeneutik von ihren Anfängen bis in unsere Zeit. Das Erkenntnisinteresse liegt dabei auf der Darlegung des Universalitätsanspruches der Hermeneutik, der mit der Lehre vom „inneren Wort" einhergeht.*

- Erwin Hufnagel: Einführung in die Hermeneutik, 2. Auflage, Remscheid 2001. *Konzentriert sich auf die Positionen von Martin Heidegger, Hans-Georg Gadamer, Jürgen Habermas, Emilio Betti und Hans Albert.*

- Hans Ineichen: Philosophische Hermeneutik, Freiburg/München 1991. *Gibt einen guten Einblick in die systematische Einheit und die historische Vielfalt der philosophischen Hermeneutik.*

- Matthias Jung: Hermeneutik zur Einführung, Hamburg 2001. *Gut lesbare Einführung mit Schwerpunkt auf der Position von Hans-Georg Gadamer.*

2 Hermeneutische Anfänge in der Antike

Abbildung 2: Raffael: *Die Schule von Athen* (Ausschnitt) (1511–12)

Auf Raffaels in der Renaissance entstandenem Fresko „Die Schule von Athen" sind im Mittelpunkt die Philosophen Platon (427–347 v. Chr.) und Aristoteles (384–324 v. Chr.) in einer für die antike Philosophie typischen Situation zu sehen: Weit weg vom jedem sprichwörtlichen Elfenbeinturm führen Sie inmitten alltäglicher Lebensvorgänge philosophische Gespräche. Am linken Bildrand unterhält sich Sokrates (470–399 v. Chr.), wie seine Schüler Platon und Aristoteles Repräsentant der klassischen Periode der griechischen Philosophie, gerade mit dem jungen Xenon. Fast alle Schriften Platons sind in der Darstellungsform des Dialogs geschrieben, bei der eine Hauptfigur, meistens Sokrates, mit unterschiedlichen Gesprächspartnern über philosophische Themen diskutiert. Die von Platon gegründete „Schule von Athen" wurde als sogenannte platonische Akademie erst 900 Jahre später vom christlichen Kaiser Justinian I. geschlossen. Ihre Schließung 527 zeigt gleichsam symbolisch das Ende der Antike und den Beginn des Mittelalters an.

Seit Platons Geburt im Jahre 427 v. Chr. sind beinahe zweieinhalb Jahrtausende vergangen. Trotz dieser großen Zeitspanne hat sein Denken nichts an Aktualität eingebüßt. Bedeutsam aus hermeneutischer Sicht ist, dass Platon erstmals in der Geschichte der Hermeneutik eine Substantivierung des griechischen Verbs *hermeneúein* vorgenommen hat. Außerdem erörterte Platon anhand seiner Überlegungen zur hermeneutischen Leistung eines Rhapsoden – so wurden die wandernden Sänger in Griechenland bezeichnet – die Kompetenz des Interpreten, die dieser bei der Auslegung und Rezitation eines dichterischen Textes benötigt. Vor diesem Hintergrund grenzte Platon die Hermeneutik von der Dialektik ab, der es um ein Wissen geht, das ohne jede sinnliche Wahrnehmung gewonnen wird. Aristoteles, ein Schüler Platons, konzentrierte sich in seinem innerhalb seiner Logik situierten Traktat *Peri hermeneías* (Über die Interpretation/Hermeneutik) auf den Aussagesatz und dessen Leistungen und formulierte dabei bedeutende Überlegungen, auf die man sich in der Geschichte der Hermeneutik immer wieder bezogen hat.

2.1 **Platon und die hermeneutische Leistung des Rhapsoden**
2.2 **Hermeneutik und Dialektik bei Platon**
2.3 **Aristoteles' Aussagelogik**

2.1 Platon und die hermeneutische Leistung des Rhapsoden

Platons Dialoge unterscheiden sich von den üblichen philosophischen Abhandlungen dadurch, dass sie nicht abstrakt ein Thema behandeln, sondern dass dieses in einer spezifischen Gesprächssituation durch die Gesprächsteilnehmer entfaltet wird. Hauptfigur dieser Dialoge ist in der Regel Sokrates, dessen Gedanken von Platon aber nicht getreu wiedergegeben, sondern im Laufe der Zeit immer mehr zu Bausteinen der sich entwickelnden platonischen Ideenlehre werden. Platon setzt Sokrates in seinen Dialogen also als eine literarische Figur ein, um auch seine eigenen Lehren darzustellen. Daher ist es sinnvoll, zwischen dem ‚historischen Sokrates', der als konkreter Mensch von ca. 470 bis 399 v. Chr. gelebt hat, und dem von Platon literarisch-philosophisch geformten ‚platonischen Sokrates' zu unterscheiden.

Historischer und platonischer Sokrates

Intention eines sokratischen Gesprächs ist die Erörterung eines Sachverhaltes, die schrittweise von allen Gesprächsteilnehmern vollzogen wird. Die Methode, die dabei in der Regel angewendet wird, ist das sogenannte elenktische Verfahren. Bei dieser Methode gesteht Sokrates seinen Gesprächspartnern zunächst Wissen zu, das von ihnen benannt und näher dargelegt wird. Im folgenden Gespräch wird dieses Wissen dann einer kritischen Prüfung unterzogen, wodurch Widersprüche aufgedeckt und Gewissheiten erschüttert werden, sodass das vermeintlich sichere Wissen nicht standhalten kann. Der Gesprächspartner, der zuvor glaubte, im Besitz des Wissens zu sein, gesteht daher im Gesprächsverlauf sein Nichtwissen ein und gerät in den Zustand der Verwirrung. Während die frühen Dialoge Platons dergestalt in einer Aporie enden, d. h. in der theoretischen Ausweglosigkeit das Problem zu lösen, werden in den mittleren und späten Dialogen auf der Basis des Ideendenkens Platons Lösungsmöglichkeiten für die Fragestellung angeboten.

Elenktisches Verfahren

In der Geschichte der Philosophie gehört Platon zweifelsohne zu den wichtigsten und wirkmächtigsten Denkern. Pointiert kommt diese Einschätzung in dem oft zitierten Ausspruch vom Philosophen Alfred North Whitehead (1861–1947) zum Ausdruck, demzufolge „es die treffendste Charakterisierung der philosophischen Tradition Europas [ist], dass sie aus einer Reihe von Fußnoten zu Platon besteht." (Whitehead 1929) Auch auf hermeneutischem Feld hat Platon bemerkenswerte Grundeinsichten vorgelegt, die in Einführungen zur Hermeneutik allerdings kaum Beachtung finden. Eine der wichtigen Aus-

Bedeutung Platons

nahmen bildet die Untersuchung *Hermeneutik und Metaphysik* (1993) von Jean Greisch, in der Platons Beitrag zur Hermeneutik gewürdigt wird.

Das griechische Verb *hermeneúein*, das „aussagen", „auslegen" und „übersetzen" bedeutet (→ KAPITEL 1), wurde von Platon erstmals in der Geschichte der Hermeneutik im *Politikos* (entstanden ca. 367–347 v. Chr.) substantiviert und im Sinne eines sinnverstehenden Auslegungsvorgangs (griechisch *hermeneutiké*) im Zusammenhang mit der Herolds- und Wahrsagekunst (Mantik) verwendet (vgl. Platon 1990b, S. 416f.). Auch im Dialog *Ion* (entstanden nach 399 v. Chr.) untersucht Platon das hermeneutische Sinnverstehen. Nach dem Forscher Jean Greisch ist der Dialog als „erster philosophischer Traktat über Hermeneutik" zu bezeichnen, weil in ihm das subjektive Moment der Hermeneutik zum ersten Mal herausgearbeitet wird (vgl. Greisch 1993, S. 51–65). Platon untersucht nämlich im *Ion* den Auslegungsvorgang des Interpreten, indem er der tiefen Verbundenheit, die das Verhältnis zwischen dem Interpreten und dem interpretierten Text kennzeichnet, besondere Beachtung schenkt. Bei Platon taucht die Hermeneutik also erstmals als philosophischer Versuch auf, mit der ein Verständnis von der interpretatorischen Leistung gewonnen werden soll.

Allgemein gesagt, geht es Platon in seinem frühen Dialog *Ion* um das Verhältnis zwischen Dichtung und Philosophie (vgl. Flashar 2002, S. 66f.). Die Bestimmung dieses Verhältnisses dient dazu, die Form des Wissens in der Philosophie, die in der sogenannten „Dialektik" möglich wird, von dem Sinnverstehen in der Dichtung abzugrenzen, das die Hermeneutik behandelt. Während der Philosoph nach Platon nämlich darum bemüht ist, mittels der Dialektik zum höchsten Wissen über das Ewige und Unveränderliche (die sogenannten Ideen) zu gelangen (→ KAPITEL 2.2), versucht der Interpret mittels der Hermeneutik einen Text auszulegen, ohne allerdings je beurteilen zu können, ob das, was er sagt, richtig oder falsch ist. So steht die göttliche Begeisterung, von der der Dichter ergriffen ist, dem Wissen gegenüber, um das sich der Philosoph bemüht. Platons Äußerungen zur Dichtung sind daher in seinem gesamten Werk der Tendenz nach kritisch-distanzierte Stellungnahmen, da sie aus philosophischer Perspektive vorgenommen werden und verdeutlichen sollen, dass die Dichtung das menschliche Denken nicht zum höchsten Wissen führen kann.

Betrachtet man den *Ion* genauer, wird in ihm, wie Helmut Flashar schreibt, „Platons Stellung zur Dichtung in ihrem Doppelaspekt

"'Dichterwissen' und (sophistische) ‚Dichterauslegung'" sichtbar (Platon 2002, S. 61). Der *Ion*-Dialog thematisiert den eigentümlichen Charakter des Wissens, der in der Dichtung seinen Ausdruck findet, und die Auslegung der Dichtung durch einen Interpreten.

Der Titel des Dialogs *Ion* verdankt sich dem gleichnamigen Rhapsoden, der die Dichtung Homers vorträgt und zugleich auslegt. Der Rhapsode hat dabei die Aufgabe, zwischen dem Dichter und der Zuhörerschaft zu vermitteln. Diese Aufgabe kann er dann erfüllen, wenn er die Gedanken des Dichters nicht nur dem Wortlaut nach erfasst, sondern sie durch und durch kennenlernt und genau versteht, was der Dichter meint (vgl. Platon 2002, S. 5). Ion erweist sich dergestalt als „Vortragender und als Erklärer" (Müller 1998, S. 260), da er Homer nicht nur rezitiert und bloß verständnislos vom Blatt abliest, sondern auf der Basis einer genauen Textkenntnis und eines umfassenden Textverständnisses die homerische Dichtung zu vermitteln vermag.

<small>Rhapsode Ion</small>

Hermeneutisch ist es von besonderer Relevanz, dass die Haltung des Interpreten gegenüber dem Interpretationsgegenstand nicht neutral und objektiv ist, wie es z. B. von einer wissenschaftlichen Einstellung erwartet wird. Vielmehr zeichnet sich Ions Haltung durch eine starke geistig-emotionale Bindung an den Auslegungsgegenstand Homer aus, die man als Begeisterung oder – mit einem aus dem Griechischen stammenden Ausdruck – als „Enthusiasmus" bezeichnen kann (zur Weiterentwicklung des Gedankens des Enthusiasmus im Werk Platons vgl. Pöhlmann 1976, S. 203f.). Ion kann aufgrund dieser enthusiastischen Haltung Homer auch nicht einfach durch einen anderen Dichter austauschen oder ersetzen, da ihm erst diese tiefe Verbundenheit ein angemessenes Verstehen und schönes Vortragen von Homers Texten ermöglicht.

<small>„Enthusiasmus"</small>

Sokrates zufolge, den Platon als Ions Gesprächspartner auftreten lässt, hat Ion die Konzentration bzw. Beschränkung des Auslegungsvorgangs auf einen bestimmten Autor nicht willentlich und wissentlich selbst herbeigeführt. Vielmehr glaubt er ihren Grund in einer „göttlichen Kraft" zu erkennen, von der Ion durchdrungen und bewegt wird. Um dies zu veranschaulichen, verwendet Sokrates das Gleichnis des Magneten, der seine Kraft an andere Metallringe weitergeben kann:

<small>Gleichnis des Magneten</small>

> „Denn auch dieser Stein zieht nicht nur die Eisenringe selbst an, sondern er verleiht den Ringen auch die Kraft, so daß sie ihrerseits dasselbe zu bewirken vermögen wie der Stein, nämlich andere Ringe anzuziehen, so daß bisweilen eine ganz lange Kette von

Eisenringen aneinander geheftet ist; diesen allen aber haftet von jenem Stein her die Kraft an." (Platon 2002, S. 17)
Sokrates zufolge gibt es bestimmte Steine, die über eine magnetische Anziehungskraft verfügen und zugleich in der Lage sind, dieses Vermögen an Metallringe weiterzugeben, sodass schließlich eine Kette von Metallringen entsteht, die alle magnetisch aufgeladen sind. Überträgt man dieses Gleichnis auf die Situation des Interpreten, dann wirkt sich in ihm magnetisch die Kraft des Enthusiasmus aus, der – so die Deutung des platonischen Sokrates im Dialog – seine Ursache in der Muse hat, die den Dichter einst inspirierte und deren Wirkung von diesem aus nun auf den Interpreten übergeht. Wie nämlich der Metallring erst durch den Magneten seine magnetische Kraft erhält, so wird die Begeisterung und Besessenheit des Dichters von der Muse hervorgerufen und dann von diesem an den Interpreten weitergegeben.

Magnet – Muse

Von hier aus betrachtet, erweist sich der Dichter als derjenige, der nicht kraft eines Fachwissens, d. h. durch die genaue Kenntnis einer Sache, Schönes über die Dinge sagt und schreibt, sondern der seine dichterischen Schöpfungen „in göttlicher Begeisterung und Ergriffenheit" erschafft. (Platon 2002, S. 17). Der Dichter besitzt daher eine tiefe Bindung an die göttliche Dimension und lässt sich als ihr erster Mittler und Vermittler fassen, da er in der Vermittlung der göttlichen Botschaften eine elementare hermeneutische Arbeit leistet.

Dichter als göttlicher Botschafter

„Deshalb aber raubt der Gott ihnen den Verstand und benutzt sie als seine Diener, sie und die Orakelkünder und die Seher, die göttlichen, damit wir, die wir zuhören, wissen, daß nicht sie es sind, die so wertvolle Dinge sagen, denen doch der Verstand nicht mehr innewohnt, sondern der Gott selbst es ist, der spricht, durch sie hindurch aber seine Stimme zu uns dringt." (Platon 2002, S. 19)

Während der Dichter sich dergestalt als Vermittler der Götter deuten lässt, kann der Rhapsode als „Vermittler von Vermittlern" bezeichnet werden (Platon 2002, S. 19). Er vermittelt zwischen dem Dichter und den Zuhörern, indem er zunächst die göttlichen Eingebungen der Dichter, den Sinn ihrer Texte, versteht, also die Gedanken und die Intention des Geschriebenen erfasst, um dann das Verstandene selbst angemessen vortragen zu können. Die Angemessenheit, in der der Rhapsode Ion die Dichtung Homers vorträgt, verweist auf das Entsprechungsverhältnis, das Platon zufolge zwischen Ions Rezitation und Homers Dichtung bestehen soll. Handelt es sich beim Vortrag nämlich beispielsweise um eine Szene, in der Schauderhaftes und Schreckliches geschildert wird, identifiziert sich Ion selbst derart mit

Rhapsode als „Vermittler von Vermittlern"

dem Gesagten, dass sich ihm buchstäblich die Haare vor Schrecken sträuben und sein Herz bebt (vgl. Platon 2002, S. 21).

Im Hinblick auf die Rezeption ist es das Ziel des Rhapsoden, seinen Vortrag so überzeugend zu gestalten, dass er die Zuhörerschaft in seinen Bann zieht und in ihr die gleiche Wirkung auslöst, wie er sie an sich selbst beim Aneignen und Vortragen des Textes erlebt. Allerdings verfolgt der Rhapsode dabei auch ein handfestes materielles Interesse, denn seine Einnahmen sind davon abhängig, ob die Zuhörer Gefallen an seiner Homerrezitation finden und wirklich mit dem tragischen Geschehen mitfiebern können. So ist für Platon der Zuschauer, wenn man im Bild von dem Magneten und den Metallringen bleibt, nach dem Dichter und dem Rhapsoden der letzte von diesen Ringen, durch die hindurch Gott die Seele des Menschen dorthin zieht und lenkt, wohin er es will (vgl. Platon 2002, S. 23).

Zuhörer

Betrachtet man vor diesem Hintergrund die Leistung des Interpreten, die Platon sichtbar macht, so vereinigt dieser in sich folgende Kompetenzen:

Leistung des Interpreten

1. Der Interpret hat den Sinn des Gedankens des Dichters, zu dem er eine unerklärliche Nähe und tiefe Bezogenheit hat, zu verstehen,
2. er muss sich den Text voll und ganz einverleiben, muss ihn also förmlich zu seiner eigenen Sache machen, um ihn
3. mit all seinen schauspielerischen Fähigkeiten so überzeugend vortragen zu können, dass er den Zuhörer in seinen Bann schlagen kann.

Vor diesem Hintergrund zeigt sich für Platon die dreifache Fähigkeit des Hermeneuten im Verstehen, Aneignen und Vermitteln / Anwenden eines bestimmten Textes, wobei diese verschiedenen Hinsichten bei Platon noch nicht deutlich voneinander getrennt werden, sondern miteinander verwoben sind. Ion übt daher keine Interpretationskunst im heute gängigen Sinne des Wortes aus, da keine verallgemeinerungsfähigen Methoden benannt und dargelegt werden, sondern vollzieht den Auslegungsprozess auf der Basis seiner tiefen Verbundenheit zum auszulegenden Autor, wobei er sich von göttlicher Kraft und von Enthusiasmus bewegt und durchdrungen weiß. Die tiefe Verbundenheit zwischen Dichter und Interpreten, die bei Platon erstmals hervorgehoben und reflektiert wurde, lässt sich als Verweis auf die „psychologische Seite der Interpretation" in den Blick nehmen (vgl. Greisch 1993, S. 51–65), mit welcher sich am ausführlichsten dann der Romantiker Friedrich Schleiermacher um 1800 auseinandergesetzt hat (→ KAPITEL 7). Daneben bestimmte Platon auch erstmals die hermeneutische Gliederkette genauer und erkannte die innere Bezogenheit ihrer Einzelteile (Dichter, Interpret und Zuhörer) mit dem Ganzen (die Muse als bewegende Kraft).

2.2 Hermeneutik und Dialektik bei Platon

Platons grundsätzliche Stellungnahmen zur Hermeneutik, die anhand seiner Schriften zur Dichtung, der Mantik und der Traumdeutung herausgearbeitet werden können, lassen sich im Kontrast zu seinen Ausführungen zur Dialektik näher darlegen. Denn das Sinnverstehen, das in der Hermeneutik angestrebt wird, ist explizit vom höchsten Wissen abzugrenzen, das in der Philosophie durch die Dialektik erreicht werden kann. Während es dem Hermeneutiker nämlich um das Erfassen des Sinngehaltes eines ihm nahestehenden Textes geht, versucht der Philosoph zum Wesen der Dinge zu gelangen, das nicht in der Veränderlichkeit der sinnlich wahrnehmbaren Wirklichkeit zu finden ist, sondern in dem unveränderlichen Bereich des nur durch die Vernunft Erkennbaren.

Platons Dialektik

Will man die Dialektik im Sinne Platons verstehen, hat man sich von heutzutage üblichen Meinungen frei zu machen, die die Dialektik in der Tradition von Georg Wilhelm Friedrich Hegel (1770–1831), Karl Marx (1818–83) und Friedrich Engels (1820–95), verkürzt gesagt, als Dreischritt von These – Antithese – Synthese begreifen. Platon hingegen fasst die Dialektik als eine methodische (Wesens-)Wissenschaft, die darauf zielt, die „Erklärung des Seins und Wesens eines jeden" zu erfassen (Platon 1990a, S. 615). So vermag der Philosoph durch Dialektik ohne jegliche sinnliche Wahrnehmung nur mittels des Wortes und des Gedankens zu dem vorzudringen, was jedes Ding wirklich ist, und er lässt davon nicht eher ab, bis er das Gute selbst mit der Erkenntnis gefasst hat (vgl. Platon 1990a, S. 615). Dialektik ist demnach die Wissenschaft, die dem Philosophen die Methode zum Erfassen der Ideen vermittelt, unter denen die „Idee des Guten" die höchste ist. Kraft der Dialektik gelangt der Philosoph zu einem echten, wissenschaftlich fundierten Wissen, das ihn dazu befähigt, das Wesen des Seienden zu erkennen und zu einer Übersicht über die Verwandtschaftsverhältnisse innerhalb der Wissenschaften zu gelangen (vgl. Platon 1990a, S. 625).

Hermeneutik und Dialektik

Betrachtet man das Verhältnis von Hermeneutik und Dialektik aus platonischer Sicht, stehen diese nicht gleichberechtigt nebeneinander. Denn die Dialektik liegt, so Platon in der *Politeia* (entstanden nach 387 v. Chr.), „wie der Sims über allen anderen Kenntnissen" und bildet daher den Schlussstein im gesamten Aufbau der Wissenschaften und des Wissens. Über die Dialektik hinaus können „keine anderen Kenntnisse mehr mit Recht aufgesetzt werden", da mit ihr buchstäblich die Grenze aller Wissenschaften erreicht ist (Platon 1990a, S. 617). Der Hermeneutik kommt in diesem Zusammenhang der Wissenschaften und Wissensformen demgegenüber nur eine untergeordnete Rolle zu, da sie selbst keine Wissenschaft (griechisch *epistéme*) ist und sogar nicht einmal als eine Kunstlehre (griechisch *téchne*) gelten kann.

Die Erkenntnisweise der sogenannten *epistéme* (Wissenschaft) ist diejenige Wissensform, die der Philosoph anstrebt. Sie wird möglich, sobald er allein auf seine Vernunft vertraut und das Seiende so zu erfassen versucht, wie es dem reinen Denken nur über die Seele und ohne jede sinnliche Wahrnehmung zugänglich ist. Dazu muss sich der Philosoph an die Ideen erinnern, die seine Seele vor der Geburt geschaut, aber mit dem Eintritt in den Körper, also bei der Geburt, vergessen hat. Erwirbt der Philosoph im Laufe seines Lebens dieses präexistente vorgeburtliche Wissen im Prozess der Wiedererinnerung (griechisch *anámnēsis*) erneut, erkennt er im Lichte dieses ursprünglichen Wissens die Schattenhaftigkeit, Veränderlichkeit und Zweitrangigkeit, die die Dinge in der Erfahrungswelt kennzeichnen. So ist jede notwendige, allgemeingültige, apriorische und höchste Erkenntnis ein Wissen, das ohne Rückgriff auf die sinnliche Erfahrung gewonnen wird und die Urbilder, die Ideen, erfasst, von denen die Dinge in der Erfahrungswelt bloße Abbilder sind.

Wissen / *epistéme*

Die Wissensform der *téchne* (Kunstfertigkeit) kommt einem tüchtigen Handwerker oder Künstler zu, der ein technisch definiertes Wissen in einem spezifischen, praktischen Bereich besitzt, das man als sein Fachwissen bezeichnen kann. Er kann dieses Wissen in dem Sachgebiet, in dem er Fachmann ist, ebenso gut anwenden wie jeder andere, der dieser *téchne* mächtig ist. Da die jeweilige *téchne* eine ganzheitliche Fähigkeit darstellt, die man entweder ganz oder gar nicht beherrscht, reichen seine Fertigkeiten über einen bloß partiellen Handgriff in einem umfassenden komplexeren Handlungsablauf weit hinaus.

Kunst / *téchne*

Achtet man vor der Unterscheidung von *epistéme* und *téchne* auf die Kompetenz des Dichters oder Interpreten, handelt es sich bei dieser weder um die höchste Form des Wissens noch um eine erlernbare Kunst, da sie sich ja „einer göttlichen Gabe und Ergriffenheit" (Platon 2002, S. 17) verdankt. Unter dem Einfluss göttlicher Inspira-

Kompetenz des Dichters / Interpreten

tion äußert der Dichter (genau wie der Interpret) auch kein eigenes Wissen, sondern göttliche Eingebungen. Daher ist der Dichter (ebenso wie der Interpret) „ein leichtes Ding", wie Platon anschaulich schreibt, „beschwingt und heilig, und nicht eher in der Lage zu dichten, bevor er in göttliche Begeisterung geraten und von Sinnen ist und der Verstand nicht mehr in ihm wohnt." (Platon 2002, S. 17)

Dem Rhapsoden Ion geht es folglich, wie man mit Greisch herausheben kann, bei seiner Auslegung Homers nicht darum, „im Text verborgene Hintergedanken aufzuspüren, sondern schlicht und einfach die *dianoia*, d. h. die Gedanken, die den Dichter beim Abfassen seines Textes bewegten, zu erklären. In diesem Sinne ist der Rhapsode ein Kommentator, dessen Auslegung in einer philosophisch anspruchslosen, den Text würdigenden Paraphrase besteht." (Greisch 1993, S. 53) So erweist sich die Auslegung des Interpreten als rein affirmativer Vorgang, bei dem das von Homer Gesagte paraphrasierend vorgetragen wird.

Der Rhapsode als Kommentator

Auch wenn die Deutung des Verhältnisses zwischen Hermeneutik und Dialektik einem Wandel unterzogen ist, findet sich die Bezogenheit beider durch die gesamte Geschichte der Hermeneutik bis in unsere Zeit hinein. Exemplarisch kann hier die Position von Friedrich Schleiermacher genannt werden, für den die Hermeneutik und die Rhetorik in einem gemeinsamen Verhältnis zur Dialektik stehen, die Schleiermacher als „Wissenschaft von der Einheit des Wissens" bestimmt (→ KAPITEL 7). Auch die Festschrift zum 70. Geburtstag des Philosophen Hans-Georg Gadamer trägt 1970 aus gutem Grund den Titel *Hermeneutik und Dialektik*, da für Gadamer die Situation des Gesprächs – Dialektik leitet sich vom griechischen Wort *dialégesthai* (besprechen) ab –, von zentraler Bedeutung für die Hermeneutik ist (Bubner 1970) (→ KAPITEL 10).

2.3 Aristoteles' Aussagelogik

Aristoteles kommt im Blick auf die Hermeneutik das Verdienst zu, erstmals in der Hermeneutikgeschichte das Hauptaugenmerk auf die Sprache gerichtet zu haben. Zwar hat bereits Platon in seinem Dialog *Kratylos* die Frage erörtert, ob sprachliche Benennungen auf Konvention beruhen oder von Natur gegeben sind, allerdings rückt mit dem gut 50 Jahre später geborenen Aristoteles die Sprache als der originäre Ort des Verstehens in den Fokus der Betrachtung.

Bedeutung der Sprache

Im logisch-semantischen Kontext gewinnt Aristoteles ein spezifisches Verständnis der Interpretation, das bis in unsere heutige Zeit rezipiert und erörtert wird (vgl. Ricœur 1999, S. 33f.; → KAPITEL 12). Und er thematisiert erstmals – allerdings ohne es näher auszuführen – die Unterscheidung zwischen dem sogenannten „inneren" und „äußeren Wort", die dann ausführlich in der stoischen Philosophie ausformuliert wird und im 4. Jahrhundert z. B. im Denken von Aurelius Augustinus (→ KAPITEL 4) und im 20. Jahrhundert von Hans-Georg Gadamer (→ KAPITEL 10) wieder aufgegriffen und in spezifischen Konzeptionen fruchtbar gemacht wird.

Aristoteles' Schrift *Peri hermeneías* (lateinisch *De Interpretatione;* deutsch *Über die Interpretation / Hermeneutik*), deren Titel nicht von Aristoteles selbst, sondern von einem späteren Herausgeber herrührt (vgl. Aristoteles 1994, S. 42), ist die Quelle, auf die man sich bei der Analyse seiner hermeneutischen Ausführungen primär bezieht. Sie bildet das zweite Buch zur Logik des Aristoteles, die mit *Organon* betitelt ist, was wörtlich übersetzt „Werkzeug" bedeutet. Die aristotelische Logik besteht insgesamt aus fünf Teilen: *[Logik]*

1. Über die Kategorien
2. Über die Interpretation / Hermeneutik
3. Erste und Zweite Analytiken
4. Topik
5. Sophistische Widerlegungen.

Behandelt werden in der Schrift *Über die Interpretation / Hermeneutik* hauptsächlich die Aussagen (griechisch *hermenéias*), genauer gesagt, die bejahenden und verneinenden einfachen Behauptungs- bzw. Aussagesätze, wobei die logischen Beziehungen, die zwischen ihnen aufgewiesen werden können, im Fokus der Betrachtung stehen. Aristoteles ging es daher nicht, wie der Leser in unserer Zeit vermutlich assoziieren könnte, um die Hermeneutik als eine Kunst der Auslegung oder Interpretation. Vielmehr versuchte er, eine Lehre von der aussagenden Rede zu entwickeln. Dementsprechend rückte er die Aussage- oder Behauptungssätze ins Zentrum, die für ihn die elementaren ‚Bausteine' eines Textes darstellten. Diese Sätze werden in dem Text sowohl in semantischer Hinsicht, unter dem Gesichtspunkt der Bedeutung untersucht, als auch in logischer Hinsicht, unter dem Gesichtspunkt der Bejahung bzw. der Verneinung und dem Gegensatz, der zwischen Bejahung und Verneinung besteht. Mit Hans-Georg Gadamer lässt sich die aristotelische Schrift über die Hermeneutik deshalb als „eine Art logischer Grammatik" kennzeichnen, „die die logischen Strukturen des apophantischen Logos (des Urteils) untersucht" (Gadamer 1974, Sp. 1062). *[Aussagen im Zentrum]*

Interpretation

Interpretation im aristotelischen Verständnis ist jede „etwas bedeutende stimmliche Äußerung" (Aristoteles 1994, 16b27), das heißt jeder Laut, der konventionell etwas bedeutet und durch eine menschliche Stimme artikuliert wird. In diesem Sinne ist das Nomen ebenso bereits Interpretation wie das Verb oder der im Zentrum von Aristoteles stehende Behauptungssatz, da nichts Gesagtes ohne Bedeutung bleibt.

Beim Sprechen dringen Gedanken nach außen, die an einen Zuhörer gerichtet sind und von diesem wiederum verstanden werden können. Ein gesprochenes (d. h. äußeres) Wort, das man mit Aristoteles als materielles Zeichen der gedanklichen Vorstellungen bestimmen kann, steht aufgrund seiner Zeichenhaftigkeit nicht in einem natürlichen Verhältnis zu dem Ding, das es bezeichnet. Vielmehr stellt es bereits eine Deutung dar, bei der „etwas von etwas" ausgesagt wird. Paul Ricœur spricht daher zu Recht von einem durch Aristoteles aufgewiesenen „Bruch zwischen der Bezeichnung und dem Ding" und bestimmt diese Distanz bzw. diesen Abstand zwischen beiden als den „Ort der Deutung" (Ricœur 1999, S. 35).

Tier – Mensch

Fasst man mit Aristoteles die Interpretation in dieser Weise auf, wird es möglich, tierische Laute von menschlichen Verlautbarungen zu unterscheiden. Während das Tier Laute ausstößt und Töne von sich gibt, die im Rahmen seiner Umweltgebundenheit festgelegt sind, um eine Verständigung mit seinen Artgenossen zu ermöglichen, kann der Mensch in einer freien Übereinkunft innerhalb einer Sprachgemeinschaft Ausdrücke formen, die etwas bedeuten, um sich dergestalt über unterschiedlichste Sachverhalte zu verständigen. Daher wird der Mensch auch als ein Lebewesen definiert, das als spezifische Differenz zum Tier die Rede bzw. den Logos hat.

Martin Heidegger hat in seiner 1929/30 gehaltenen Vorlesung *Die Grundbegriffe der Metaphysik. Welt – Endlichkeit – Einsamkeit* den Aussagesatz bei Aristoteles charakterisiert und dabei folgende Deutung der menschlichen Rede bzw. des menschlichen Logos vorgenommen:

Dimension von Verständlichkeit

„Jede Rede, alles Reden, hat in sich die Möglichkeit, etwas zu bedeuten zu geben, solches, was wir verstehen. Alles Reden stellt – seinem Wesen und seiner innersten Aufgabe nach – in die Dimension von Verständlichkeit, ja die Rede und Sprache bildet gerade diese Dimension der Verständlichkeit, des gegenseitigen Sichaussprechens, Bittens, Wünschens, Fragens, Erzählens. Die Rede gibt zu verstehen und verlangt Verständnis. Ihrem Wesen nach wendet sie sich an das freie Verhalten und Handeln der Menschen unter sich." (Heidegger 1983, S. 443)

Zusammengefasst hat Aristoteles mit seinen Überlegungen zur Hermeneutik vor allem aufmerksam gemacht auf:
- das untrennbare Zusammengehören von Denken, Sprechen und Verstehen, das in der Rede bzw. dem Logos ihren Ausdruck findet;
- die genuin menschliche Interpretationsleistung, die auf der Fähigkeit beruht, „etwas von etwas" sagen zu können;
- die Unterscheidung zwischen einem „inneren" und einem „äußeren Wort", die die Differenz zwischen dem Gesagten und dem, worüber etwas gesagt wird, kenntlich macht.

Blickt man auf die Rezeptionsgeschichte, so fällt auf, dass man, insbesondere in den letzten 100 Jahren, an der aristotelischen Position kritisiert hat, dass sie ein zu einseitiges Gewicht auf die Aussagesätze und deren Möglichkeit legt, wahr oder falsch zu sein. Der Philosoph Hans Lipps etwa wies kritisch darauf hin, dass bei Aristoteles sowohl die konkrete Situation als auch der Motivationskontext, in dem ein Gespräch stattfindet, außer Acht gelassen würden. Auch würden Sprachformen wie „Rat, Bitte, Frage" sowie Befehl und Wunsch ausgeschlossen (Lipps 1976, S. 15 und 23f.), wodurch die Vielfalt der menschlichen Rede zu wenig Beachtung fände (vgl. Misch 1930; Lipps 1976; Gadamer 1986a; Rodi 1990, S. 147–167). Heidegger betonte darum explizit, dass die Aussage angesichts des alltäglichen Verstehens des Menschen sekundär und abgeleitet ist (Heidegger 1984, S. 154; → KAPITEL 9).

Rezeptionsgeschichte

Fragen und Anregungen

- Charakterisieren Sie die Haltung, die der Interpret gegenüber dem Interpretationsgegenstand im Platonischen Dialog *Ion* einnimmt.
- Stellen Sie den inneren Zusammenhang in der hermeneutischen Gliederkette Dichter – Interpret – Zuhörer unter Rückgriff auf das Magnetgleichnis dar.
- In welchem Verhältnis stehen bei Platon Hermeneutik und Dialektik?
- Überlegen Sie, wie sich das Verständnis der Interpretation bei Platon und bei Aristoteles voneinander unterscheidet.
- In welcher Weise lässt sich Aristoteles' Fokussierung auf den Aussagesatz kritisieren?

Lektüreempfehlungen

Quellen
- **Platon: Ion**, Griechisch/Deutsch, übersetzt und herausgegeben von Hellmut Flashar, bibliographisch ergänzte Ausgabe, Stuttgart 2002.

- **Aristoteles: Peri Hermeneias**, übersetzt und erläutert von Hermann Weidemann, Aristoteles Werke in deutscher Übersetzung, begründet von Ernst Grumach, herausgegeben von Hellmut Flashar, Band 1, Teil II, Berlin 1994.

Forschung
- **Internationales Jahrbuch für Hermeneutik**, herausgegeben von Günter Figal, Band 4, Tübingen 2005. *Das Jahrbuch hat den Schwerpunkt „Platon und die Hermeneutik" und nähert sich dem Thema in einem breiten Spektrum an Aufsätzen an.*

- **Fritz-Peter Hager (Hg.): Logik und Erkenntnislehre des Aristoteles**, Darmstadt 1972. *Gibt aus verschiedenen Forschungsperspektiven Einblick in die aristotelische Logik.*

- **Carl Werner Müller: Die Argumentationsstruktur im Ion**, in: Rheinisches Museum für Philologie, herausgegeben von Carl Werner Müller, 133. Band, Frankfurt a. M. 1990, S. 243–259. *Präzise Darlegung des platonischen Gedankengangs im „Ion".*

- **Carl Werner Müller: Die Dichter und ihre Interpreten. Über die Zirkularität der Exegese von Dichtung im platonischen Ion**, in: Rheinisches Museum für Philologie, in Verbindung mit Carl Werner Müller und Clemens Zintzen herausgegeben von Bernd Manuwald, 141. Band, Frankfurt a. M. 1998, S. 259–285. *Der Aufsatz rückt pointiert das Problem der Vermittlung von Dichtung im „Ion" ins Zentrum.*

- **Hermann Weidemann: Einleitung**, in: Aristoteles: Peri Hermeneias, übersetzt und erläutert von Hermann Weidemann, Berlin 1994, S. 41–87. *Vermittelt einen sehr guten philologischen, historischen und sachlichen Überblick über die Schrift „Peri hermeneías".*

3 Die allegorische Schriftauslegung

¹⁹Meine lieben Kinder, welche ich abermals mit Ängsten gebäre, bis dass Christus in euch eine Gestalt gewinne, ²⁰ich wollte, dass ich jetzt bei euch wäre und meine Stimme wandeln könnte; denn ich bin irre an euch. ²¹Saget mir, die ihr unter dem Gesetz sein wollt: Habt ihr das Gesetz nicht gehört? ²²Denn es steht geschrieben, dass Abraham zwei Söhne hatte: einen von der Magd, den andern von der Freien. ²³Aber der von der Magd war, ist nach dem Fleisch geboren; der aber von der Freien ist durch die Verheißung geboren. ²⁴Die Worte bedeuten etwas. Denn das sind zwei Testamente: eins von dem Berge Sinai, dass zur Knechtschaft gebiert, welches ist die Hagar; ²⁵denn Hagar heißt in Arabien der Berg Sinai und kommt überein mit Jerusalem, das zu dieser Zeit ist und dienstbar ist mit seinen Kindern. ²⁶Aber das Jerusalem, das droben ist, das ist die Freie; die ist unser aller Mutter.

Brief des Paulus an die Galater aus dem Neuen Testament (Ausschnitt),
Kapitel 4, Verse 19–26

Paulus schrieb den zwischen 53 bis 55 n. Chr. entstandenen Brief, weil Irrlehrer die galatischen Christen zur Beschneidung aufforderten und so eine Vermischung des christlichen Glaubens mit dem mosaischen Gesetz beförderten. Ziel seines Briefes ist es darum, das Evangelium der Gnade als einzigen Weg zur Erlösung begreiflich zu machen. An dieser bekannten Stelle des Textes verwendet Paulus dafür die Stilfigur der Allegorie, um einen tieferen Sinn hinter einem wörtlichen Sinn erscheinen zu lassen. Dabei deutet er die beiden Söhne Abrahams, die dieser mit Hagar und Sarah gezeugt hat, als Altes und als Neues Testament (Gal 4,22–24). Die Allegorese – als Auslegungsvorgang der Stilfigur der Allegorie – wird jedoch nicht nur auf die Heilige Schrift angewendet, sie kann auch zur Deutung mythologischer, mystischer und literarischer Texte fruchtbar gemacht werden.

Philon von Alexandrien, der etwa von 20 vor bis 45 nach Christi Geburt gelebt hat, knüpfte mit seiner allegorischen Schriftauslegung an die Homer- und Hesiod-Auslegungen der Griechen an, die nicht beim wörtlichen Verständnis der Verse stehen bleiben wollten, sondern nach einem tieferen Sinn zwischen den Zeilen suchten. So gelang es ihm explizit, zwei Schriftsinne voneinander abzuheben und zu kennzeichnen, nämlich den Wort- bzw. Buchstabensinn und den allegorischen Sinn. Auch der von etwa 185 bis 254 lebende Origines, stammt aus Alexandrien, weshalb man beide Gelehrten zur sogenannten „alexandrinischen Schule" zählt. Zwar berief sich Origines innerhalb seiner Darlegungen über seine Methode nicht eigens auf Philon, doch erwähnte er ihn in seinen Schriften mehrfach in einem positiven Sinne. Origines differenzierte die allegorische Schriftauslegung Philons in Hinsicht auf einen dreifachen Schriftsinn weiter aus. Im Anschluss an Origines wurde dieser Ansatz schließlich zu einem vierstufigen Modell ausgebaut, das für Jahrhunderte hindurch in der christlich geprägten mittelalterlichen Philosophie kanonisch geblieben ist.

3.1 **Philon und der zweifache Schriftsinn**
3.2 **Origines und der dreifache Schriftsinn**
3.3 **Der vierfache Schriftsinn**

3.1 Philon und der zweifache Schriftsinn

Philon von Alexandrien wird häufig als Vater der Allegorie bezeichnet (vgl. Pépin 1987). Diese Einschätzung darf aber nicht missverstanden werden. Denn Philon hat zwar im 1. Jahrhundert n. Chr. die Allegorese, d. h. die Auslegung von Texten in einem anderen Sinn als den Buchstabensinn auf die Heilige Schrift des Judentums angewendet – aus der Sicht des Christentums das Alte Testament. Er bildete über diese Auslegungsform aber keine in sich geschlossene Theorie aus. So legte er beispielsweise mit seiner großen Untersuchung *Allegorische Erklärung des heiligen Gesetzbuches* einen allegorischen Kommentar zur Genesis vor, in dem sich kaum Reflexionen über die Allegorese selbst finden. Daher ist es erforderlich, anhand der Analyse seiner Erklärungen – gleichsam indirekt – eine Charakterisierung dieser Auslegungsform vorzunehmen.

Vater der Allegorie

Die vermutlich älteste Definition der Allegorie, die in griechischer Sprache überliefert ist, findet sich bei dem Rhetor Heraklit im ersten Jahrhundert v. Chr.:

Allegorie

„Denn die Redefigur, die zwar anderes ausspricht, anderes aber, wovon die Rede ist, durch Merkmale zu erkennen gibt, wird dementsprechend Allegorie genannt." (Heraklit in: Christiansen 1969, S. 135)

In dieser Definition kommt die Zweigliedrigkeit der Allegorie deutlich zum Vorschein. Der erste Teil der Definition verweist auf den wörtlich zu verstehenden gegenständlichen Bereich der Sprache, der als derjenige umschrieben wird, um den es letztlich nicht geht, da er „anderes ausspricht" (Beispiel: eine Waage). Der zweite Teil bezieht sich auf den gedanklichen Bereich, in dem sich das erschließt, „wovon die Rede" ist (Beispiel: die Gerechtigkeit). Der gedankliche Bereich steht nach dieser Definition mit dem wörtlichen Bereich über Merkmale in einer inneren Verbindung, da diese die Rückbindung an den ersten Teil gewährleisten. So werden in einer Allegorie letztlich zwei Bereiche zusammengeführt, die trotz aller Differenz doch zusammengehören.

Setzt man die verstreuten Bemerkungen Philons zur Allegorie bzw. Allegorese aus seinen Schriften zusammen, erkennt man, dass sie an die nicht beweisbare Behauptung geknüpft sind, es gäbe eine Entsprechung zwischen der Heiligen Schrift und dem Menschen:

Heilige Schrift – Mensch

„Denn die gesamten Gesetzesbücher gleichen [...] einem Lebewesen, das als Körper die wörtlichen Anordnungen hat, als Seele aber die in den Worten verborgene unsichtbare Bedeutung besitzt." (Philon 1964, S. 67f.)

DIE ALLEGORISCHE SCHRIFTAUSLEGUNG

Zwei Sinnschichten

Weil die Heilige Schrift neben einem sichtbaren Buchstabensinn auch einen unsichtbaren allegorischen Sinn besitzt, besteht sie ebenso wie der Mensch gleichsam aus Körper und Seele:

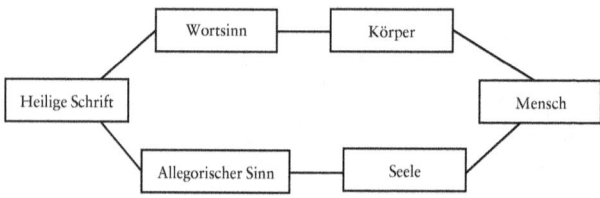

Abbildung 3: Entsprechung zwischen der Heiligen Schrift und dem Menschen bei Philon

Wortsinn

Der wörtliche Sinn bzw. Buchstabensinn spricht die konkreten Anschauungen des Menschen an und lässt sich als eine Art Körper fassen, der die Wohnstätte für den allegorischen Sinn darstellt, der unmittelbar auf die göttliche Wahrheit gerichtet ist. Mittels des Buchstabensinns können z. B. die biblischen Gesetze oder die biblischen Schilderungen historischer Ereignisse wie die Erlebnisse des israelitischen Volkes erfasst werden.

Philon zufolge sind insbesondere die verkündeten Gesetze ihrem Wortsinn nach anzuerkennen, d. h. sie müssen wörtlich verstanden und beachtet werden:

„Es gibt nämlich Leute, die in der Annahme, die verkündeten Gesetze seien nur Symbole von Gedachtem, letzterem (dem Gedachten) mit höchstem Eifer nachgehen, erstere leichtsinnig vernachlässigen; diese muß ich wegen ihrer Leichtfertigkeit tadeln." (Philon 1962b, S. 176)

In der Nichtbeachtung des Wortsinns gleichen solche Menschen „körperlose[n] Seelen", die so leben, als würden sie weder Stadt, Dorf noch Haus kennen und nichts vom menschlichen Miteinander wissen. Auf diese Weise achten sie nicht auf dasjenige, was die Allgemeinheit anerkennt, und versuchen, ausschließlich das symbolisch Gemeinte als Inbegriff der reinen „Wahrheit für sich allein zu erforschen" (Philon 1962b, S. 176).

Regeln gegen eine wörtliche Deutung

Philon selbst tritt entschieden dafür ein, dass auf den Wortlaut der Gesetze genau geachtet wird. Man kann in seinen Erklärungen aber auch Regeln erkennen, die eine wörtliche Deutung verbieten (vgl.

Siegfried 1970, S. 165–168). Da für Philon die griechische Bibel Ausdruck der göttlichen Wahrheit ist, muss der Wortsinn einer Schriftstelle genau dann zurückgewiesen werden, wenn er Gottes Einmaligkeit oder Würde entgegenarbeitet. So ist es für Philon unmöglich zu glauben, dass Gott, wie es im 1. Buch Mose geschrieben steht, tatsächlich einen Garten gepflanzt und auf dem Feld gearbeitet hat. Mit dem Garten sei Philon zufolge vielmehr die irdische Tugend gemeint, die Gott für das Menschengeschlecht säte (vgl. Philon 1962a, S. 30f.).

Die Auslegung im wörtlichen Sinne ist auch dann abzulehnen, wenn diese keinen Sinn erschließen kann, einen Widerspruch entdeckt oder etwas zum Vorschein treten lässt, was den heiligen Schriften gegenüber unzulässig ist. Legt man etwa aus dem Buch Moses die Stelle zugrunde, nach der Gott am sechsten Tag die Werke vollendete, die er gemacht hatte (1 Mose 2,2), wäre es Philon zufolge „ganz töricht" eine wörtliche Lesart vorzunehmen und „zu glauben, dass in sechs Tagen oder überhaupt in einer Zeit die Welt entstanden sei", da sich auf diese Weise kein Sinn erschließen würde (Philon 1962a, S. 17). Für Philon kann diese Aussage also keine tatsächliche Anzahl von Tagen meinen; achtet man auf den Doppelsinn der Worte, muss vielmehr einsichtig werden, dass die Stelle auf die vollkommene Zahl, d. i. die Zahl Sechs verweist.

Beispiel gegen eine wörtliche Deutung

Schließlich muss der Wortsinn überall dort zurückgewiesen werden, wo der allegorische Ausdruck dies selbst nahe legt. So darf die Erzählung von der sprechenden Schlange nicht beim Wort genommen werden, da es in der Wirklichkeit keine Schlangen gibt, die der Sprache mächtig sind. Auf diese Weise drängt uns die Schrift hier selbst zur Ablehnung des wörtlichen Sinns und zur Annahme einer Allegorie.

Betrachtet man das Verhältnis der beiden Sinnschichten zueinander, geht es Philon zwar primär um den allegorischen Sinn, aber es finden sich bei ihm auch Textstellen,

Wortsinn – allegorischer Sinn

- in denen der Wortsinn und der allegorische Sinn gleichberechtigt nebeneinander stehen und sich ergänzen,
- bei denen der allegorische Sinn neben dem Wortsinn oder über ihn erschlossen und erörtert wird,
- bei denen der Wortsinn ausgeschlossen wird und ausschließlich dem allegorischen Sinn Wahrheit zugesprochen wird,
- bei denen Wortsinn und allegorischer Sinn im Widerspruch zueinander stehen und darum die allegorische Auslegung von außen betrachtet als willkürlich erscheint.

Vor diesem Hintergrund ist es nicht verwunderlich, dass bei der Auseinandersetzung mit Philons Denken im Laufe der Jahrhunderte einander widersprechende Forschungsperspektiven entstanden, die vor allem daher rühren, dass die verschiedenen Forschungspositionen jeweils eine dieser Verhältnisbestimmungen zwischen Wortsinn und allegorischem Sinn im Werk Philons verabsolutieren. So mündet z. B. Martin Luthers reformatorische Kritik an der allegorischen Schriftdeutung in den Vorwurf, dass die Fokussierung auf den allegorischen Sinn mit einer Nichtbeachtung des wörtlichen Sinns einherginge (→ KAPITEL S.1). Um diese Kritik zu relativieren, könnte man jedoch Stellen im Werk Philons anführen, an denen er für die wörtliche Ausdeutung der Schrift eintritt. Eine andere Deutungsperspektive wiederum bestreitet die Methodik Philons prinzipiell. Ihr zufolge sei der Zusammenhang zwischen dem Bibeltext und der allegorischen Auslegung konstruiert und der Willkür des Interpreten entsprungen (vgl. Gförer 1835; Jülicher 1910). Nicht berücksichtigt werden dabei jedoch die Gründe, die Philon selbst zur Plausibilisierung des inneren Zusammenhangs zwischen den beiden Schichten anführt. Erkennt man demgegenüber den inneren Zusammenhang zwischen beiden Sinnebenen, lässt sich die Allegorese als eine Technik fassen, die es erlaubt, bei Philon in Ansätzen bereits von einer „allegorischen Auslegungswissenschaft" zu sprechen (vgl. Christiansen 1969).

Achtet man vor diesem Hintergrund genauer auf den Aufbau des Auslegungsvorgangs, wie ihn Philon bei seiner allegorischen Erklärung der Genesis durchführt, lässt sich folgende zu verallgemeinernde Schrittfolge erkennen:
1. Zitat aus der Heiligen Schrift,
2. Auslegung,
3. Begründung der Auslegung.

Philon führt hier demgemäß zunächst ein Zitat aus der Genesis an. Im Anschluss daran macht er deutlich, wie dieses Zitat zu verstehen ist. Die Auslegung erscheint in Form einer These, in der neben dem biblischen Begriff ein anderer gleichartiger Begriff gesetzt wird, der letztlich sagt, wofür dieser wörtliche Begriff eigentlich steht. Dabei ist das Schriftwort eher dem konkreten anschaulichen Bereich entnommen, während der in der Auslegung formulierte Begriff allgemeiner und umfassender ist und aus dem gedanklichen, abstrakteren Bereich herrührt.

Um diesen Zusammenhang zu veranschaulichen, können vier allegorische Auslegungen, wie sie sich in Philons Schriften finden, beispielhaft schematisiert werden:

Schriftwort	Begriff der Auslegung
Schlange	Besonnenheit
Salz	Bestand
Landarbeiter	Körper
Garten	Tugend

Abbildung 4: Beispiele allegorischer Deutung bei Philon

Bei der Begründung der Auslegung versucht Philon einen Beweis für seine Erklärung zu geben, indem er sich z. B. auf die Etymologie stützt, Ergebnisse der griechischen Kosmologie berücksichtigt, weitere Bibelstellen anführt, die platonische Deutung der Zahlen einbezieht, die aristotelischen Kategorien, wie Substanz, Quantität, Qualität oder Relation, verwendet oder auch analoge Verhältnisbeziehungen aufweist. Dabei lässt sich Philons Intention erkennen, eine Vermittlung zu leisten zwischen dem jüdischen Glauben und dem alttestamentlichen Buchstaben einerseits sowie dem Wissen der griechischen Philosophie und der allegorischen Auslegung andererseits.

Begründung

Insbesondere diese Begründungen Philons werden heutzutage bisweilen als äußerst fragwürdig erachtet, da in ihnen dogmatische Prämissen zum Ausdruck kämen, an denen er dann bedingungslos festhielte. Kritikwürdig erscheint dabei auch, dass der leitende Gesichtspunkt der Auslegung apologetische, den christlichen Glauben verteidigende Absichten sind, wodurch die Anwendung oft willkürlich erscheint (vgl. Scholz 1999, S. 22f.).

Von hier aus kann auf Philons Unterscheidung zwischen dem „inneren" und dem „äußeren *logos*" eingegangen werden, die bereits bei Aristoteles in seinem Buch *Peri hermeneías* (Über die Interpretation/Hermeneutik) angedeutet wird (vgl. Aristoteles 1994, S. 47f.; → KAPITEL 2.3), aber erst in der stoischen Philosophie (ca. 4. Jahrhundert v. Chr. bis zum 2. Jahrhundert n. Chr.) oder in der Auseinandersetzung mit dieser ausführlich entfaltet wurde (vgl. Pohlenz 1964). Während der „innere *logos*" das Denken als eine Art inneres bzw. leises Sprechen bezeichnet, drückt der Begriff des „äußeren *logos*" das konkrete Aussprechen des Gedachten aus:

„Innerer" und „äußerer *logos*"

> „der Logos aber gleicht entweder einer Quelle oder einem Abfluß, und zwar einer Quelle der, der im Gedanken seinen Ursprung hat, einem Abfluß aber der, der durch den Mund und Zunge vorgetragen wird." (Philon 1962b, S. 171)

In der Illustration des inneren *logos* als einer „Quelle" zeigt sich, dass dieser aus sich heraus Gedanken hervorbringt, die danach drängen, auszufließen und gesagt zu werden. Er ist daher – wie das in anderem Kontext auch die Hermeneutiker Aurelius Augustinus (→ KAPITEL 4) und Hans-Georg Gadamer (→ KAPITEL 10) darlegen werden – auf den äußeren *logos* angewiesen, dem die Aufgabe der Mitteilung der Gedanken zukommt. Beide *logoi* verhalten sich komplementär zueinander und gehören Philon zufolge so brüderlich zusammen wie Kain und Abel oder Moses und Aaron. Denn wie das Denken der Sprache bedarf, um sich überhaupt artikulieren zu können, so ist, umgekehrt betrachtet, die Sprache mit dem Denken verbunden, wenn sie nicht nur Lautnachahmung sein will.

Brüderpaar

Versucht nun jemand aus dem kleinen Kreis derer, die in die Lehre der Schriften eingeweiht sind, den allegorischen Sinn zu erfassen, wendet er sich, so Philon, letztlich durch die gesprochenen Worte hindurch dem inneren *logos* zu. Und das heißt, er bemüht sich darum, „durch die Worte wie durch einen Spiegel die übermäßige Schönheit der in ihnen sich zeigenden Gedanken" zu erblicken. Auf diese Weise wird die Bedeutung der Worte, wie Philon anschaulich formuliert, „nackt ans Licht" geführt und das Unsichtbare durch das Sichtbare gesehen (Philon 1964, S. 68). Innerhalb der Verstehensperspektiven auf dieser tieferen Sinnstufe haben die Kriterien ‚richtig' und ‚falsch' keine Bedeutung mehr, wodurch die Frage nach der Legitimierung des Gesehenen aufgeworfen wird.

Allegorischer Sinn und innerer *logos*

3.2 Origines und der dreifache Schriftsinn

Wie Philon, so stammt auch Origines, der etwa von 185 bis 254 gelebt hat, aus Alexandrien und gehört der sogenannten „alexandrinischen Schule" der allegorischen Schriftauslegung an. Während Philon jedoch, der ein gläubiger Jude und exzellenter Kenner der griechischen Philosophie gewesen ist, seine Auslegung auf die Heilige Schrift des Judentums anwendete, war der hermeneutische Gegenstand für den christlichen Kirchenlehrer Origines die Heilige Schrift, die aus Altem und Neuem Testament besteht.

Altes und Neues Testament

Angesichts der Einheit der beiden Testamente machte es sich Origines zur Aufgabe, sowohl dem Gesetz des Alten als auch dem Evangelium des Neuen Testamentes gerecht zu werden und das noch junge Christentum gegen die aus seiner Sicht ungläubigen, weil Christus ablehnenden Juden sowie gegen diejenigen Gnostiker zu behaupten, die den Heiligen Geist zurückwiesen. Auch wenn er eine Preisgebung des Alten Testamentes vermied, so versuchte er es doch vom Neuen Testament her zu lesen und von diesem aus seine Geltung zu formulieren.

Mit seiner etwa zwischen 220 und 230 entstandenen Schrift *Über die Prinzipien*, die aus vier Büchern besteht, legte Origines erstmals in der abendländischen Geschichte eine systematische Darstellung des christlichen Glaubens vor. Für die Hermeneutik ist insbesondere das vierte Buch von Relevanz, da Origines in diesem die Unterscheidung vom dreifachen Schriftsinn anführt, ohne sie jedoch vollständig zu entfalten. Durch diese Differenzierung wurde die Lehre vom zweifachen Schriftsinn aber nicht hinfällig. Vielmehr unterscheidet Origines selbst an vielen Stellen immer noch bloß einen zweifachen Sinn. Außerdem liegt seiner Auslegung vom dreifachen Schriftsinn letztlich auch die Voraussetzung des zweifachen zugrunde – ein Umstand, der sich bei Origines prinzipiell in der Anerkennung der Göttlichkeit der Heiligen Schriften und der damit einhergehenden Präsenz eines geheimen Sinns ausdrückt.

Über die Prinzipien

Dass sein methodischer Umgang mit der Schrift und der ihnen so entlockte Sinn richtig sind, versucht Origines unter Verweis auf die Schriftworte darzulegen. Nach seinem Selbstverständnis trägt Origines seine Methode nicht von außen an die Bibel heran, sondern spürt sie in ihr selbst auf. Achtet man nämlich auf einen Spruch des israelischen Königs Salomo, der im Alten Testament angeführt wird, findet man in diesem die Anweisung, dass man sich die „Sinne" der Schrift dreifach in „Rat" und „Erkenntnis" einschreiben muss, um ihre Wahrheit erfassen zu können (vgl. Spr 22,20f.).

Im Hintergrund steht dabei – ebenso wie bei Philon – der letzten Endes nicht beweisbare Grundsatz einer inneren Entsprechung zwischen dem Menschen und der Schrift. Während allerdings bei Philon Mensch und Heilige Schrift aus Körper und Seele bestehen, sind sie bei Origines unter Rückgriff auf die platonische Ausdeutung der menschlichen Natur dreigliedrig zu verstehen und kommen als Körper, Seele und Geist vor.

Körper – Seele – Geist

Da die Schrift nach dem Plan Gottes zur Rettung des Menschen dient (vgl. Origines 1985, S. 709), sind in ihr also drei Schichten enthalten, die dem Erkennenden gemäß seiner intellektuellen Verfasstheit zugänglich sind. So soll der „Einfache" von dem „Fleisch" der Schrift erbaut werden, der „Fortgeschrittene" von ihrer „Seele" und der „Eingeweihte" von ihrem „geistlichen Gesetz".

Ähnlich wie Philon hält Origines insbesondere bei den Geschichten der Schrift und der Gesetzgebung zumeist an dem Wortsinn fest.

Wortsinn

Auch finden sich manche Stellen, an denen er dessen Nutzen betont und ihm sogar eine den Menschen erbauende Kraft zubilligt. Denn schon die „Hülle des Geistlichen", die in der Schrift das Körperliche ist, enthalte viel Fruchtbringendes und Nützliches und könne eine größere Anzahl von dafür empfänglichen Menschen besser werden lassen (vgl. Origines 1985, S. 725–727).

Andererseits übt Origines aber auch scharfe Kritik an dem Buchstabensinn, und zwar insbesondere dann, wenn man diesen verabsolutiert und ausschließlich dessen Gültigkeit akzeptiert. Auf diese Weise kann er nämlich zur Quelle unwürdiger Vorstellungen von Gott und ketzerischer Ansichten (Häresien) geraten. Darüber hinaus finden sich in der Bibel auch Textstellen, die das „Körperliche" gar nicht enthalten und erst durch ihr „Seelisches" oder „Geistliches" erfasst werden können.

<small>Tieferer Sinn</small>

Setzt man Wortsinn und tieferen Sinn zueinander in Beziehung, ist Origines zufolge letzterer der eigentliche und primäre Sinn. Für diesen hat Origines eine Fülle von verschiedenen Bezeichnungen, so nennt er ihn beispielsweise den himmlischen, geistigen, geistlichen, symbolischen, anagogischen, tropologischen oder mystischen Sinn (vgl. Redepenning 1966, S. 304f.). Erst durch diesen verborgenen Sinn kann die Absicht des Heiligen Geistes erfasst werden, die tiefer liegt und weiter trägt, als es durch den bloßen Buchstaben zum Ausdruck gebracht werden kann. Da dieser Sinn nicht auf der Oberfläche der Worte zutage tritt, ist er lediglich einem kleinen Kreis von Eingeweihten zugänglich, die dabei auf die Gnade des heiligen Geistes angewiesen sind. Es ist vor allem dieser Rekurs auf die Gnade, der in unserer heutigen Zeit umstritten ist, da es schwer fällt, die Gnade als eine stichhaltige Begründung für das Auffinden des Schriftsinns anzuerkennen (vgl. Scholz 1999, S. 23).

Origines zufolge hat, wie er unter Verweis auf den Römerbrief (Röm 8,3; 9,33 und 14,13) dargelegt, der göttliche Logos selbst sozusagen ‚Ärgernisse', ‚Anstöße' und ‚Unmöglichkeiten' in das Gesetz und die Geschichtsdarstellungen hineinbringen lassen. Denn wir sollten nicht, so lautet seine Erklärung,

> „ganz und gar von der ungetrübten Anmut des Wortlautes hingerissen werden und dadurch entweder, weil wir nichts erfahren, was Gottes würdig ist, ganz von den (christlichen) Lehren abfallen, oder aber, wenn wir uns nicht vom Buchstaben lösen, nichts Göttlicheres aufnehmen." (Origines 1985, S. 727)

<small>‚Indizien'</small>

So führen diese ‚Indizien', die durch den göttlichen Logos in den ‚glatten' Zusammenhang der geschichtlichen Erzählungen eingestreut sind, dazu, dass man sich überhaupt auf die Suche nach einem außer dem auf der Hand liegenden Sinn begibt und sich dementsprechend einer besonders sorgfältigen Untersuchung des Textes widmet.

Origines nimmt im weiteren Verlauf seines Textes eine Differenzierung des tieferen Sinns vor, durch die er sich von Philon unterscheidet. Für ihn gibt es zunächst eine auf die Seele bezogene Auslegung, die einen praktischen und/oder moralischen Sinn enthält. Im vierten Buch *Über die Prinzipien* führt Origines ein Beispiel für eine solche Auslegung unter Rückgriff auf Paulus und seinen ersten Brief an die Korinther (1 Kor 9,9f.) an. In diesem heißt es: „Du sollst dem Ochsen, der da drischt, nicht das Maul verbinden." Versteht man dieses Schriftwort zunächst wörtlich, enthält es ein konkretes Verbot, wie man mit einem Tier, das einem dient, nicht umzugehen hat. Paulus belässt es indes nicht bei diesem wörtlichen Verständnis, sondern legt selbst, wie Origines ausführt, eine Erklärung dieses Gesetzes vor:

Beispiel für tieferen Sinn

„‚Kümmert sich Gott etwa um die Ochsen? Oder sagt er es ganz und gar um unsertwillen? Ja, um unsertwillen ist es geschrieben, daß der Pflüger auf Hoffnung pflügen muß und der Drescher in der Hoffnung auf seinen Anteil (dreschen muß).'" (Origines 1985, S. 715)

Geht man über den Buchstabensinn hinaus, lässt sich also ein „seelischer" bzw. „psychischer" Sinn entdecken. An dieser Textstelle zeigt sich darum, dass Paulus nicht von Tieren spricht, sondern eine Übertragung des Gesagten auf den Menschen meint. So formuliert das alttestamentliche Verbot die sittlich-moralische Anweisung, diejenigen, die gleichsam den kirchlichen Acker bestellen, auch an der Ernte zu beteiligen. Schärfer formuliert: Es leitet „das Anrecht der kirchlichen Beamten auf die Gaben der Gemeinde" her (vgl. Redepenning 1966, S. 309).

In einem noch tieferen Sinne lässt sich eine Textstelle auch typologisch-allegorisch deuten, unter der Voraussetzung, dass es gelingt, sogenannte *Typoi* ausfindig zu machen. Typoi sind Vorbilder (bzw. Vorausbilder) im Sinne von Vorgestalten, Vorformen und Vorprägungen, mittels derer Korrespondenzen zwischen dem Alten und dem Neuen Testament oder auch zwischen dem Neuen Testament und dem „ewigen Evangelium", an das die frühen Christen als dem kommenden Reich glaubten, nachgewiesen werden können:

Typologischer Sinn

„Geistlich aber ist die Auslegung dessen, der aufweisen kann, welcher Art die ‚himmlischen Dinge' sind, deren ‚Abbild und Schatten' die ‚fleischlichen Juden' ‚dienten' (vgl. Hebr 8,5 und 1 Kor 10, 18), und von welchen ‚zukünftigen Gütern das Gesetz einen Schatten darstellt' (vgl. Hebr 10,1). In allem schlechthin muß man nach der apostolischen Verheißung die ‚Weisheit im Geheimnis' suchen, ‚die verborgene, die Gott vor den Weltzeiten zur Herrlichkeit der Gerechten vorherbestimmt hat, die keiner der Herrscher dieser Weltzeit erkannt hat' (vgl. 1 Kor 2,7f.)." (Origines 1985, S. 715ff.)

In diesem Zitat wird deutlich, dass eine alttestamentliche Stelle nicht nur Typus dessen sein kann, was im Neuen Testament verwirklicht erscheint, sondern dass auch eine Stelle aus dem Neuen Testament Typus des „ewigen Evangeliums" zu sein vermag. Auf diese Weise kann z. B. die Opferung Isaaks durch Abraham im Alten Testament als Vorankündigung des Opfertodes Christi durch den Vater im Neuen Testament verstanden werden. Und es werden die irdischen Begebenheiten und Dinge als „Abbild und Schatten" der himmlischen Welt sichtbar, wodurch z. B. die heilige Stadt Jerusalem ein Bild des himmlischen Jerusalems wird und in innerer Entsprechung zu diesem steht.

Typus des „ewigen Evangeliums"

3.3 Der vierfache Schriftsinn

Betrachtet man die weitere Entwicklung der allegorischen Auslegungstechnik, lässt sich neben der Unterscheidung und Kennzeichnung des zwei- und dreifachen Schriftsinns auch die eines vierfachen Sinnes aufweisen, die das ganze Mittelalter hindurch Geltung behielt. Auch wenn dieser vierfache Schriftsinn sich in seiner differenziertesten Ausgestaltung wohl bei dem christlichen Priester Johannes Cassianus (etwa 360–430/35) findet, stammt seine prägnanteste und bekannteste Zusammenfassung von dem 1282 verstorbenen Augustinus von Dakien:

Augustinus von Dakien

„der wörtliche Sinn lehrt das Geschehene,   1. Sinnschicht
der allegorische, was du glauben sollst,   2. Sinnschicht
der moralische, was du tun sollst,   3. Sinnschicht
der anagogische, wohin du streben sollst".   4. Sinnschicht
(zitiert nach Jung 2001, S. 38)

Wichtig ist, dass die typologische Betrachtung von Origines in dieser Klassifizierung außer Acht gelassen wird. Zudem liegt diesem viergliedrigen Schema letztlich eine Zweiteilung zugrunde, insofern der allegorische, moralische und anagogische Schriftsinn Ausdifferenzierungen des über die historische Interpretation hinausgehenden geistigen Sinns darstellen.

Veranschaulichen lassen sich diese vier Sinnschichten und die unterschiedlichen Horizonte, die sie eröffnen, durch ein Beispiel, das Cassianus zugeschrieben wird. So kann ein- und dasselbe Jerusalem, wie Cassianus in Anlehnung an Paulus' Deutung der beiden Söhne Abrahams im Galaterbrief (Gal 4, 22f.) hervorhebt, in vierfacher Weise verstanden werden:

Johannes Cassianus: Beispiel Jerusalem

1. im historischen bzw. wörtlichen Sinne als reale Stadt der Juden,
2. im allegorischen Sinne als Kirche Christi,
3. im moralischen (tropologischen) Sinne als Seele des Menschen,
4. im anagogischen Sinne als himmlische Stadt Gottes (also als das ewige Jerusalem).

Vor diesem Hintergrund des vierfachen Schriftsinns stellt Cassianus einen Zusammenhang zum ersten Korintherbrief des Paulus (1 Kor 14,6) her, in dem dieser den Nutzen der Offenbarung, der Erkenntnis, der Weissagung und der Lehre thematisiert. Dabei korrespondiert

- dem historischen Sinn die *doctrina* (lateinisch; Lehre),
- dem allegorischen die *revelatio* (lateinisch; Offenbarung),
- dem anagogischen die *prophetia* (lateinisch; Weissagung),
- dem tropologischen die *scientia* (lateinisch; Erkenntnis).

Die allegorische Schriftauslegung ist für die Deutung der Bibel in ihren unterschiedlichen Ausgestaltungen über Jahrhunderte hindurch kanonisch geblieben. Entschiedene Kritik an ihr wurde zunächst vor allem von reformatorischen Theologen geäußert, die auf das Primat des Buchstabensinns pochten. Unter ihnen nehmen Martin Luther (→ KAPITEL 5.1), Philipp Melanchthon (→ KAPITEL 5.2) und Matthias Flacius Illyricus (→ KAPITEL 5.3) jeweils eine herausragende Stellung ein.

Fragen und Anregungen

- Philon hebt Wortsinn und allegorischen Sinn voneinander ab. Charakterisieren sie diese beiden Sinnschichten.

- In welchem Zusammenhang steht für Philon die Lehre vom inneren und äußeren *logos* zu der Lehre vom zweifachen Schriftsinn?

- Legen Sie Origines' Verständnis des typologischen Sinns dar.

- Wie lässt sich unter Rückgriff auf Cassianus Jerusalem in vierfacher Weise verstehen?

- Überlegen Sie, in welcher Hinsicht die allegorische Schriftauslegung in unserer Zeit noch von Relevanz sein könnte?

Lektüreempfehlungen

Quellen
- Origines: Vier Bücher von den Prinzipien, herausgegeben, übersetzt, mit kritischen und erläuternden Anmerkungen versehen von Herwig Görgemanns und Heinrich Karpp, 2., verbesserte und um einen Nachtrag erweiterte Auflage, Darmstadt 1985.

- Philo von Alexandria: Allegorische Erklärung des heiligen Gesetzbuches, Buch I–III, in: Die Werke in deutscher Übersetzung, Band III, herausgegeben von Leopold Cohn u. a., 2. Auflage, Berlin 1962, S. 16–165.

- Philo von Alexandria: Über Abrahams Wanderung, in: Die Werke in deutscher Übersetzung, Band V, herausgegeben von Leopold Cohn u. a., 2. Auflage, Berlin 1962, S. 152–213.

- Philo von Alexandria: Über das betrachtende Leben oder die Schutzflehenden, in: Die Werke in deutscher Übersetzung, Band VII, herausgegeben von Leopold Cohn u. a., Berlin 1964, S. 44–70.

Forschung
- Irmgard Christiansen: Die Technik der allegorischen Auslegungswissenschaft bei Philon von Alexandrien, Tübingen 1969. *Untersuchung der Struktur und der Methodik der Allegorese Philons.*

- Henri de Lubac: Geist aus der Geschichte. Das Schriftverständnis des Origenes, übertragen und eingeleitet von Hans Urs von Balthasar, Einsiedeln 1968. *Gut geschriebene Deutung von Origines' Denken mit dem Schwerpunkt auf der Darstellung seines dreifachen Schriftsinns.*

- Ernst Rudolf Redepenning: Origines. Eine Darstellung seines Lebens und seiner Lehre, in 2 Abteilungen, Abteilung 1, Aalen 1966 (Neudruck der Ausgabe Bonn 1841). *Umfassende Untersuchung zu Leben und Werk Origines', in der das Kapitel „Die heilige Schrift" die Auslegungsmethode von Origines subtil kennzeichnet.*

- Carl Siegfried: Philo von Alexandria als Ausleger des Alten Testaments, Amsterdam 1970. *Sehr genaue und kenntnisreiche Untersuchung der allegorischen Schriftauslegung Philons unter Berücksichtigung seiner Bildungsgrundlagen und seines geschichtlichen Einflusses.*

4 Augustinus: Die „erste ‚Hermeneutik' großen Stils"

Abbildung 5: Antonello da Messina: *Der Heilige Augustinus* (1472–73)

AUGUSTINUS: DIE „ERSTE ‚HERMENEUTIK' GROSSEN STILS"

Das Gemälde zeigt den tief versunkenen Philosophen und Kirchenlehrer Aurelius Augustinus (354–430) beim Lesen in einem Buch. Unter allen Büchern stand für ihn an erster Stelle das Buch der Bücher, die Bibel, deren „dunkle Stellen" er zu erhellen versuchte. Diese Bemühungen dienten einem angemessenen Verständnis der Bibel, das die Liebe zu Gott und zu dem Nächsten vertiefen und den Weg zur menschlichen Vollendung weisen sollte. Historisch betrachtet gehören seine hermeneutischen Überlegungen in die Patristik (ca. 2. bis 7. Jahrhundert), in der die Kirchenväter (lateinisch Patres) die christliche Lehre mithilfe der antiken Philosophie zu festigen und zu präzisieren versuchten. Augustinus besitzt hinsichtlich dieser Zeit eine Schlüsselstellung: Er gilt als derjenige, der einerseits das antike hermeneutische Erbe zusammenfasste und der andererseits den Rahmen absteckte, innerhalb dessen auf die Dauer von ca. einem Jahrtausend keine grundlegend neuen hermeneutischen Fragen mehr aufkamen.

Der Philosoph Martin Heidegger (→ KAPITEL 9) hat in einer seiner frühen Vorlesungen aus dem Jahr 1923 *Ontologie (Hermeneutik der Faktizität)* die Einschätzung formuliert, dass Augustinus „die erste ‚Hermeneutik' großen Stils" vorgelegt hätte. Tritt man in die Gedankenwelt Augustinus' ein und blickt man darüber hinaus auf die Rezeption seines Denkens, ist diese Einschätzung sicherlich richtig. Denn in den beiden Werken Augustinus', die für sein Hermeneutikverständnis zentrale Bedeutung haben, nämlich die Schriften *De doctrina Christiana* (396/397 und 426/427; Über die christliche Bildung) und *De trinitate* (etwa 399–419; Über die Dreifaltigkeit) finden sich hermeneutische Grundeinsichten, die auch noch in unserer heutigen Zeit von Relevanz sind. So stellt das erstgenannte Buch über die christliche Lehre eine Art methodischen Leitfaden zum Bibelstudium dar. In der Schrift über die Dreifaltigkeit Gottes hebt Augustinus das sogenannte „innere Wort" vom konkret gesprochenen „äußeren Wort" ab und wirft dergestalt das Problem der Universalität der Begriffe auf. Darüber hinaus diskutierte er das Erinnerungsvermögen des Menschen als Ermöglichungsgrund von Verstehen überhaupt.

4.1 **Regeln zur Deutung der Heiligen Schrift**
4.2 **Das innere und das äußere Wort**
4.3 **Die „abgründigere Tiefe unserer Erinnerung"**

4.1 Regeln zur Deutung der Heiligen Schrift

Augustinus' Schrift *De doctrina Christiana* ist angesichts des Umfangs, des Inhaltes und des wissenschaftlichen Charakters der Darstellung ein Meilenstein in der Geschichte der Hermeneutiken. Ihm kommt im gesamten Mittelalter eine tragende Rolle zu, wie beispielsweise die Bezugnahmen der christlichen Philosophen Hrabanus Maurus im 9. Jahrhundert, Petrus Abaelardus im 12. Jahrhundert und Thomas von Aquin im 13. Jahrhundert bezeugen können.

Das Werk Augustinus ist Teil einer umfassenden Christianisierung Europas, die am Ende des 4. Jahrhunderts an der Schwelle von der Antike zum Mittelalter einsetzte. Seine Texte dienten insofern auch dazu, die christliche Lehre zu festigen und sie gegen heidnische und nicht-kirchliche Tendenzen zu behaupten. Die *Doctrina Christiana* ist darum als Leitfaden zum Bibelstudium konzipiert, weil sie Regeln darlegt, die bei der Exegese der Heiligen Schrift helfen. Wie angedeutet geht sie jedoch nicht darin auf, eine bloße Theorie der Schriftauslegung zu sein. Denn alle hermeneutischen Überlegungen hatten letztlich das übergeordnete Ziel, die Liebe des Gläubigen zu Gott und seinem Nächsten zu vertiefen und den Weg zur menschlichen Vollendung zu weisen. So besteht die Grundintention des Textes darin, dem gläubigen Christen ein methodisches Lehrbuch zur Schriftauslegung an die Hand zu geben, um ihn durch das Verstandene ethisch-spirituell zu befördern. Mit anderen Worten: Es ging Augustinus um die der christlichen Botschaft angemessene Möglichkeit, die Glaubensinhalte zu erlernen, deren Lehre bzw. Vermittlung und um eine Lebensführung, die dieser christlichen Botschaft gemäß ist. Auf diese Weise wirkte die Schrift bei der Verbreitung des Christentums mit.

Leitfaden zum Bibelstudium

Die Schrift über die christliche Lehre besteht aus vier Büchern. Den größeren Teil davon, nämlich die ersten beiden Bücher und teilweise das dritte Buch, hat Augustinus vermutlich bis ca. 396/7 geschrieben. Als er 30 Jahre später im Alter auf sein Gesamtwerk zurückschaute und dieses in seinem Werk *Retractationes* (Überarbeitungen) kritisch sichtete, kam ihm zu Bewusstsein, dass diese Bücher noch unvollendet geblieben waren, und er fasste den Entschluss, sie fertig zu stellen. Er beendete das dritte Buch, das er bis zum 25. Kapitel bereits geschrieben hatte, und fügte noch ein viertes hinzu:

Entstehung

„Ich habe auch noch ein letztes Buch dazugeschrieben und das Werk in vier Büchern vollendet, von denen die ersten drei als Hilfe dienen sollen zum Verständnis der heiligen Schriften, während das vierte die Methode lehrt, wie das gewonnene Verständnis weitergetragen werden soll." (Augustinus 1976, S. 155)

Zweifache Aufgabe In diesem Satz formuliert Augustinus die zweifache Aufgabe, die er in seinem Lehrbuch verfolgt. So macht er es sich in den ersten drei Büchern zum Ziel, Regeln zum Verstehen der Bibel darzulegen, während es ihm im vierten Buch darum geht, die Frage nach der Art und Weise der Lehre bzw. Weitergabe des Verstandenen zu beantworten.

Dunkle Stellen Nimmt man Augustinus' Ausführungen genauer in den Blick, kreisen sie letztlich um die Frage, wie „dunkle Stellen" der Schrift, die auf unbekannte oder mehrdeutige Zeichen zurückzuführen sind, ausgelegt werden können. So ist für ihn der hermeneutisch brisante Gegenstand nicht die Bibel im Ganzen, sondern es sind insbesondere deren dunkle Stellen. Die hermeneutische Arbeit im engeren Sinne stellt sich also der Schwierigkeit, dunkle Stellen verständlich zu machen. Dabei ist die theologische Grundüberzeugung leitend, dass die Heilige Schrift von Gott inspiriert ist und als ihr ‚Autor' gewissermaßen der Heilige Geist angesehen werden kann, der Garant für die Klarheit und Durchsichtigkeit der Heiligen Schrift ist. Finden sich daher unverständliche Stellen, beruhen diese nicht auf Mängeln bzw. Fehlern der Bibel, sondern rühren von Gott selbst her:

„Denn prächtig und heilsam hat der Hl. Geist die Hl. Schrift so umgeformt, daß er mit klareren Stellen dem Hunger begegnet, mit den dunkleren aber den Überdruß vertreibt. Fast nichts nämlich wird in jenen dunklen Stellen aufgestöbert, was nicht anderswo in klarster Weise ausgedrückt gefunden werden kann." (Augustinus 2002, S. 51)

Geistiger Hunger Augustinus zufolge entspricht die vollkommene Aus- und Umformung der Heiligen Schrift der menschlichen Natur, die durch geistigen Hunger und Appetit ausgezeichnet ist. Dunkle Stellen bieten die Chance, den Menschen in besonderer Weise zu motivieren und seine geistige Nahrungssuche anzuregen. Hätte der Mensch nämlich, bildlich gesagt, die Wahrheit stets griffbereit vor sich liegen und müsste er sie gar nicht erst suchen, so könnte er sehr schnell geistig appetitlos werden und erschlaffen. Umgekehrt wird ein Mensch, der unermüdlich auf der Suche nach der Wahrheit ist, sie aber niemals findet, stets geistigen Hunger leiden. Mit dieser Sichtweise liefert Augustinus eine Begründung dafür, dass dunkle Stellen, anthropologisch gesehen, notwendig sind, denn sie vermögen, den menschlichen Geist in einzigartiger Weise zu fesseln und seiner Trägheit entgegenzuwirken.

REGELN ZUR DEUTUNG DER HEILIGEN SCHRIFT

Um dunkle Stellen der biblischen Texte schrittweise verständlich werden zu lassen, arbeitet Augustinus Regeln, Vorschriften bzw. Anweisungen (lateinisch *praeceptae*) heraus. Es sind Anweisungen in zweierlei Hinsicht. Sie beziehen sich einerseits auf die Einstellung des Gläubigen und andererseits auf die technische Seite der Interpretation.

<small>Regeln</small>

Reduziert man die Vielzahl von Regeln auf ihre Grundaussagen, lassen sie sich folgendermaßen umschreiben:

- Nimm die rechte / angemessene Haltung eines Gläubigen ein.
- Mache dich kompetent und erwirb Sachkenntnis.
- Lerne besonders die Sprachen Hebräisch und Griechisch.
- Vertiefe durch das Verstehen die Liebe zu Gott und dem Nächsten.

Von besonderer Wichtigkeit ist Augustinus die Haltung, mit der man sich der Schrift nähert. Denn auch für denjenigen, der Theologie betreibt, ist es zunächst erforderlich, ein adäquates Verhältnis zur Bibel zu gewinnen, die ein echtes Verstehen überhaupt erst ermöglicht. Das Buch der Bücher ist nämlich keine Trivialliteratur, kein fiktiver Text und auch kein reines Sachbuch, da in ihm der Wille Gottes federführend ist und es unter seiner Inspiration geschrieben und gesprochen wurde. Der beste Leser der Heiligen Schrift wird in der Konsequenz derjenige sein, der von der paulinischen Trias Glaube, Liebe und Hoffnung durchdrungen ist und der sorgfältig und voller Gottesfurcht Gottes Willen zu erkennen versucht. In dieser Trias hat die Liebe (lateinisch *caritas*) den Primat (vgl. Kor. 13,7), weshalb man bei dieser Anweisung in der Forschung von der Caritasregel spricht.

<small>Caritasregel</small>

Dieser Auffassung liegt die Einsicht des Parmenides zugrunde, dass Gleiches durch Gleiches erkannt wird, also erst eine bestimmte Haltung einen bestimmten Erkenntnisbereich zugänglich macht und dessen spezifische ‚Gegebenheitsweise' zum Vorschein treten lässt. So kann lediglich ein gottesfürchtiger und frommer Mensch, der in der Heiligen Schrift sorgfältig den Willen Gottes sucht, diesen auch erkennen, während er dem Ungläubigen verborgen bleiben muss.

<small>Wille Gottes</small>

Spitzt man diese Position zu, kommt in ihr die These zum Ausdruck, nur derjenige könne angemessen eine regelgeleitete Hermeneutik anwenden und die Bibel wirklich verstehen, der von Gott dazu auserwählt wurde. Niemand hat es nämlich in der Hand, sich eigenmächtig und eigenwillig zum Glauben aufzuschwingen, weil dazu die Gnade Gottes erforderlich ist. Spitzt man diese Position weniger scharf zu, kann man in ihr bereits das „Principle of Charity", das Prinzip der wohlwollenden Interpretation erkennen, das im 20. Jahr-

<small>Gnade Gottes</small>

hundert in der analytischen Sprachphilosophie und Philosophie des Geistes etabliert und ausdifferenziert wird (vgl. Glidden 1997; Scholz 1999, S. 31, 88–111; → KAPITEL 6.3).

Augustinus kann in diesem Zusammenhang als Vorläufer von Martin Heidegger gelesen werden, der – wenn auch in einem nichtchristlichen Kontext – ebenfalls im 20. Jahrhundert die Bedeutung der Haltung des Interpreten als Frage nach der Bedeutung der „Befindlichkeit" bzw. „Stimmung" wieder aufgegriffen hat. Denn bevor sich der Mensch objektiv und neutral einem Erkenntnisgegenstand zuwendet, ist er Heidegger zufolge immer schon „gestimmt", und zwar unabhängig davon, ob er sich dessen bewusst ist oder nicht. Daher versucht Heidegger, die alleinige Fokussierung des Erkennens auf die Subjekt-Objekt-Relation zu überwinden, indem er z. B. in seiner Schrift *Sein und Zeit* (1927) die Frage nach dem „Sinn von Sein" als die zentrale Frage des menschlichen Daseins heraushebt, das er wiederum wesentlich durch „Sorge" gekennzeichnet sieht (vgl. Heidegger 1984; → KAPITEL 9).

„Befindlichkeit"

Während die Caritasregel auf die Einstellung des Gläubigen bei seiner Bibellektüre zielt, dienen die eher technischen Regeln des Augustinus, deren Befolgung dem Gläubigen bei der Auflösung und Enträtselung dunkler Stellen behilflich sind, dem Erwerb von Sachkenntnis und echter Kompetenz.

Die erste Vorschrift besteht darin, zuerst nur diejenigen Bücher zu lesen, welche die „kanonischen Bücher" genannt werden. Zu diesen kanonischen Büchern, die, wie Augustinus betont, bei allen katholischen Gemeinden auf Akzeptanz stoßen, gehören 44 Bücher des Alten Testamentes und im Neuen Testament beispielsweise die vier Bücher aus dem Evangelium, die Briefe des Apostels Paulus, die Apostelgeschichte und die Offenbarung des Johannes:

„Kanonische Bücher"

„Die erste zu beachtende Vorschrift bei diesem mühevollen Unterfangen ist, wie ich gesagt habe, jene Bücher gründlich zu kennen und, wenngleich sie noch nicht verstanden werden, sie durch Lektüre dennoch entweder auswendig zu lernen oder wenigstens gut mit ihnen vertraut zu sein. Dann müssen diejenigen Dinge, die in ihnen offen dargelegt sind, seien es Vorschriften für den Lebenswandel oder Glaubensregeln, geschickter und sorgfältiger erforscht werden." (Augustinus 2002, S. 56)

Vom Bekannten zum Unbekannten

Hier bringt Augustinus den hermeneutisch höchst relevanten Hauptgrundsatz der Schriftauslegung zum Ausdruck, dass man vom Bekannten zum Unbekannten voranschreiten soll und dunkle Stellen durch klare zu erhellen sind. Bekanntes erwirbt man dadurch, dass man sich zunächst die kanonischen Bücher aneignet und sie dem Gedächtnis einprägt. Auf der Basis dieser Textkenntnis, auf die man immer wieder zurückgreifen kann, lassen sich offen zutage liegende lebenspraktische Einsichten gewinnen. Sieht man sich dann dunklen Stellen gegenüber, kann man sie durch den Rückgriff auf durchsichtige, verständliche Parallelstellen und/oder in Kenntnis des Zusammenhangs zu verstehen versuchen.

Auch die Kenntnis von Lebewesen, Steinen, Pflanzen oder anderen Sachen und Gegebenheiten, kann dabei helfen, viele dunkle Stellen, die auf metaphorischen Zeichen beruhen, zu erhellen. Augustinus veranschaulicht dies an dem Beispiel mit der Schlange:

> „Oder man nehme jene Information, daß die Schlange sich durch schmale Höhlengänge zwängt, ihr altes Gewand ablegt und so neue Kräfte empfangen soll – wie gut paßt dies zu der Aufforderung, eben die Listigkeit der Schlange nachzuahmen und den alten Menschen abzulegen, wie der Apostel sagt [Eph 4,22–24], damit wir mit dem neuen bekleidet werden, und den alten Menschen abzulegen, indem wir uns durch enge Öffnungen zwängen, wie der Herr sagt: ‚Tretet ein durch das enge Tor!' [Mt 7,13]." (Augustinus 2002, S. 67)

Beispiel Schlange

Ist die Natur der Schlange nicht bekannt, kann sehr schnell der Eindruck dunkler Redeweisen entstehen. Der Leser erfasst dann nicht die Vergleichspunkte, die die Kenntnis der Natur der Schlange veranschaulicht, und kann die Aufforderung, „die Listigkeit der Schlange nachzuahmen und den alten Menschen abzulegen", nicht verstehen.

Bei der Bibelauslegung hält Augustinus auch die paganen Wissenschaften, die außerhalb der Kirche gelernt werden, für nützlich. Diese freien Künste, zu denen Geschichtswissenschaft, Dialektik, Rhetorik und Mathematik gehören und die hier nicht in ihrer klassischen Siebenzahl thematisiert werden können, vermitteln dem Christen hilfreiches Wissen. Allerdings darf dieses Wissen der weltlichen Wissenschaften nicht überschätzt werden. Vergleicht man es Augustinus zufolge nämlich mit der Kenntnis der Heiligen Schrift, wird es sofort relativiert: „Denn was auch immer der Mensch außerhalb der Bibel gelernt hat, wird, wenn es schädlich ist, in der Bibel verurteilt, wenn es aber nützlich ist, in der Bibel gefunden." (Augustinus 2002, S. 100)

Freie Künste

Auch wenn sich mit Augustinus weitere Regeln als Hilfsmittel zur Deutung der Heiligen Schrift herausheben ließen, etwa die Anweisungen, Sprachen zu erlernen, unterschiedliche Übersetzungen zu Hilfe zu nehmen und eine kritische Textbasis zu wählen, darf dies nicht dazu führen, die Funktion von Augustinus Regelhermeneutik aus dem Blick zu verlieren: Sie dient als Mittel dem Zweck, den siebenstufigen Aufstieg des Menschen zu Gott zu unterstützen, und ist darüber hinaus für diejenigen, die die christliche Lehre weitergeben wollen, ein wichtiger Ratgeber (Buch 4). Diese sieben Stufen sind:

Sieben Stufen zu Gott

1. Gottesfurcht,
2. Frömmigkeit,
3. Wissen (= Thema von *De doctrina Christiana*),
4. Tapferkeit,
5. Erbarmen,
6. Erkenntnis,
7. Weisheit.

Zwischen der ersten Stufe der Gottesfurcht und der kontemplativen Weisheit als der siebten Stufe ist das Wissen (lateinisch *scientia*) im Sinne des rechten Bibelverständnisses demnach auf der dritten Stufe lokalisiert.

Angemessenes Verstehen

Den Maßstab zur Beurteilung eines angemessen Bibelverständnisses hält Augustinus mit dem doppelten Liebesgebot aus dem Matthäus-Evangelium in den Händen. Denn die Liebe des gläubigen Interpreten steht nicht nur am Beginn der Schriftauslegung, sie ist auch deren Ziel:

> „Wer auch immer also glaubt, die göttlichen Schriften oder einen beliebigen Teil davon verstanden zu haben, ohne daß er durch diese Einsicht diese doppelte Liebe zu Gott und dem Nächsten [Mt 37, 37–40] aufbaut, hat sie noch nicht verstanden." (Augustinus 2002, S. 42)

Fördert und vertieft demnach das (vermeintliche) Verstehen der Schrift die Liebe zu Gott und den Nächsten, liegt ein richtiges Verständnis vor. Behindert es aber das Wachstum der Liebe, liegt eine Fehldeutung vor.

4.2 Das innere und das äußere Wort

Die Unterscheidung zwischen dem „inneren" und dem „äußeren Wort", die bis in unsere Zeit hinein von hermeneutischer Relevanz ist, wird von Augustinus vor allem im 15. Buch seines Werkes *De trinitate* näher ausgeführt.

Um diese Unterscheidung zu verstehen, müssen Missverständnisse, die heutzutage rasch beim Hören der Wendung „inneres Wort" aufkommen, ausgeräumt werden. Das innere Wort ist kein privates, subjektivistisches oder psychologisches Wort, das ein einzelner Mensch sich ausgedacht hat und seinem eigenen Sprachschatz eigenmächtig und eigenwillig einfügt. Vielmehr ist es ein Wort, das im Herzen des Menschen gesprochen wird und das von Gott gesehen werden kann. Was bedeutet das?

Augustinus zufolge sprechen wir auf zweifache Weise: Wir sprechen einerseits gleichsam mit dem „Mund des Herzens" und andererseits mit dem „Mund des Leibes" bzw. dem „Mund des Fleisches". Sprechen wir mit dem Mund des Leibes, vollziehen wir buchstäblich ein äußeres Sprechen. Wir wenden uns dann an einen oder mehrere Mitmenschen und sagen zu ihnen dieses oder jenes, was sie hören und worauf sie etwas erwidern können. So macht der Mund des Leibes, salopp formuliert, darauf aufmerksam, was aus dem Mund herauskommt, in einer bestimmten Situation von einem Gesprächspartner gehört werden kann und ihm eine Antwort ermöglicht.

„Mund des Leibes"

Sprechen wir mit dem „Mund des Herzens" heißt das, dass wir innere Worte sprechen, indem wir denken. Wir sprechen dann als Denkende zu uns selbst, jedoch nicht in reiner Selbstbezüglichkeit, sondern in unserer untrennbaren Beziehung zu Gott. Gott vermag nämlich, wie Augustinus unter Rückgriff auf das Matthäus-Evangelium formuliert, die Gedanken des Menschen zu sehen. Wenn wir daher im inneren Gespräch zu uns sprechen und Gedanken bilden, können diese von Gott gesehen werden.

„Mund des Herzens"

Das innere Wort, das wir im Herzen sprechen, ist nicht sprachlich-material fixiert. Es gehört demnach nicht zu einer besonderen, gesprochenen Sprache, ist also weder griechisch noch lateinisch, noch einer anderen Sprache zugehörig. Vielmehr ist es als ein ursprüngliches Denken und Sprechen zunächst gänzlich ohne Laut, sogar ohne das Denken des Lautes, der seinerseits ja ebenfalls auf eine konkrete Sprache angewiesen ist:

Inneres Wort

„Demnach ist das Wort, das draußen erklingt, Zeichen des Wortes, das drinnen leuchtet, dem mit größerem Recht die Bezeichnung Wort zukommt. Denn was mit dem Mund des Fleisches vorgebracht wird, ist der Laut des Wortes." (Augustinus 2001, S. 295)

Das innere Wort wohnt dem äußeren Sprechen also in gewisser Weise inne, auch wenn dieses äußere Sprechen das innere Wort nicht in seiner höheren Vollkommenheit aussagen kann. Denn im Reden treten immer nur Facetten und Aspekte des Auszusagenden hervor, niemals die ganze Sache bzw. der volle Sachverhalt. Das innere Wort, das wir im Herzen sprechen, ist aber dieser „von dem Gegenstand, den wir wissen, geformte Gedanke".

„Geformter Gedanke"

Die Unterscheidung zwischen einem inneren Wort und einem äußeren Wort bedeutet zugleich die Unterscheidung zwischen dem wahren menschlichen Wort, das drinnen leuchtet, und dem Zeichen des Wortes in dieser oder jener besonderen Sprache. Sie macht die Begrenzung und Begrenztheit konkreten Sprechens sichtbar, da der Unterschied zwischen dem inneren und dem äußeren Sprechen letztlich nicht aufgehoben werden kann. Dies hat seinen Grund darin, dass den sprachlichen Zeichen, mittels derer wir die inneren Worte zum Ausdruck zu bringen versuchen, stets etwas Materielles, Zufälliges und Beliebiges anhaftet, weshalb in ihnen die vollständige Bedeutung niemals voll gegenwärtig sein kann

Es ist in der Forschung umstritten, ob und inwiefern die Unterscheidung zwischen dem inneren und dem äußeren Wort eine Entgegensetzung zwischen einer vorsprachlichen inneren Sprache (einer Sprache vor oder neben der Sprache) und einer explizit verlautenden äußeren Sprache bedeutet (vgl. z. B. Duchrow 1965; Kreuzer 1995). Liest man sie als Entgegensetzung, gibt es auf der einen Seite die gesprochene Sprache und, strikt davon getrennt, auf der anderen Seite das Verstehen vor, neben oder außerhalb der Sprache, das sich im inneren Gespräch vollzieht.

Sprache vor der Sprache

Obwohl diese Entgegensetzung durchaus ihre Berechtigung hat und von Augustinus auch formuliert wurde, darf sie nicht dazu führen, beide Seiten in einer künstlich anmutenden Abstraktion voneinander zu trennen. Denn zu jedem Sprechen gehört ein doppelter Bezug, nämlich der auf die Sache, das Gedachte bzw. den Inhalt und der auf das Gesagte, den Buchstaben bzw. den Ausdruck. Diese hermeneutische Grundeinsicht in die Doppelstruktur der Sprache liegt Augustinus' Unterscheidung zwischen dem inneren und dem äußeren Wort zugrunde. Nimmt man die Doppelstruktur ernst, gehört zur Hermeneutik ebenso das Verstehen des Verstehens wie die Vermittlung des Verstandenen. Durch den Bezug auf das innere Wort und den geformten Gedanken hat die Hermeneutik einerseits das Verstehen des Verstehens zur Aufgabe, durch den Bezug auf die Hörerseite, die über das äußere Wort geschieht, muss es andererseits die Frage nach der Vermittlung beantworten.

Doppelter Bezug der Sprache

Das Zusammengehören dieser beiden Seiten versucht Augustinus im Blick auf die Trinität plausibel zu machen. Oder, mit den Worten von Augustinus: Er versucht, von diesen Einsichten aus „eine wenngleich ferne in vielem unähnliche Ähnlichkeit mit dem Wort Gottes aufzufinden" (Augustinus 2001, S. 297).

Ausgangspunkt ist dabei der Prolog des Johannes-Evangeliums, in dem es heißt: „Gott war das Wort" (Joh 1,1), „alles ist durch es geworden" (Joh 1,3) und „das Wort ist Fleisch geworden" (Joh 1,14). In diesem Prolog wird die christologische Auffassung formuliert, dass die zweite trinitarische Person, der Sohn Gottes, das Wort ist, das ewig und vor aller Zeit ist. Aber nicht nur das. Das Wort Gottes, des Vaters, ist auch der eingeborene Sohn, Jesus Christus, der seinem Vater in allem ähnlich und gleich ist. „Mithin zeugte", wie Augustinus schreibt, „der Vater, indem er gleichsam sich selbst aussprach, sein ihm in alles gleiches Wort." (Augustinus 2001, S. 313) Insofern die zweite trinitarische Person auch das inkarnierte Wort (griechisch *logos*) ist, kann es gleichzeitig als das äußere Wort angesehen werden. So ist das Wort Gottes als zweite trinitarische Person das innere Wort Gottes, aber auch und zugleich als inkarnierter Logos Gottes äußeres Wort. Wie beim Menschen das innere Wort dem konkreten Sprechen vorausgeht, aber doch untrennbar mit ihm verbunden ist, so geht das ewige Wort, das Jesus Christus ist, dem inkarnierten Wort voraus.

Wort Gottes

Während Gottes sinnlich geäußertes Wort mit ihm wesensgleich ist, da er in diesem Wort ganz präsent ist, Wissen und Sein hier also eines sind, gelingt es dem Menschen immer nur, dieses *oder* jenes Wissen zu denken. Zwar wohnt der Seele des Menschen ein immerwährendes Wissen inne – etwa dasjenige, dass sie lebt –, aber dennoch wird sie dieses nicht permanent bzw. immerwährend denken können (wenn sie auch nicht aufhört, es zu wissen), da Denken als ein ‚Denken von etwas' stets relativ, ausschnitthaft und bezogen auf dieses ‚Etwas' ist.

Wissen und Sein

Der Anspruch der Universalität, der in Hans-Georg Gadamers Universalhermeneutik im 20. Jahrhundert eine zentrale Bedeutung hat (→ KAPITEL 10), ist mit dieser augustinischen Unterscheidung eines inneren und eines äußeren Wortes verbunden. Universalität bedeutet bei Gadamer, dass das Verstehen eine unaufhörliche Aufgabe darstellt, da das konkrete Sprechen das Gedachte immer nur unvollständig wiedergibt. In Anbetracht dieses Zusammenhangs gerät die kritische Prüfung der Sprache und hier vor allem der propositionalen Aussagen – das sind Sätze, mit denen man etwas über etwas aussagt – zu einem wichtigen hermeneutischen Auftrag. Beschränkt man sich nun bei dieser Analyse der Sprache entgegen Gadamers und Augustinus' Überlegungen auf das äußere Wort, übersieht man, dass das

Universalität

Auszusprechende sich aus einer vorhergehenden inneren Sprache ergibt und im konkreten Sprechen niemals voll und ganz ausgedrückt werden kann.

Verstehensprozess als unendliche Aufgabe

Der Verstehensprozess ist in dieser Konsequenz eine unendliche Aufgabe, da der Mensch unermüdlich darum ringen muss, eine Sache bzw. einen Sachverhalt in der ihm gemäßen Weise zu Ende zu denken. Daher ist für Hans-Georg Gadamer das innere Wort „gewiß nicht auf eine bestimmte Sprache bezogen, und es hat überhaupt nicht den Charakter eines Vorschwebens von Worten, die aus dem Gedächtnis hervorkommen, sondern es ist der bis zu Ende gedachte Sachverhalt (forma excogitata)." (Gadamer 1986a, S. 426)

4.3 Die „abgründigere Tiefe unserer Erinnerung"

Augustinus wies Anfang des 5. Jahrhunderts im Kontext seiner hermeneutischen Überlegungen in der Schrift *De trinitate* auch auf die Selbstdurchsichtigkeit des Menschen in seiner Bezogenheit auf Gott hin und warf damit die Frage auf, wie der menschliche Geist sich selbst vergegenwärtigen kann.

Auch wenn diese Perspektive in der Forschung bisher weniger Beachtung gefunden hat, ist sie doch für die Hermeneutik bedeutsam. Sie verweist nämlich darauf, dass es Augustinus nicht nur um die rechte Auslegung der Bibel im Aufsuchen des in ihr enthaltenen tieferen Sinns geht, die ausschließlich der Christ zu vollziehen vermag. Vielmehr geht es ihm auch darum, den Vorgang des Verstehens im Rahmen der Analyse des menschlichen Geistes nachzuvollziehen: Wenn Augustinus die Akte des tätigen Geistes analysiert, interessiert er sich für die Frage, wie der menschliche Geist sich selber erkennen kann, was Sich-Verstehen eigentlich bedeutet. Auf diese Weise hat er vermutlich erstmals die Frage nach dem Ermöglichungsgrund des Verstehens aufgeworfen, die gleichbedeutend mit der Frage nach der Präsenz des schöpferisch zu denkenden Logos (Gottes) im Menschen ist.

Sich-Verstehen

Denkt man mit Augustinus darüber nach, in welchem Verhältnis das Wissen zum Nichtwissen steht, wenn der Geist sich selbst erkennen will, dann wird deutlich, dass dem Wissen das Primat zukommt. Der Geist, der sich selbst sucht, um sich zu kennen, kennt sich nämlich bereits als einen Suchenden. Er hat Kenntnis von sich selbst, weiß also, dass er selbst Geist ist. So begleiten den Menschen in allem Nachdenken über diesen oder jenen Sachverhalt stets das Be-

Wissen und Nichtwissen

wusstsein und die Lebendigkeit seiner selbst. Hier erscheint die hermeneutische Grunderfahrung des Zusammengehörens von Bekanntem und Unbekanntem, die u. a. bei Friedrich Schleiermacher im 18. Jahrhundert (→ KAPITEL 7.2) und Wilhelm Dilthey im 19. Jahrhundert (→ KAPITEL 8) näher ausgeführt wird (vgl. Greisch 1993, S. 37f.).

Der nicht beweisbare Grundsatz, von dem Augustinus in seinen Überlegungen von *De trinitate* ausgeht, ist die prinzipielle Entsprechung, die zwischen dem Menschen und dem dreifaltigen Gott besteht. Am deutlichsten zeigt sich diese Entsprechung in dem menschlichen Geist, der in der Erinnerung („memoria"), der Einsicht („intelligentia") und dem Willen („voluntas") bzw. der Liebe seine Gottesebenbildlichkeit aufweist:

Menschlicher Geist

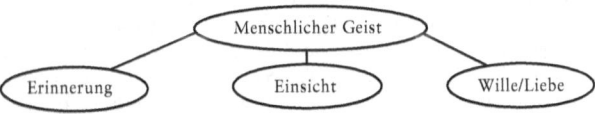

Abbildung 6: Der Aufbau des menschlichen Geistes

Der Geist vermag sich als Bild der höchsten Dreieinheit zu denken, das ihm als trinitarische Struktur bereits immanent ist. Während in der Erinnerung und der Einsicht die Kenntnis und das Wissen vieler Dinge bereits enthalten sind, ist der Wille dazu da, dass wir durch ihn diese Dinge „gebrauchen" (lateinisch *uti*) oder genießen (lateinisch *frui*) können (vgl. Augustinus 2001, S. 117).

Der menschliche Geist bewahrt in der „Schatzkammer der Erinnerung" (Augustinus 2001, S. 307) Wissen auf. Dieses Wissen kann er durch sich selbst eingesehen haben, wozu beispielsweise die größte Gewissheit gehört, dass er lebt. Oder er kann es an seinem eigenen Leib erfahren und gelernt haben, wie z. B. jeder den Himmel und die Erde durch die Sinne seines Leibes wahrnehmen und erfassen kann. Oder er kann das Wissen durch das Zeugnis anderer erworben haben, denn sonst wüsste der Mensch nicht, dass es, wie Augustinus ausführt, einen Ozean, Länder und Städte gibt (vgl. Augustinus 2001, S. 307).

„Schatzkammer der Erinnerung"

Die Erinnerung geht demnach für Augustinus nicht darin auf, bloßer Gedächtnisspeicher des Wahrgenommenen zu sein, in dem der Mensch seine Vorstellungen und Erfahrungen aufbewahrt, um sie zu gegebener Zeit wieder abrufen zu können. Erinnerung reduziert sich nicht auf die Fülle dessen, woran sich der Mensch erinnern kann, sondern ist ein produktives Vermögen, mittels dessen die Wahrheit hervorgebracht wird. Sie ist der privilegierte ‚Ort', an dem Gott gewissermaßen ‚gefunden' werden kann und an dem das Erinnern an Unvergessenes geschieht, das immer schon erinnert ist. Aus dieser Sicht kann der menschliche Geist aus seinem „inneren Gedächtnis" Einsichten gewinnen, die nicht aus einer Art kollektiven menschlichen Erfahrung herrühren, sondern die er durch und aus sich selbst heraus zu gewinnen vermag.

„Inneres Gedächtnis"

Begibt sich der Mensch auf die Suche nach dem Wahren, dem Ewigen und seinem Glück, so kann er es konsequenterweise nicht draußen in der Welt des Vergänglichen, Irdischen und Flüchtigen finden. Er muss, wie Augustinus unter Rückgriff auf den Begründer des Neuplatonismus im 3. Jahrhundert (Plotin) hervorhebt, stattdessen „zurückgehen" (lateinisch *redire*), d. h. den Weg nach innen gehen und bei sich selbst einkehren. Auch das ‚Finden' Gottes ist von hier aus betrachtet ‚Erinnerungsarbeit', bei der der Mensch, wie Augustinus etymologisch plausibel zu machen versucht, letztlich nichts anderes tut als in das zu gehen, was gesucht oder gefragt wird (vgl. Augustinus 2001, S. 337, 339).

Weg nach innen

Dabei ist indes Vorsicht geboten. Denn Gott geht nicht darin auf, Objekt, Erinnerungsgegenstand und das Erinnerte zu sein, da er, bildlich gesagt, immer noch tiefer und höher als dasjenige ist, was der Mensch in sich selbst erreichen und ausloten kann. Daher ist Gott zwar als Grund des Erinnerns im Erinnern präsent, ohne allerdings mit diesem jeweils identisch zu sein.

Die Wirklichkeit des Erinnerungsvermögens tritt in der Sprachlichkeit zum Vorschein, insofern Sprache eine Entsprechung zum offenbar gewordenen Logos, dem Wort Gottes, aufweist. So muss, „wenn wir Wahres sagen, das heißt, wenn wir sagen, was wir wissen, aus eben dem Wissen, das wir in der Erinnerung festhalten, das Wort geboren werden, das durchaus von jener Art ist, von der das Wissen ist, von dem es geboren wird." (Augustinus 2001, S. 293) Aus der Erinnerung, in der alles, was der Mensch weiß, ‚enthalten' ist, wird mittels der Einsicht eine gewisse Formung des Denkens vollzogen. So entsteht das innere Wort als der geformte Gedanke, der dieses Wissen gewissermaßen auf den Begriff bringt.

Entstehung des inneren Wortes

Denken wir etwas Wahres, dann sind wir dessen gewiss, dieses für wahr Gehaltene auch einzusehen, also von seiner Wahrheit überzeugt zu sein. Wir legen es dann in die Schatzkammer unseres Gedächtnisses, um zu gegebener Zeit wieder darauf zurückgreifen zu können.

Dabei zeigt sich dem Menschen auch die „abgründigere Tiefe" seiner Erinnerung (vgl. Augustinus 2001, 337). Mit dieser Wendung wird das nicht zu ergründende Faktum des Verborgenen des Geistes benannt, das sich in seiner Wirklichkeit des Sich-Verstehens zeigt. Denn das Verstehen des Gedächtnisses ist ein Verstehen der geistigen Selbstgegenwärtigkeit, in der die Erinnerung den Grund ihres Einsehens und Verstehenwollens erfasst (vgl. Kreuzer 1995).

„Abgründigere Tiefe unserer Erinnerung"

Fragen und Anregungen

- Augustinus arbeitet in seinem Buch über die christliche Lehre sogenannte Regeln zum Lesen der Heiligen Schrift heraus. Nennen und charakterisieren Sie zwei davon.

- Welcher Zusammenhang besteht zwischen der Unterscheidung vom inneren und äußeren Wort und dem Anspruch der Universalität?

- Analysieren Sie Augustinus Formulierung von der „abgründigere[n] Tiefe unserer Erinnerung".

- Überlegen Sie, ob die hermeneutischen Überlegungen von Augustinus auch in einem nicht-christlichen Kontext Relevanz haben.

Lektüreempfehlungen

- **Aurelius Augustinus: Die Retractationen in zwei Büchern. Retractationum libri duo**, in deutscher Sprache von C. J. Perl, Paderborn 1976.

Quellen

- **Aurelius Augustinus: De trinitate**, Bücher VIII–XI, XIV–XV, Anhang: Buch V, neu übersetzt und mit Einleitung herausgegeben von Johann Kreuzer, lateinisch-deutsch, Hamburg 2001.

- **Aurelius Augustinus: Die christliche Bildung**, Übersetzung, Anmerkungen und Nachwort von Karla Pollmann, Stuttgart 2002.

- **Johannes Brachtendorf (Hg.): Gott und sein Bild. Augustins De trinitate im Spiegel gegenwärtiger Forschungen**, Paderborn 2000.
  Vermittelt Einblick in den aktuellen Forschungsstand zu „De trinitate".

Forschung

- **Hennig Brinkmann: Mittelalterliche Hermeneutik,** Darmstadt 1980. *Umfangreiches Standardwerk zur mittelalterlichen Hermeneutik mit einer Fülle an Details.*

- **Kurt Flasch: Augustin. Einführung in sein Denken,** Stuttgart 1994. *Fundierte und sehr gut lesbare Gesamtdarstellung des Denkens Augustinus', die textorientiert ist.*

- **Johann Kreuzer: Die Sprachlichkeit der Erinnerung. Überlegungen zum „inneren Wort" bei Augustin,** in: Kodikas Code. Ars Semeiotica, An International Journal of Semiotics, Vol. 20, 1997, No. 3–4, S. 216–230. *Grundlegender Aufsatz zur Deutung des inneren Wortes bei Augustinus.*

- **Karla Pollmann: Doctrina Christiana. Untersuchungen zu den Anfängen der christlichen Hermeneutik unter besonderer Berücksichtigung von Augustinus' De doctrina christiana,** Freiburg (Schweiz) 1996. *Detaillierte Analyse der Schrift „De doctrina Christiana" unter besonderer Berücksichtigung des funktionalen Zusammenhangs zwischen der Hermeneutik Augustinus' und der Hermeneutik des Tyconius.*

5 Die protestantische Bibelexegese

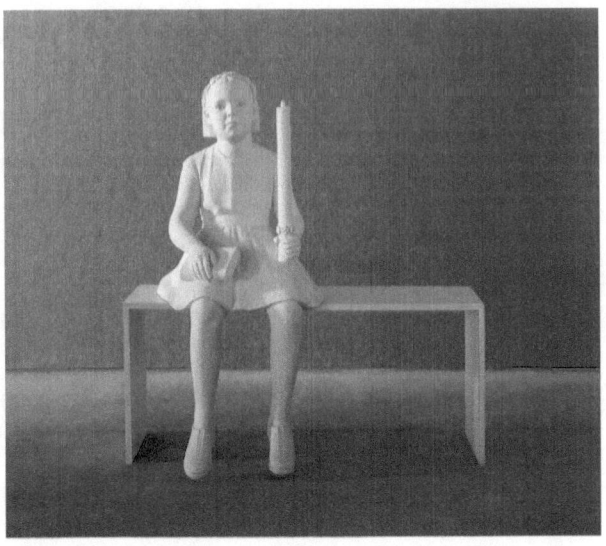

Abbildung 7: Birgid Helmy: *Kommunion* (2001)

DIE PROTESTANTISCHE BIBELEXEGESE

Die Skulptur eines Kommunionkindes von Birgid Helmy illustriert die feierlich begangene Erstkommunion in der katholischen Kirche. Das kleine Mädchen, das symbolisch ihren vollständigen Eintritt in die kirchliche Gemeinschaft begeht, verweist durch ihr Alter kontrastierend auf die evangelische Form des Festes: die Konfirmation, bei der die Kinder einige Jahre älter sind. Erst infolge der Reformation, deren engere Geschichte im Jahr 1517 mit dem Anschlag der 95 Thesen Martin Luthers an die Tür der Schlosskirche zu Wittenberg begann und 1555 mit dem Augsburger Religionsfrieden endete, sind der römische Katholizismus und der Protestantismus in solch spezifisch theologischen Fragen unterschiedliche Wege gegangen.

Die Kritik der großen Reformatoren, zu denen u. a. die Theologen Martin Luther und Philipp Melanchthon zählen, entzündete sich hauptsächlich an dem Steuersystem des Papsttums und dem Verkauf von Ablassbriefen an Gläubige, an denen sichtbar wurde, dass die finanziellen Interessen der Kirche und nicht die Seelsorge dominierten. Auch wenn es heutzutage nicht unproblematisch ist, die Vielzahl der unterschiedlichen theologischen Ansätze und politischen Haltungen unter dem Sammelbegriff Reformation zu subsumieren, und man bisweilen eher von den Reformationen des 16. Jahrhunderts spricht, so kann man doch Martin Luther (1483–1546), Philipp Melanchthon (1497–1560) und Matthias Flacius Illyricus (1520–75) als geistige Weggefährten ansehen, die in ihren theoretischen und praktischen Bemühungen die protestantische Bibelexegese repräsentieren. Sie sahen sich in ihrer Zeit mit einer Auslegungspraxis konfrontiert, bei der das Schwergewicht auf der allegorischen Schriftauslegung lag. In der Kritik an dieser geschah eine Rückbesinnung auf die wörtliche Bedeutung, die recht verstanden auch die geistige Bedeutung mit sich führt. Während Luther nachdrücklich auf die Beachtung des Literalsinns pochte, entwickelte Melanchthon das Verständnis einer hermeneutischen Rhetorik, die über eine Kunst der guten Rede hinaus auch eine Kunst des guten Lesens und Verstehens von Texten ist. Flacius gab mit seinem Werk dem Bibelexegeten einen hermeneutischen Schlüssel an die Hand, mit dessen Hilfe die Heilige Schrift verstanden werden konnte.

5.1 Luthers Diktum: Der „literalis sensus, der thuts"
5.2 Melanchthons hermeneutische Rhetorik
5.3 Flacius' Schlüssel zur Heiligen Schrift

5.1 Luthers Diktum: Der „literalis sensus, der thuts"

Durchstreift man als hermeneutisch interessierter Leser Martin Luthers umfangreiches Werk, wird sichtbar, dass Luther keine allgemeine Hermeneutik im Sinne einer in sich geschlossenen wissenschaftlichen Lehre der Auslegung entwickelt hat, da der Schwerpunkt seiner Ausführungen eindeutig auf der Schriftexegese, d. i. die Auslegung der Heiligen Schrift, liegt. Dabei stand Luther zunächst unter dem Einfluss der zu seiner Zeit praktizierten allegorischen Schriftauslegung, die von einem vierfachen Schriftsinn ausgeht. Später rückte er dann aber entschieden von dieser ab und stellte die buchstäbliche Lesart ins Zentrum seiner Bemühungen.

Exegese der Heiligen Schrift

Das Auslegungsmodell des vierfachen Schriftsinns leitete einen Exegeten dazu an, nacheinander den wörtlichen, den allegorischen, den tropologischen (moralischen) und den anagogischen Sinn einer Bibelstelle aufzusuchen, um auf diese Weise ihre unterschiedlichen Sinnschichten deutlich voneinander abheben zu können (→ KAPITEL 3.3). Die wissenschaftliche Erklärung begann demnach mit der buchstäblichen Lesart einer Bibelstelle, die im Anschluss daran soweit wie möglich durch die Lesarten der anderen Sinnschichten vertieft wurde. Der Buchstabensinn, der die konkreten Anschauungen des Menschen anspricht, gewährte daher dem ‚einfachen' Menschen zwar einen Zugang zum „Fleisch" der Schrift, allerdings konnte man mit ihm nicht zu den eigentlichen und tieferen Sinnschichten vordringen.

Vierfacher Schriftsinn

Martin Luther, der selten um deutliche Worte verlegen war, wendete sich äußerst scharf gegen diese Form der allegorischen Schriftauslegung. So ist sie für ihn, wie er sich in einer seiner sogenannten „Tischreden" 1531 plastisch äußert, ein „eitel Lappen- und Kinderwerk, ja, Affenspiel" und „Gaukelwerk", bei dem, anschaulich gesagt, ‚nichts dahinter steckt'. Anhand dieser Lesart kann nämlich nichts Gewisses gelehrt werden, „darauf man gründen und fußen könnte" (Luther 1967a, S. 317).

Kritik Luthers an der allegorischen Schriftauslegung

In einer anderen seiner Tischreden vom Oktober 1540 heißt es nicht weniger deutlich:

„‚Als ich jung war, da war ich gelehrt, und sonderlich, ehe ich in die Theologia kam, da ging ich mit Allegoriis, Tropologiis und Anagogiis um, und machte eitel Kunst. Wenns j[e]tzt einer hätte, er trüge es umher fur eitel Heilthum. Aber ich weiß, daß es ein lauter Dreck ist. Nu hab ichs fahren lassen, und ist meine beste und erste Kunst, tradere scripturam simplici sensu; denn literalis sensus, der thuts, da ist Leben, da ist Kraft, Lehre und Kunst innen; in dem andern, da ist nur Narrenwerk, wiewol es hoch gleißet.'" (Luther 1967b, S. 45, Nr. 5285)

"Eitle Kunst" vs. "beste und erste Kunst"

Luther stellt in diesem Zitat die „eitle Kunst" der allegorischen Schriftauslegung der „beste[n] und erste[n] Kunst" einer wörtlichen Deutung der Heiligen Schrift gegenüber. Seine Ablehnung des vierfachen Schriftsinns zugunsten des Buchstaben- bzw. Literalsinns (lateinisch *sensus literalis*) markiert eine Wende, die gerne mit der zum Schlagwort geronnenen Formel *sola scriptura* (lateinisch: das Geschriebene allein (genüge)) angezeigt wird. Luther zufolge regt die „eitle" Kunst der Allegorese den Ausleger zu geistigen Verstiegenheiten bzw. Höhenflügen an, die ihn zwar hoch hinausführen, dabei aber nur die Eitelkeit befriedigen und falschen Glanz bzw. Schein produzieren. Die „beste" Kunst, der es darauf ankommt, den wörtlichen Sinn der Heiligen Schrift zu verstehen, ist demgegenüber frei von dieser Oberflächlichkeit. Denn der Literalsinn klebt nicht, wie man fälschlicherweise vermuten könnte, spröde und trocken an jedem einzelnen Buchstaben, ist in ihm doch „Leben", „Kraft", „Lehre" und „Kunst" enthalten. Das Verstehen des wörtlichen Sinns geht demnach also immer schon mit einem geistigen Sinn einher, weshalb die Konzentration auf ihn völlig ausreicht.

Versucht man das wörtliche Sinnverstehen genauer zu charakterisieren, muss man beachten, dass die Heilige Schrift für Luther, wie er vor allem in seinem Buch *De servo arbitrio* (1525; Vom unfreien Willen) darlegt, prinzipiell verständlich und klar ist. Im wörtlichen Sinnverstehen begegnet dem Menschen das Wort Gottes, wobei dieses Verständnis auch schon die geistige Ebene des Wortes einschließt. So steht bei Luther eine Sinnschicht der wörtlichen Bedeutung nicht neben, unter oder über einer Sinnschicht der geistigen Deutung, die bisher vor allem mittels einer allegorischen Auslegung gewonnen wurde. Stattdessen legt er eine Konzeption zugrunde, in der es nur *eine* wörtliche Sinnschicht gibt, in der allerdings beide Aspekte, die der wörtlichen und die der geistigen Bedeutung, enthalten sind. In diesen beiden Aspekten erscheint zugleich der Doppelaspekt im Handeln Gottes, der sich als richtendes (Gesetz) und begnadigendes (Evangelium) Wort kundtut (vgl. Lohse 1981,

Buchstabensinn

S. 163ff.). Buchstabe und Geist gehören deshalb wie die beiden Seiten einer Medaille untrennbar zusammen und sind im Sinne von Christus (buchstäblicher Sinn) und Evangelium (tropologisch-moralischer Sinn) gemeinsam zu deuten (vgl. Gloege 1964; Schempp 1973):

„Hatte der buchstäbliche Sinn es mit Christus zu tun, so der tropologische mit seinem Evangelium. Der eine schilderte das Leiden und die Herrlichkeit Christi, seine Ängste, seine Gottverlassenheit und seine Triumphe; der andere zeigt, was dies für den Menschen bedeutet, wie er es auf sich anwenden und in sich nacherleben soll. Und erst aus dem Letzteren kam das volle Verstehen." (Holl 1948, S. 547)

Derjenige, der die Heilige Schrift auslegt, ist aus dieser Sicht nicht der nüchterne Leser eines Sachbuches, sondern ein gläubiger Mensch, der Christus als den wahren Inhalt der Heiligen Schrift zu verstehen und existenziell an sich selbst zu erleben vermag. Denn erst der Glaube, der auf das Wort und das Werk Gottes gerichtet ist, lässt den Interpreten ein adäquates Verhältnis zu den Worten der Bibel einnehmen. Dabei begibt er sich gewissermaßen in die Hand des Textes, insofern der gläubige Mensch nicht eigenmächtig ein Verstehen herbeiführen kann. Die Wirkung geht nämlich letztlich vom Text aus, und Aufgabe des Interpreten ist es, sich der in den Worten ausgedrückten Sache anzugleichen und sich für sie zu öffnen. Dazu muss eine Umwandlung seiner selbst erfolgen, die wiederum durch Gottes Hilfe mit dem Mittel der Schrift geschieht.

Gläubiger Interpret

Verstehen im tiefsten Sinne bedeutet daher, wie der bekannte Lutherforscher Gerhard Ebeling herausarbeitet,

„daß es nicht nur zu einem Begreifen des Textes, sondern auch zu einem Ergriffenwerden kommt, daß das comprehendere [Verstehen] von der Schrift ausgeht und nicht vom Ausleger" (Ebeling 1951, S. 175).

Die Heilige Schrift tritt aus dieser Perspektive gewissermaßen für ihre eigene Sache ein und versucht diese auf die ihr eigene Weise zur Sprache zu bringen, um vom Menschen verstanden werden zu können. Sie lässt sich daher mit einem bekannten Ausspruch Luthers als ihre eigene Interpretin fassen (lateinisch *sui ipsius interpres*), insofern sie ihre eigene Botschaft, das Wort Gottes, kundtut, das nur der gläubige Mensch in sich selbst auszulegen vermag. Der Leser bzw. Hörer der Heiligen Schrift hat daher ausschließlich auf das Wort Gottes zu achten und dessen Botschaft auslegend zu empfangen und sich nicht durch vorgefasste Meinungen, die von ihm oder der Tradition herrühren, den Zugang zur Schrift verengen oder gar verstellen zu lassen. Für Luther ist es daher nicht erforderlich, auf Autoritäten, insbesondere die des kirchlichen Lehramtes, zurückzugreifen, da das Schriftprinzip, demzufolge allein der Text der Heiligen Schrift Geltung beansprucht, als hermeneutisches Formalprinzip ausreichend ist.

Heilige Schrift als ihre eigene Interpretin

Darum fordert die Schrift, wie der Wissenschaftler Walter Mostert darlegt, den Ausleger dazu auf, „nicht den Geist des Textes in seinen eigenen" umzusetzen, sondern „seinen Geist in den des Textes" zu versetzen (vgl. Mostert 1998, S. 12f.).

Gefahr der reinen Selbstauslegung

Die Fokussierung des hermeneutischen Ansatzes auf die Selbstauslegung der Schrift birgt, wie nicht zuletzt auf dem Konzil von Trient mit seinen drei Sitzungsperioden im Zeitraum von 1545 bis 1563 von katholischer Seite kritisiert wurde, die Gefahr, dass die Lehrautorität der römischen Kirche und die Tradition unberücksichtigt bleiben und dadurch äußere Instanzen, die z. B. bei widersprüchlichen Deutungsangeboten zu Rate gezogen werden könnten, in den Hintergrund geraten. So kann der Ausleger in der Fokussierung auf das Wort des biblischen Textes dazu tendieren, seine eigene Deutung – gegen die Intention Luthers – zu verabsolutieren, da sein hermeneutisches Blickfeld auf diese Deutung eingeschränkt ist und er Korrekturinstanzen mit konkurrierenden Lesarten zu wenig Beachtung schenkt.

Bei aller Abgrenzung zur damals herrschenden Praxis der Schriftauslegung nahm Luther in seiner Konzentration auf den wörtlichen Sinn keine Neudeutung der Exegese vor, sondern knüpfte an die durch die allegorische Schriftauslegung in den Hintergrund geratene Tradition des an der Zeitenwende zwischen Antike und Mittelalter wirkenden Kirchenvaters Aurelius Augustinus (→ KAPITEL 4) an. Denn auch Augustinus hatte z. B. im Rahmen seiner Regeln zur Deutung der Heiligen Schrift, die er in seiner Schrift *De doctrina christiana* (396/397 und 426/427; Über die christliche Lehre) darlegte, eine gründliche Lektüre des buchstäblichen Textes gefordert, um auf der Basis einer genauen Bibelkenntnis die sogenannten „dunklen Stellen" erhellen zu können. Diesem Vorgehen liegt – wie bei Luther – die allgemeine Annahme einer prinzipiell verständlichen Schrift zugrunde, die sich dadurch rechtfertigt, dass der Heilige Geist als ihr Autor angenommen wird. Daneben berücksichtigte Augustinus auch die gläubige Haltung des Interpreten, der sorgfältig und gottesfürchtig den göttlichen Willen zu erkennen versucht.

Wiederanknüpfung an Augustinus und die Patristik

Dass Luthers Versuch, die Bibel und den Glauben neu zu interpretieren, so erfolgreich werden konnte, wurde durch mehrere Faktoren begünstigt. Herauszuheben ist neben der Erfindung des Buchdrucks, der Kluft zwischen armen Bauern auf dem Land und reichen Bürgern in den Städten und dem Konflikt zwischen Papst und Reichsständen, die kirchenkritische Grundstimmung, die sich bei vielen Katholiken angesichts der Missbräuche innerhalb der Kirche ausgebreitet hatte.

Die Kirchenkritik richtete sich dabei primär gegen den geschäftsmäßigen Handel mit Ablassbriefen, bei deren Kauf die Gläubigen einen Nach- oder gar Ablass auf ihre Sünden bekamen.

5.2 Melanchthons hermeneutische Rhetorik

Philipp Melanchthon hat im 16. Jahrhundert eine Fülle an Publikationen vorgelegt. Dabei muss im Rahmen einer Untersuchung zur philosophischen Hermeneutik das Hauptaugenmerk auf seiner Rhetorik liegen, die – wie der Lebensphilosoph Wilhelm Dilthey über 300 Jahre später nachgewiesen hat – gewissermaßen „auf dem Weg zur Hermeneutik" war und sich bei genauerer Betrachtung sogar durchaus als eine hermeneutische Rhetorik bestimmen lässt (Dilthey 1966, S. 601).

Melanchthon hat sein Verständnis der Rhetorik in Lehrbüchern expliziert, von denen es drei unterschiedliche Fassungen gibt, nämlich die von 1519, 1521 und 1531 (vgl. Knape 1993, S. 23–40). Seine Rhetorik erzielte eine überaus große Wirkung; sie wurde zwischen 1519 und 1600 in ihren unterschiedlichen Fassungen über 100 Mal gedruckt und war an vielen Schulen und Universitäten Pflichtlektüre (vgl. Wels 2001, S. 443).

<small>Lehrbücher der Rhetorik</small>

Setzt man das Denken Melanchthons in Beziehung zu dem seiner Zeitgenossen, lassen sich vor allem vielfältige Beziehungen zum Humanisten Erasmus von Rotterdam aufweisen, der die philologischen Erkenntnisse und methodischen Einsichten, wie er sie im Rahmen der Rhetorik aber auch der Grammatik entwickelt hatte, auf die Theologie und die Bibelauslegung zu übertragen versuchte. Aber auch zur reformatorischen Theologie Martin Luthers hatte Melanchthon trotz aller Differenzen eine große Affinität (vgl. Scheible 1984; Scheible 1992). So war er nicht nur ein Kollege Martin Luthers an der Wittenberger Universität, an die er im August 1518 auf den neugegründeten Lehrstuhl für Griechisch berufen worden war, sondern auch ein enger geistiger Weggefährte Luthers.

<small>Verhältnis zu Zeitgenossen</small>

In ihrer Untersuchung *Die Reformation 1495–1555* stellt Helga Schnabel-Schüle heraus, dass sich bereits in der vielbeachteten Antrittsvorlesung Melanchthons vom 25. August 1518, in der er voller Engagement die Notwendigkeit einer grundsätzlichen Studienreform herausstellte, seine geistige Nähe zu Luther zeigte:

<small>Melanchthons Antrittsvorlesung</small>

„Leitendes Prinzip war dabei die Konzentration auf die Originaltexte und die Abkehr vom bloßen Wiederholen und Erörtern von

Lehrmeinungen. Mit diesem wissenschaftstheoretischen Bekenntnis unterstützte Melanchthon Luthers Hinwendung zur Heiligen Schrift, ohne dass er zu diesem Zeitpunkt bereits eine Aussage zu Luthers Theologie gemacht hätte. Luther stand nicht mehr allein." (Schnabel-Schüle 2006, S. 89)

Ebenso wie Luther wendete sich Melanchthon in Anlehnung an Augustinus (vgl. Burger 2006) gegen die im 9. Jahrhundert entstandene scholastische Theologie. Dabei kritisierte er an ihr vor allem, dass sie zwar bereits vorhandenes Wissen formal gliederte, ordnete und darstellte, nicht jedoch zum Erwerb von neuem Wissen führte. Melanchthon zufolge verfremdete oder verdeckte die scholastische Methode die biblische Botschaft, indem sie sich ausschließlich philosophisch-rational mit tradiertem Wissen auseinandersetzte, um das Für und Wider einer Frage kritisch zu prüfen. Auf diese Weise hatte man, wie Melanchthon in seinem theologischen Hauptwerk *Loci communes rerum theologicarum seu hypotyposes theologicae* (1521; *Grundbegriffe der Glaubenslehre*, 1931) schrieb, „ – unter dem Einfluß der philosophischen Lehrer – nicht nur den Inhalt, sondern auch die Sprache der Heiligen Schrift verlernt" und schöpfte daher, bildlich gesagt, aus „Wasserlachen" anstatt aus „Quellen" (Melanchthon 1993, S. 69, 99).

Des Weiteren hatte sich die scholastische Theologie in ihrem formalen Studium der unterschiedlichen Beweisverfahren immer stärker vom konkreten Menschen mit seinen religiösen Bedürfnissen entfernt. Melanchthon und die Reformatoren versuchten deshalb, wieder den Glauben ins Zentrum ihrer Bemühungen zu rücken, weil nur der Glaube, als „das Wahrnehmungsorgan der Barmherzigkeit Gottes", die „Quelle und das Leben und der Steuermann aller guten Werke ist" (Melanchthon 1993, S. 263, 265).

Melanchthon wendete sich daher – wie Luther – nachdrücklich der Heiligen Schrift selbst zu, das heißt, er grenzte sich von der Tradition mit ihren bisherigen Autoritäten ab und nahm eine programmatische Hinwendung zum wörtlichen Sinn der Schrift vor, der Gottes Botschaft für die Menschen ist und dessen moralische Erneuerung bewirken soll. Denn der Buchstabe der Schrift steht in einem untrennbaren Zusammenhang mit dem „ins Fleisch gekommenen Christus", wie Melanchthon in einem Brief im Februar 1520 formuliert hat:

> „Herabgestiegen ins Fleisch ist der Sohn Gottes, auf dass er gewiß erkannt würde. Wieviel mehr will er durch die Buchstaben erkannt werden, die er gleichsam als sein bleibendes Abbild für uns zurückgelassen hat" (Melanchthon 1520 in: Sick 1959, S. 45).

Diese Hinwendung zum buchstäblichen Sinn der Schrift geht bei Melanchthon – wie bei Luther – mit einer Ablehnung der allegorischen Schriftauslegung im Sinne eines vierfachen Schriftsinns einher. Diese Weise der Auslegung ist für ihn purer Unsinn, den sich Menschen ohne wissenschaftlich-methodische Ausbildung ausgedacht haben, die nicht dazu in der Lage sind, die unterschiedlichen rhetorischen Figuren in der Schrift zu erkennen und angemessen zu beurteilen (vgl. Melanchthon 2001, S. 211). Die allegorische Schriftauslegung, so Melanchthon, führe darüber hinaus vom ursprünglichen Sinn des Schriftwortes weg und verhindere aufgrund der mehrfachen Deutungen zu ein- und demselben Wortlaut eine echte geistliche Auslegung, die vom Wort Gottes her in Beziehung auf das Evangelium und auf Christus zu erfolgen hat. Melanchthon ist daher der Meinung, „dass man an den einzelnen Stellen einen einzigen, einfachen und festen Sinn suchen muss, der mit dem fortlaufenden Kontext der Aussage und mit den Umständen der Angelegenheit übereinstimmt." (Melanchthon 2001, S. 211) So geht es darum, in der Konzentration auf den Originaltext und in der Orientierung an der ihm eigenen Sprachverwendung an einer bestimmten Stelle einen Sinn aufzufinden, der zu dem übrigen Gesagten passt.

Gegen die allegorische Schriftauslegung

Um der Willkür des Interpreten insbesondere bei der Auslegung der Heiligen Schrift entgegenzuwirken, ist für Melanchthon der sogenannte Scopus, die Hauptintention oder der zentrale Gesichtspunkt der Schrift, zu berücksichtigen. Auf diese Weise lässt sich der einzige und feste Sinn einer Textstelle durch die Konzentration auf den buchstäblichen Sinn und die Ausrichtung auf den Scopus der Bibel auffinden. Die Deutung jeder einzelnen Stelle muss daher auf die allgemeinere Gesamtabsicht der Heiligen Schrift zurückgeführt werden können, um von ihr Bestätigung und gewissermaßen Legitimation zu erhalten. So stellt Melanchthon mit der Scopus-Regel die hermeneutische Forderung auf, eine Übereinstimmung zwischen den Einzeldeutungen und der Intention des Text-Ganzen anzustreben.

Scopus

Vor diesem Hintergrund dient die Rhetorik Melanchthons, wie er sie u. a. in seinem Handbuch *Elementa rhetorices* (1531; *Grundbegriffe der Rhetorik*, 2001) entfaltet hat, dazu, eine elementare Ausbildung zum Verständnis der rhetorischen Figuren und zur Methode des Sprechens zu entwickeln, die nicht nur beim Herausheben eines einzigen und festen Sinns behilflich ist, sondern auch bei der Beurteilung einer allgemeinen Äußerung (vgl. Melanchthon 2001, S. 199). Melanchthons Verständnis von Rhetorik unterscheidet sich daher maßgeblich vom gängigen Rhetorikverständnis unserer heutigen Zeit.

Grundbegriffe der Rhetorik

Hören wir nämlich heutzutage das Wort „Rhetorik", verstehen wir in der Regel darunter die Redekunst bzw. die Lehre von der überzeugend vorgetragenen Rede.

Nähert man sich mit diesem heute verbreiteten Verständnis Melanchthons Auffassung von der Rhetorik, ist es erforderlich, die Perspektive zu erweitern. Denn Rhetorik erschöpft sich bei ihm nicht in der anleitenden Kunst zum richtigen und angemessenen Sprechen, und sie dient auch nicht allein dazu, gute Redner hervorzubringen. Vielmehr verfolgt sie für Melanchthon darüber hinaus zunächst das Ziel, insbesondere jungen Menschen das methodische Rüstzeug an die Hand zu geben, komplizierte Sachverhalte zu verstehen. An dieser Stelle tritt die hermeneutische Dimension der Rhetorik deutlich zum Vorschein, die über eine produktive Seite hinaus auch eine analytische Seite beinhaltet:

Hermeneutische Rhetorik

„Denn niemand kann komplizierte Diskussionen und verschlungene theoretische Erörterungen geistig erfassen, wenn ihm dabei nicht irgendeine Kunst hilft, die ihm die Anordnung von deren einzelnen Teilen, die Pausen und die Absichten der Sprechenden zeigt – und die ihm den Weg zeigt, schwer verständliche Sachverhalte zu erklären und zugänglich zu machen." (Melanchthon 2001, S. 23)

Auslegungsgegenstand

Nicht jeder beliebige Text kann Auslegungsgegenstand einer solchen hermeneutisch konzipierten Rhetorik werden. Melanchthon betont daher wiederholt, dass sich die Rhetorik, die zum richtigen Lesen anleiten will, ausschließlich mit guten Autoren und „elaborierte[n] Texten" zu beschäftigen hat. Ist man dergestalt rhetorisch geschult, gelingt es auch, die Heilige Schrift angemessen zu lesen, deren Auslegung für den Theologen Melanchthon das höchste Ziel der rhetorischen Arbeit bildet.

Rhetorische Analyse

Will man nun das Verfahren der rhetorischen Analyse charakterisieren, die Melanchthon u. a. in seinen Auslegungen der Römerbriefe praktiziert hat, lassen sich mit Volkhard Wels stichwortartig folgende Elemente hervorheben:

„die Redegattung benennen; den Brief in seine Redeteile gliedern; die zentrale Argumentation des Briefes, den status in seiner syllogistischen Struktur herausstellen; untergeordnete Argumentationen als solche erkennen und ebenfalls in ihre dialektische Form bringen; die Argumente erschließen, die Paulus widerlegt; Amplifikationen nach ihrer topischen Herkunft klassifizieren; loci communes benennen und auf rhetorische Figuren und Schemata hinweisen." (Wels 2001, S. 457)

Mit dem letztgenannten Element der rhetorischen Analyse, der Benennung der sogenannten *loci communes*, sieht man sich einem zentralen Theoriestück und einem wichtigen hermeneutischen Instrument Melanchthons gegenüber. *Loci communes* lassen sich als ‚Gemeinplätze' (ohne negative Konnotation!) übersetzen, die man aber richtiger als Allgemeinplätze versteht, da sie, wie Jean Grondin prägnant formuliert, „universalgültige Lehren über die Hauptanliegen des Menschen (Tugend, Sünde, Gnade usw.)" ausdrücken (Grondin 2001, S. 64). Die Allgemeinplätze enthalten aber auch die allgemeinen wissenschaftlichen Grundbegriffe einer Disziplin, „die den Inhalt jeder Disziplin gleichsam summarisch zusammenfassen und zugleich als Richtpunkte für das Studium der jeweiligen Disziplin dienen." (Sick 1959, S. 49)

Loci communes

Ein Interpret, der sich einer bestimmten Wissenschaft zuwendet, hat sich Melanchthon zufolge zunächst ein gründliches Wissen dieses Faches samt seiner jeweiligen *loci* anzueignen und die Kenntnis der *loci communes* zu erwerben. Geht er mit diesem Vorwissen dann an einen fachspezifischen Text heran, bilden die *loci* gewissermaßen das Bindeglied, das zwischen dem Ausleger und dem Text vermittelt. Anders als in den übrigen Wissenschaften kann der Mensch, der die Heilige Schrift auslegen will, nicht auf der Basis seines natürlichen bzw. ursprünglichen Wissens die Kenntnis der *loci* entwickeln, vielmehr muss er sie sich von der Autorität der Schrift her sagen lassen. Denn die theologischen *loci* repräsentieren die wesentlichen Glaubenswahrheiten und dienen als inhaltliche Leitfäden, auf die der Ausleger bei seiner Schriftauslegung zu achten hat. Ihnen kommt eine regulative Funktion zu, da das rechte Verstehen allein in der Ausrichtung auf sie erfolgen kann. Im Unterschied zu Erasmus von Rotterdam, der ebenfalls die Anweisung gibt, bei der Schriftauslegung auf die Allgemeinbegriffe zu achten, versucht Melanchthon daher, die Liste der *loci* nicht von außen an die Texte heranzutragen, sondern sie aus ihnen zu entwickeln (vgl. Scheible 1992, S. 373).

Schriftauslegung

Melanchthons Rhetorik und seine *loci*-Lehre haben eine große Wirkung auf die kommenden Generationen entfalten können. Im 19. Jahrhundert würdigte Wilhelm Dilthey (→ KAPITEL 8) die Leistung Melanchthons und betonte, dass dieser „zu dem von der Nachwelt meist unterschätzten Personen" gehöre (Dilthey 1969, S. 162). Auch der Philosoph Hans-Georg Gadamer (→ KAPITEL 10) wandte sich im Zusammenhang mit seinem Beitrag aus dem Jahr 1967 *Rhetorik und Hermeneutik* und dem im gleichen Jahr erschienenen Aufsatz *Logik oder Rhetorik? Nochmals zur Frühgeschichte der Hermeneutik* der

Wirkung

hermeneutischen Position Melanchthons zu, um ihn als denjenigen herauszuheben, „der bei der Umwendung der Rhetorik auf die Auslegungskunst Pate gestanden hat" (Gadamer 1986b, S. 296).

5.3 Flacius' Schlüssel zur Heiligen Schrift

Matthias Flacius Illyricus, der zumeist verkürzt Flacius genannt wird, hat 1567 die Schrift *Clavis scripturae sanctae* (*Schlüssel zur Heiligen Schrift*, Teilabdruck 1968) veröffentlicht, die als die wichtigste protestantische Hermeneutik angesehen wird. Wilhelm Dilthey betrachtet sie als „die erste bedeutende und vielleicht die tiefgründigste" Schrift der frühhermeneutischen Literatur und der Theologe Gerhard Ebeling sieht in ihr sogar „das umfassende Standardwerk", das einen „Markstein in der Geschichte" darstellt (Ebeling 1959, Sp. 252).

Erster Teil der Clavis

Gegliedert ist die *Clavis* des Flacius in zwei Teile. Der erste Teil enthält ein Wörterbuch, in dem die zentralen biblischen Begriffe, einschließlich der unterschiedlichen Parallelstellen, an denen sie in der Heiligen Schrift auftauchen, angeführt werden. Dieses biblisch-theologische Wörterbuch soll dem Ausleger die erforderlichen grammatisch-buchstäblichen Kenntnisse vermitteln, die ihm das unverzichtbare propädeutische Rüstzeug an die Hand geben, um die einzelnen Stellen aus der Ganzheit der Schrift entziffern zu können.

Zweiter Teil der Clavis

Der zweite Teil stellt keine in sich geschlossene hermeneutische Abhandlung dar, sondern beinhaltet mehrere Abschnitte, die hermeneutische Überlegungen enthalten, etwa eine lateinische Konkordanz, also ein Bibelregister, eine Art biblische Rhetorik oder Traktate zur biblischen Theologie. Dieser zweite Teil stellt gleichsam die Quintessenz seiner Schrift dar und beinhaltet auch die Sammlung von Regeln zur Exegese, auf die man sich in der Geschichte der Hermeneutik immer wieder bezieht.

Intention

Versucht man die Intention dieser Schrift herauszuarbeiten, kann man auf eine präzise Kennzeichnung von Wilhelm Dilthey zurückgreifen:

> „So können wir die Absicht dieses Werkes dahin bestimmen: es will von dem reformatorischen Gedanken des einheitlichen Zusammenhangs der Schrift aus durch ein Organon der Exegese die normative Selbständigkeit der Schrift erweisen." (Dilthey 1969, S. 119)

Aus Diltheys Sicht liegt der reformatorische Gedanke, von dem Flacius in der *Clavis* ausgeht, in dem Begreifen- und Durchlebenwollen des inneren Zusammenhangs, der zwischen allen Teilen der Heiligen Schrift besteht. Das Erfassen des lebendigen inneren Zusammenhangs der biblischen Begriffe, in dem Dilthey sogar den „Grundgedanken der protestantischen Hermeneutik" erkennt, macht eine materiale (grammatische) Basis erforderlich, die Flacius im ersten Teil seiner Schrift zu geben versucht. Flacius bleibt dabei jedoch nicht stehen. Denn wie Dilthey in dem obigen Zitat zu Recht schreibt, geht die *Clavis* zwar vom reformatorischen Gedanken des einheitlichen Zusammenhangs der Bibel aus, letztlich hat sie aber das Ziel, die Selbstständigkeit der Schrift darzulegen.

Innerer Zusammenhang

Die Heilige Schrift trägt daher für Flacius ihre Verbindlichkeit in sich selbst – eine Auffassung, mit der er sich deutlich gegen die damalige katholische Position stellte, die die hermeneutische Unzulänglichkeit des protestantischen Schriftprinzips anprangerte und die Beachtung der traditionellen Auslegung als bestimmende Instanz einforderte. Angesichts dieser Verbindlichkeit der Schrift haben das Verstehen und die Auslegung in Übereinstimmung mit der in ihr enthaltenen christlichen Lehre zu erfolgen. Diese Übereinstimmung nennt Flacius auch „Analogie des Glaubens" (lateinisch *analogia fidei*), die „wie eine Art Norm eines gesunden Glaubens" angesehen werden kann (Flacius 1968, S. 47, 49).

Selbst-Verbindlichkeit

Wie bereits für Luther und für Melanchthon, so gilt auch für Flacius das reformatorische Schriftprinzip *sola scriptura*; und ebenso wie die beiden geht er von der prinzipiellen Verständlichkeit der Heiligen Schrift aus. Diese wird damit begründet, dass Gott dem Menschen wegen seiner Schwäche, Vergesslichkeit und Sterblichkeit zu Hilfe kommen wollte und deshalb dafür Sorge trug, dass sein Gesetz und seine Verheißungen klar und deutlich schriftlich fixiert sind (vgl. Keller 1984, S. 120). Weil die ganze Bibel derart zum Zeugnis göttlicher Inspiration und zur Quelle des Heils wird, habe Jesus, wie Flacius u. a. unter Berufung auf das Lukasevangelium heraushebt, die Jünger dazu angeleitet, „das Mittel der Schrift zu gebrauchen als das Schwert des Geistes und der Wahrheit, um alle Finsternis der Irrtümer auszutreiben und die ganze Welt zu verwandeln" (Keller 1984, S. 121).

Sola scriptura und prinzipielle Verständlichkeit

Die hermeneutische Konsequenz der theoretischen Annahme von Schriftprinzip und prinzipieller Verständlichkeit ist, dass der Sinn der Schrift durch Vergleich von mehreren Textstellen zu erhellen ist. Da nämlich das geschriebene Wort in der Heiligen Schrift gleichbedeutend mit dem Wort Gottes ist, genügt es zum Verständnis einer Textstelle, weitere Parallelstellen textimmanent zu Rate zu ziehen, um den Sinn aus dem Zusammenhang aller Worte zu gewinnen.

Parallelstellen

Berücksichtigt man Flacius' Überlegungen im ersten Traktat des zweiten Teils der *Clavis*, der mit *De ratione cognoscendi sacras literas* („Über den Erkenntnisgrund der Heiligen Schrift") überschrieben ist, kann man dort acht Heilmittel, sogenannte *remedia*, ausfindig machen, die zur Beleuchtung der Bibel förderlich sind und von Gott selbst zur Verfügung gestellt wurden (vgl. Flacius 1968, S. 25f.):

- Man solle den dreieinen Gott suchen,
- man solle die Kenntnis der Dinge selbst suchen, die in der Heiligen Schrift behandelt werden,
- man solle die Sprache der Heiligen Schrift sicher beherrschen,
- man solle ausdauernd über das göttliche Gesetz nachdenken,
- man solle leidenschaftlich beten,
- man solle „eine wahrhaftige und lebendige Erfahrung [machen], welche überhaupt dunklere Theoriegebäude wunderbar beleuchtet und erhellt",
- man solle Bibelstellen miteinander vergleichen, um sie gegenseitig zu beleuchten,
- man solle gute Übersetzungen und treue Bibelinterpreten verwenden.

Flacius führt neben diesen Hilfsmitteln u. a. auch noch sechzig „Regeln zur Erkenntnis der Heiligen Schrift [an], die aus ihr selbst entnommen" sind, so die Überschrift des dritten Traktates (Flacius 1968, S. 31–87). Im Anschluss daran gibt er schließlich „Anweisungen, wie man die Heilige Schrift lesen soll" (Flacius 1968, S. 89–109).

Ziel dieser Regeln ist es, den gläubigen Leser bzw. Hörer dazu zu motivieren

„jene gewissenhafte Sorgfalt anzuwenden, damit der Sinn der Stellen sowohl aus dem Gesichtspunkt [scopus, Anm. d. Verf.] der Schrift oder des Textes als auch aus dem ganzen Kontext aufgesucht werde." (Flacius 1968, S. 109)

Zwischen der Position von Martin Luther und der von Flacius wird man inhaltlich weitgehende Übereinstimmungen finden. Allerdings kommt letzterem das große Verdienst zu, „die Praxis der Lutherischen Schriftauslegung und -übersetzung in epochal wirksamer Form" dargeboten zu haben (Geldsetzer 1968, ohne Seite). So beherrscht seine *Clavis* auch, wenn man den Ausführungen des berühmten Hermeneutikforschers Joachim Wach folgt, die Hermeneutik des 17. Jahrhunderts (vgl. Wach 1984, S. 14). In der zweiten Hälfte des 18. Jahrhunderts wurde primär vonseiten protestantischer Bibelforscher (Johann Salomo Semler und Johann August Ernesti) kritisiert, dass die historischen Umstände, unter denen die einzelnen Teile der Bibel entstanden sind, berücksichtigt werden müssen und man nicht problemlos von der homogenen Einheit der Schrift ausgehen könne.

Fragen und Anregungen

- Machen Sie deutlich, wie Martin Luther die „eitle Kunst" der allegorischen Schriftauslegung von der „besten und ersten Kunst" der wörtlichen Schriftauslegung unterscheidet.

- Wie lässt sich die hermeneutische Rhetorik bei Philipp Melanchthon charakterisieren?

- Versuchen sie die Bedeutung der sogenannten *loci communes* für die Auslegung der Bibel bei Melanchthon herauszuarbeiten.

- Welche Intention verfolgt Flacius in seiner *Clavis*?

- Überlegen Sie, ob die ‚Heilmittel', die Flacius zum besseren Verständnis der Bibel heraushebt, auch auf andere Texte bezogen werden können.

Lektüreempfehlungen

- **Matthias Flacius Illyricus: De ratione cognoscendi sacras literas. Über den Erkenntnisgrund der Heiligen Schrift**, übersetzt, eingeleitet und mit Anmerkungen versehen von Lutz Geldsetzer, Düsseldorf 1968.   *Quellen*

- **Martin Luther: Studienausgabe, Band 1–6**, herausgegeben von Hans-Ulrich Delius, Berlin 1979–99.

- **Philipp Melanchthon: Elementa rhetorices. Grundbegriffe der Rhetorik**, herausgegeben, übersetzt und kommentiert von Volkhard Wels, Berlin 2001.

- **Albrecht Beutel (Hg.): Luther Handbuch**, Tübingen 2005. *Ein sehr gutes Nachschlagewerk, das Leben, Werk und Wirkung Luthers kompetent erschließt und eine gute Orientierung bietet.*   *Forschung*

- Gerhard Ebeling: Evangelische Evangelienauslegung. Eine Untersuchung zu Luthers Hermeneutik, 3. Auflage, Tübingen 1991. *Umfangreiches Standardwerk des bedeutenden Lutherforschers, das einen umfassenden Gesamtüberblick zu Luthers Hermeneutik verschafft.*

- Rudolf Keller: Der Schlüssel zur Schrift. Die Lehre vom Wort Gottes bei Matthias Flacius Illyricus, Hannover 1984. *Enthält im dritten Kapitel eine präzise Darstellung der „Clavis".*

- Joachim Knape: Philipp Melanchthons „Rhetorik", Tübingen 1993. *Beinhaltet neben dem Textabdruck der „Elementa rhetorices" auch eine äußerst komprimierte Charakterisierung von Melanchthons Verhältnis zur Rhetorik.*

- Volkhard Wels: Nachwort, in: Philipp Melanchthon: Elementa rhetorices. Grundbegriffe der Rhetorik, herausgegeben, übersetzt und kommentiert von Volkhard Wels, Berlin 2001, S. 443–475. *Arbeitet präzise die Bedeutung von Melanchthons Rhetorik heraus.*

- Jure Zovko: Flacius in der philosophischen Hermeneutik, in: Matthias Flacius Illyricus – Leben und Werk, herausgegeben von Josip Matešić, München 1993, S. 177–197. *Gibt einen Überblick über die Flacius-Rezeption bis hin zu Gadamer.*

6 Die allgemeine Auslegungskunst in der Aufklärung

Abbildung 8: Daniel Nikolaus Chodowiecki: *Aufklärung* (1791)

Auf dem Kupferstich von Daniel Nikolaus Chodowiecki (1721–1801) ist eine morgendliche Landszene zu sehen. Während der rechte Bildteil von einer Baumgruppe dominiert ist, finden sich im mittleren und hinteren Teil Zeugnisse menschlicher Zivilisation: ein Dorf mit Kirchturm und eine Gruppe von Menschen, die auf Pferdekutschen unterwegs ist. Das ganze Bild wird von dem Licht der im linken Hintergrund aufgehenden Sonne überstrahlt. Die Sonne und deren helles Licht symbolisieren zur Zeit Chodowieckis die Epoche und die Ideen der Aufklärung. Nach einer berühmten Wendung des Philosophen Immanuel Kant aus dem Jahr 1784 verfolgte die Aufklärung das Ziel, den Menschen aus seiner selbstverschuldeten Unmündigkeit zu führen und ihm zu einem selbstbestimmten Leben zu verhelfen. Als das geeignete Mittel wurde dafür die Vernunft angesehen, mit deren Hilfe die Wahrheit ans Licht gebracht und die Menschen vom Glauben an Autoritäten befreit werden sollten.

In den Rahmen aufklärerischer Bestrebungen fällt eine Leistung auf hermeneutischem Gebiet, deren Verdienst üblicherweise vor allem dem Romantiker Friedrich Schleiermacher zugesprochen wird: die Überwindung der Spezialhermeneutiken und die Entwicklung einer allgemeinen Hermeneutik. Anders als es die gängige Lesart annimmt, die von Forschern wie Wilhelm Dilthey oder Hans-Georg Gadamer immer wieder formuliert wurde, muss der Anteil, den Philosophen der Aufklärung (→ ASB D'APRILE/SIEBERS) bei dieser Entwicklung besitzen, in stärkerem Maße Rechnung getragen werden. Der Gedanke einer allgemeinen Hermeneutik wurde nämlich erstmals in der Aufklärung formuliert und inhaltlich entfaltet. In diesem Zusammenhang kommt Johann Conrad Dannhauer (1603–66), Johann Martin Chladenius (1710–59) und Georg Friedrich Meier (1718–77) eine besondere Bedeutung zu. Auch wenn der Straßburger Lutheraner Dannhauer aus historischer Perspektive nicht zur Aufklärung gehört, da die Frühaufklärung erst um 1680 einsetzte, lässt er sich doch als wichtiger Wegbereiter deuten, dessen „Idee eines wahren Interpreten" besondere Beachtung verdient.

6.1 **Dannhauers Idee eines wahren Interpreten**
6.2 **Chladenius' „Auslege-Kunst"**
6.3 **Meiers Versuch einer allgemeinen Auslegungskunst**

6.1 Dannhauers Idee eines wahren Interpreten

Auch wenn man die Herkunft eines Neologismus niemals mit absoluter Sicherheit klären kann, ist es doch höchst wahrscheinlich, dass der Ausdruck „Hermeneutica" erstmals vom Straßburger Theologen Johann Conrad Dannhauer verwendet wurde. In seinem Buch *Hermeneutica sacra sive methodus exponendarum sacrarum litterarum* (1654; Die Hermeneutik der Theologie oder die Methode der auszulegenden heiligen Schriften) erscheint das Wort Hermeneutik in einem terminologischen Sinne. Es brachte dadurch zum ersten Mal in der Hermeneutikgeschichte den Sachverhalt einer einzigen, universal zu verstehenden Hermeneutik zum Ausdruck, den man zuvor in dieser verdichteten Weise noch nicht sprachlich fixiert hatte.

Dannhauer hatte seine hermeneutischen Überlegungen, die die inhaltlichen und methodischen Voraussetzungen für ein angemessenes Bibelstudium darstellten, bereits 25 Jahre vor Erscheinen seiner *Hermeneutica sacra* in seinen beiden propädeutischen Schriften *Idea boni disputatoris et malitiosi sophistae* (1629; Die Idee eines guten Diskussionsredners und eines boshaften Sophisten) und *Idea boni interpretis et malitiosi calumniatoris* (1630; Die Idee eines guten Interpreten und eines boshaften Rechtsverdrehers) sowie in dem kurzen Auszug seiner Dialektik-Schrift, der so genannten *Epitome Dialectica* (1634), vorgestellt. Darum bezieht man sich in der Hermeneutikgeschichte zwar zu Recht auf Dannhauers *Hermeneutica sacra*, um auf den Neologismus „Hermeneutik" im Titel seines Werkes aufmerksam zu machen, lässt dadurch aber zumeist die genannten früheren Schriften außer Acht, in denen Dannhauer bereits wesentliche Grundzüge einer allgemeinen Hermeneutik entfaltet hat.

Konzentriert man sich bei den propädeutischen Werken auf die Schrift *Idea boni interpretis*, kann man nicht nur pointiert Dannhauers Bestimmung einer allgemeinen Hermeneutik herausarbeiten, sondern auch seine spezifische Auffassung vom wahren Interpreten kenntlich machen. Der Umstand, dass dieser Text bis heute ausschließlich in lateinischer Fassung zugänglich ist, hat eine größere Rezeption dieser Schrift erschwert. Zwar wurde im Jahr 2004 ein Nachdruck der Straßburger Ausgabe aus dem Jahr 1652 angefertigt, allerdings unter Verzicht auf jegliche Kommentierung oder auch nur partielle Übersetzung. Wer sich dennoch einen Überblick über Ziel und Inhalt der *Idea boni interpretis* verschaffen will, kann auf die äußerst bedeutenden *Studien zur Frühgeschichte der Hermeneutik*

Neologismus „Hermeneutica"

Propädeutische Schriften

Lateinische Ausgabe *Idea boni interpretis*

von H.-E. Hasso Jaeger zurückgreifen, die 1974 im Archiv für Begriffsgeschichte erschienen sind, und darüber hinaus den Beitrag *Hermeneutica Generalis. Zur Konzeption und Entwicklung der allgemeinen Verstehenslehre im 17. und 18. Jh.* von Werner Alexander zu Rate ziehen (vgl. Alexander 1993, besonders S. 46–122).

<small>Allgemeine Hermeneutik</small>

Dannhauer zufolge bildet die allgemeine Hermeneutik (lateinisch *hermeneutica generalis*) als eine Propädeutik den Vorhof zu den drei höheren Fakultäten (der Jurisprudenz, der Theologie und der Medizin), den es zu durchschreiten gilt, um im Anschluss daran in die genannten spezielleren Bereiche gelangen zu können.

Im sechsten Paragrafen der *Idea boni interpretis* veranschaulicht Dannhauer diese noch vor jeder Differenzierung in Spezialbereiche liegende *Hermeneutica generalis* mit einem Vergleich:

> „Sicut enim non est alia grammatica Juridica, alia Theologica, alia Medica, sed una generalis omnibus scientiis communis. Ita Una generalis est hermeneutica, quamvis in objectis particularibus sit diversitas." (Dannhauer 2004, S. 10)

> „Wie nämlich die juristische Grammatik keine andere als die theologische oder medizinische Grammatik ist, sondern eine allgemeine Grammatik allen Wissenschaften gemeinsam ist, so gibt es auch (nur) eine allgemeine Hermeneutik, trotz der Verschiedenheit in den Teilbereichen der Objekte." [Übersetzung d. Verf.]

Dannhauer entwirft das Konzept einer allgemeinen Hermeneutik, die von der Philosophie ausgearbeitet werden soll. Sie geht den anderen Wissenschaftszweigen der Jurisprudenz, Theologie und Medizin voraus und begründet sich gewissermaßen durch den gemeinsamen

<small>Textbezogenheit</small>

Nenner der Textbezogenheit, der für alle diese Wissenschaften konstitutiv ist. Denn nicht nur die Heilige Schrift, so wurde in dieser Zeit erkannt, kann zum Gegenstand einer Auslegung werden, auch alle anderen Wissenschaften haben es mit Texten und deren Deutungen zu tun. So ist die allgemeine Hermeneutik im Verständnis Dannhauers die Grundlage aller Wissenschaften und kann je nach Fachrichtung spezifisch angewendet werden.

Dreh- und Angelpunkt für Dannhauers originäre Auffassung von

<small>Wahrer Interpret</small>

der Hermeneutik ist seine Bestimmung des wahren Interpreten:

> „Interpres enim est analyticus orationum omnium quatenus sunt obscurae, sed exponibiles, ad discernendum verum sensum a falso." (Dannhauer 2004, S. 29)

> „Ein Interpret ist nämlich ein Analytiker aller Reden, insoweit sie dunkel aber exponibel (deutbar) sind, um den wahren Sinn vom falschen zu trennen." [Übersetzung d. Verf.]

Der wahre Interpret hat Dannhauer zufolge also die Aufgabe, auf den in Aussagen zugrunde liegenden Sinngehalt zurückgehen und sie dergestalt analytisch zu prüfen. Dem allgemeinen analytischen Verfahren entsprechend, bei dem das Zusammengesetzte auf seine konstituierenden Elemente zurückgeführt wird, hat auch der Interpret als Verkörperung eines Analytikers dieses Verfahren anzuwenden, um das vom Autor Intendierte auffinden zu können. Kann der Interpret den gedachten Sinn als Inbegriff der Autorintention hermeneutisch ermitteln, so hat er den wahren Sinn entdeckt, der im Anschluss auf seine sachliche oder logische Wahrheit hin überprüfbar ist.

Analyse der Aussagen

H.-E. Hasso Jaeger hat die Aufgabe der Hermeneutik vor dem Hintergrund der Definition des wahren Interpreten pointiert zusammengefasst:

> „Die *hermeneutica* besteht in dem dabei angewendeten analytischen Reduktionsverfahren, das die dunklen Schriftsätze in den Bereich der Erkennbarkeit hinaufführt. Daher hat die *hermeneutica* mit Deutung oder Verstehenskunst nichts zu tun. Sie ist auch kein ‚Vorgang‘, denn sie interessiert sich nicht für einen Denkakt, etwa in denkpsychologischer Perspektive, sondern nur für den *gedachten Sinn*. Deshalb liegt ihr ebenfalls alle ‚Sinngebung‘ völlig fern." (Jaeger 1974, S. 57)

Reduktionsverfahren

Die neu entworfene Hermeneutik Dannhauers, für die das analytische Rückführungsverfahren konstitutiv ist, hat die Aufgabe, die dunklen, zunächst widersprüchlich oder verworren erscheinenden Sätze, die sich gewissermaßen auf einer äußeren Aussageebene bewegen, auf die inneren, gedanklichen Voraussetzungen hin zu überschreiten. Dazu muss sie die Sätze auf den ihnen immanenten gedachten Sinn zurückführen, also buchstäblich die Dunkelheit der Sätze durch das Aufzeigen des ihnen zugehörigen gedanklichen Sinngehaltes erhellen. Hermeneutik, in diesem Sinne verstanden, ist eine Lehre, die zu einer propädeutischen Logik gehört, welche die Basis jeder Wissenschaft bildet.

6.2 Chladenius' „Auslege-Kunst"

Johann Martin Chladenius hat in seinem 1742 erschienenen Buch *Einleitung zur richtigen Auslegung vernünftiger Reden und Schriften* eine in deutscher (und nicht in lateinischer) Sprache geschriebene Hermeneutik veröffentlicht, in der die Wörter „Hermeneutik" und „Auslege-Kunst" synonym verwendet werden. Dabei verfolgte Chla-

Loslösung von der Logik denius das Ziel, die Hermeneutik aus dem Zusammenhang zu lösen, den sie seit Christian Wolff (1674–1754) und der auf ihn zurückgehenden Wolffischen Schule mit der Vernunftlehre und der Logik bildete, um sie als eine eigenständige Disziplin und Wissenschaft zu etablieren (vgl. Beetz 1981, S. 608).

Im Hintergrund dieser Trennung von Hermeneutik und Logik steht die Unterscheidung zweier Erkenntnisformen, die Hand in Hand mit zwei spezifischen Tätigkeiten der Gelehrten gehen. So lassen sich, wie Chladenius im Vorwort seiner *Einleitung zur richtigen Auslegung vernünftiger Reden und Schriften* schreibt,

„die Verrichtungen der Gelehrten füglich in zwey grosse Classen eintheilen. Zum Theil dencken sie vor sich, und vermehren sowol die nützliche, als anmuthige Erkänntniß der Dinge, durch ihre eigene Erfindungen: zum Theil sind sie mit dem, was andere vor uns nützliches oder anmuthiges gedacht haben, beschäfftiget, und geben Anleitung, derselben Schrifften und Denckmale zu verstehen, das ist, sie legen aus." (Chladenius 1969, ohne Seite)

Zwei Klassen von Gelehrten Chladenius zufolge kann man die Klasse der Gelehrten, die durch Selbstdenken die Wissenschaft voranbringen, von der Klasse der Gelehrten trennen, die sich mit den Gedanken anderer auseinandersetzen. Dieser zweite Typus macht es sich zur Aufgabe, Schriften und Reden zu verstehen und sie auszulegen. Auch wenn beide Klassen von Gelehrten nötig sind und jede für sich ihre eigenen Verdienste und Irrtümer hat, darf man doch nach Chladenius den großen Unterschied zwischen ihnen nicht übersehen, der in der Art der wissenschaftlichen Regeln besteht, die mit ihnen einhergehen. Während nämlich die erste Klasse der Selbstdenker lehrt, wie man richtig denken soll – diese Regeln machen die sogenannte „Vernunft-Lehre" aus –, lernt man durch die zweite Klasse der Gelehrten die Regeln, mit deren Hilfe man richtig auslegen kann – diese Regeln machen die „Auslege-Kunst" aus.

Chladenius geht es in seiner Schrift um die Herausarbeitung der Grundsätze einer solchen Auslegungskunst, die dem Leser dabei helfen soll, die Auslegung bestimmter Textstellen unter der Anleitung eines Menschen (eines Lehrers), der diese Stellen bereits verstanden *Satz als Auslegungsgegenstand* hat, vorzunehmen. Auslegungsgegenstand einer solchen Hermeneutik oder Auslegungslehre sind keine ganzen Bücher, sondern bereits deren Sätze, da sie die kleinsten Teile darstellen, die noch „einen vollkommenen Verstand" haben und darum zunächst richtig verstanden werden müssen. Chladenius konzentriert sich hierbei auf die unverständlichen bzw. dunklen Sätze, Sätze also, deren „Verstand man entweder gar nicht, oder nicht vollkommen einsiehet" (Chladenius 1969, ohne Seite).

Chladenius zufolge kann die Dunkelheit der dunklen Stellen mehrere Gründe haben. Sie resultiert bisweilen:

- aus einer editorisch verdorbenen Stelle,
- aus mangelnder Sprachkenntnis,
- aus einer zweideutigen Wortverwendung.

Gründe der dunklen Stellen

Die beiden erstgenannten Formen der Schriftdunkelheit können auf je spezifische Weise behoben werden. So hebt der sogenannte „Criticus" die Dunkelheit der editorisch verdorbenen Stelle auf, indem er den Text verbessert und ergänzt. Und der sogenannte „Sprach-Lehrer und Philologus" beseitigt die Dunkelheit, die auf mangelnden Sprach- und Grammatikkenntnissen basiert. Die dritte Form der Dunkelheit, die aus der Zweideutigkeit der Sätze resultiert, lässt sich nicht begründet auflösen (vgl. Henn 1976, S. 250).

Aufhebung der Dunkelheit

Die Auslege-Kunst hat es jedoch nicht mit den genannten Arten der dunklen Stellen zu tun, deren Unverständlichkeit auf einer unzureichenden Textbasis, ungenügenden Sprach- und Grammatikkenntnissen oder Zweideutigkeiten beruht. Vielmehr geht es ihr um eine Art von Dunkelheit, die aus dem Fehlen von Begriffen und einem Mangel an Hintergrundwissen herrührt:

Dunkle Stellen der Auslege-Kunst

> „Bey genauerer Untersuchung findet man, daß diese Dunckelheit daher rühre, weil die blossen Worte und Sätze nicht allemal vermögend sind, den Begriff, den der Verfasser damit verknüpfft gehabt hat, bey dem Leser hervorzubringen, und daß die Erkänntniß der Sprache allein uns nicht in Stand setze, alle in derselben abgefaßte Bücher und Stellen zu verstehen." (Chladenius 1969, ohne Seite)

Will ein Leser also den Gedanken eines Verfassers verstehen, muss er über dieselben Begriffe bzw. Vorstellungen wie dieser verfügen, da sonst die Worte nicht die Wirkung entfalten können, die der Verfasser beabsichtigte. Um dies zu veranschaulichen, gibt Chladenius ein Beispiel: Nimmt man etwa den Satz „Die Erde ist rund", dann ist es für dessen Verständnis nicht nur erforderlich, einen Begriff vom Subjekt (der Erde) und vom Prädikat (rund sein) zu haben, vielmehr muss auch die Verbindung zwischen Subjekt und Prädikat eingesehen werden. Chladenius zufolge werden einige, die diesen Satz hören, Schwierigkeiten haben, eine solche Verknüpfung gedanklich herzustellen, weshalb er ihnen dunkel erscheinen wird. An diesem Beispiel wird deutlich, dass Chladenius die Dunkelheit, die traditionellerweise einem Text zugesprochen wurde, letztlich auf den Leser und dessen mangelndes Hintergrundwissen bezieht.

Beispiel: „Die Erde ist rund."

Diese Zusammenhänge vorausgesetzt, bestimmt Chladenius den Vorgang des Auslegens im Rahmen seiner philosophischen Auslege-Kunst folgendermaßen:

„Auslegen ist daher nichts anders, als diejenigen Begriffe beybringen, welche zum vollkommenen Verstande einer Stelle nöthig sind." (Chladenius 1969, ohne Seite)

Bei der Hermeneutik im Sinne von Chladenius' geht es demnach um die Aufhebung einer sachlichen Dunkelheit mittels eines Auslegungsverfahrens, bei dem das erforderliche Sachwissen des Auslegers herangezogen wird, um die für das Verständnis einer Stelle notwendigen Begriffe zu beschaffen. Daher ist das Auslegen bzw. Verstehen, wie Christoph Friedrich pointiert herausstellt, „kein Wort- oder Bedeutungsverstehen, sondern eine Form der Vermittlung und Beschaffung von Wissen über Wort- und Textumstände." (Friederich 1982, S. 46f.) Der Ausleger steht bei diesem Verfahren zu demjenigen, der das Buch bzw. eine Stelle nicht versteht, in einem pädagogisch-didaktischen Lehrer-Schüler-Verhältnis, bei dem er ihn „zum wahren Verstande des Buches anführen" will (Chladenius 1969, S. 100f.).

<small>Auslegen als Wissensvermittlung</small>

In der Rezeption von Chladenius' Hermeneutik hat man sich hauptsächlich auf seine Lehre vom „Sehe-Punckt" konzentriert (vgl. u. a. Szondi 1975, S. 73f.; Gadamer 1986a, S. 278f.). Sehe-Punkt ist die deutsche Übertragung des lateinischen Wortes *scopus* – einem Ausdruck, der insbesondere in der Bibelexegese von Relevanz war (→ KAPITEL 4, 5) und die Hauptintention bzw. den übergeordneten und leitenden Gesichtspunkt des biblischen Textes benannte. Die Lehre vom Sehe-Punkt differiert allerdings von der Scopus-Lehre insofern, als der Sehe-Punkt primär auf den Standpunkt des Zuschauers (des Rezipienten) bezogen ist, der sich über eine Sache äußert, und nicht auf den Text selbst. Im § 309 seiner *Einleitung zur Auslegung vernünftiger Reden und Schriften* stellt Chladenius folgende Definition des Sehe-Punktes vor:

<small>Sehe-Punkt</small>

„Diejenigen Umstände unserer Seele, Leibes und unserer ganzen Person, welche machen, oder Ursach sind, daß wir uns eine Sache so, und nicht anders vorstellen, wollen wir den Sehe-Punckt nennen. Wie nemlich der Ort unseres Auge, und insbesondere die Entfernung von einem Vorwurffe, die Ursach ist, dass wir ein solch Bild, und kein anders von der Sache bekommen, also giebt es bey allen unsern Vorstellungen einen Grund, warum wir die Sache so, und nicht anders erkennen: und dieses ist der Sehe-Punckt von derselben Sache." (Chladenius 1969, S. 187f.)

Der Sehe-Punkt ist hier also der Gesichtspunkt eines Rezipienten, der aus seiner jeweiligen individuellen Verfasstheit resultiert. Er ist nicht beliebig austauschbar, da er mit einer Person untrennbar verbunden ist und ihre spezifische Art meint, eine Sache anzuschauen. Chladenius, der seine Überlegungen zum Sehe-Punkt primär im achten Kapitel „Von Auslegung historischer Nachrichten und Bücher" seiner *Einleitung zur Auslegung* vorstellt, gelingt es auf diese Weise, das hermeneutische Problem unterschiedlicher und bisweilen widersprüchlicher Auffassungen zu einer einzigen Geschichte zu lösen. Diese resultieren nämlich nicht aus der Geschichte selbst, sondern haben ihren Grund in den unterschiedlichen Sehe-Punkten der Zuschauer, durch die sie verschieden verstanden wird.

<small>Personengebundenheit</small>

Lutz Geldsetzer hat sich mit der Wirkungsgeschichte von Chladenius' Hermeneutik beschäftigt und festgestellt, dass die *Einleitung zur Auslegung vernünftiger Reden und Schriften* in der Philosophie kaum rezipiert worden ist. Zudem gelang es, so Geldsetzer, „weder ihm noch kurz darauf [Georg Friedrich] Meier, die Hermeneutik als philosophische Disziplin zu etablieren, was ja auch bis heute noch ein umstrittener Punkt ist." (Geldsetzer 1969, S. XXVIII) Angesichts dessen kann (und sollte) man mit Chladenius erneut die Frage nach der Eigenständigkeit der Hermeneutik im Sinne einer eigenen Disziplin der Philosophie aufwerfen, von deren Beantwortung ihr Selbstverständnis maßgeblich abhängt.

<small>Hermeneutik als philosophische Disziplin?</small>

6.3 Meiers Versuch einer allgemeinen Auslegungskunst

Georg Friedrich Meier hat in seiner 1757 erschienenen Schrift *Versuch einer allgemeinen Auslegungskunst* eine bedeutende hermeneutische Konzeption vorgestellt. In dieser werden, wie Lutz Geldsetzer deutlich macht, „verschiedene Tendenzen der Hermeneutik ihrer Zeit – der Aufklärung – zu einem einheitlichen Lehrgebäude, das mit Recht den Titel einer ‚allgemeinen' Auslegungslehre führen sollte, zusammen[ge]fasst." (Geldsetzer 1965, S. II)

Auch wenn Meiers Hermeneutik bei seinen Zeitgenossen kaum Beachtung gefunden hat, konnte er besonderes Ansehen durch seine Überlegungen auf ästhetischem und metaphysischem Gebiet erringen, die er in seiner 1748 in Halle veröffentlichten Schrift *Anfangsgründe aller schönen Künste und Wissenschaften* und in dem 1755–59 erschienenen Werk *Metaphysik* darlegte.

Meiers Hermeneutik unterläuft als eine allgemeine Auslegungslehre die tradierte Aufteilung der Hermeneutik in Spezialhermeneutiken, wie z. B. die der Medizin oder die der biblischen oder juristischen Hermeneutik. Sie grenzt dabei den Bereich der Auslegung nicht auf das geschriebene Wort ein, sondern dehnt ihn auf das weite Feld der Zeichen aus, wobei Meier sowohl willkürliche und künstliche als auch natürliche Zeichen berücksichtigt. So hat die Hermeneutik Meiers, die nun mit einem universalem Anspruch auftritt, alles Bedeutungshafte zum Gegenstand, das sowohl sprachlicher als auch nichtsprachlicher Natur sein kann. Begünstigt wurde diese semiotische Ausrichtung hermeneutischen Nachdenkens durch die für die Aufklärung typische Hochschätzung der Vernunft, mit deren Hilfe man annahm, die Wahrheit jeden Zeichens erhellen zu können.

Auslegung
von Zeichen

Im sechsten Paragrafen von *Versuch einer allgemeinen Auslegungskunst* gibt Meier folgende Übersicht von Aufbau und Gegenstand seiner auf alle Arten von Zeichen bezogenen Hermeneutik:

Aufbau der
Auslegungskunst

„Die allgemeine Auslegungskunst handelt
1. im theoretischen Theile
   a. von der Auslegung aller Zeichen
      α. von der Auslegung überhaupt
      β. von der Auslegung der natürlichen Zeichen
      γ. von der Auslegung der willkürlichen Zeichen.
   b. Von der Auslegung aller Reden
      α. von dem Sinne der Rede
      β. von der Erfindung des unmittelbaren Sinnes
      γ. von der Erfindung des mittelbaren Sinnes der Rede
      δ. vom Commentiren.
2. Im practischen Theile, von den besondern Gegenständen, auf welche die theoretische Auslegungskunst angewendet werden kan." (Meier 1965, S. 3)

Der theoretische Teil von Meiers Auslegungskunst behandelt also zum einen die Auslegung aller Zeichen und zum anderen die Auslegung aller Reden. Trotz dieser scheinbar gleichgewichtigen Aufteilung – in die Auslegung aller Zeichen und die aller Reden – geht es Meier in seiner Auslegungskunst zunächst um eine Darstellung der Auslegung natürlicher und willkürlicher Zeichen („aller Zeichen") und erst im Anschluss daran um eine Darstellung der Auslegung künstlicher, d. h. sprachlicher Zeichen („aller Reden").

Definition des Zeichens

Versucht man mit Meier ein Zeichen zu definieren, kann es, wie er im siebten Paragrafen schreibt, als ein „Mittel [bestimmt werden], wodurch die Wirklichkeit eines anderen Dinges erkannt werden kann": Das Zeichen stellt also den „Erkenntnisgrund der bezeichneten Sache" dar (Meier 1965, S. 4). So ermöglicht das Zeichen allererst den Zugang zum Erkennen bzw. Verstehen eines Dinges (bzw. einer Sache), da der Weg der Erkenntnis über die Äußerlichkeit des Zeichens erfolgt, mittels dessen die jeweilige Bedeutung eines Dinges begriffen wird.

Vor diesem Hintergrund heißt Auslegen für Meier „die Bedeutung aus dem Zeichen klar [zu] erkennen", was gleichbedeutend damit ist, „den Zusammenhang der bezeichneten Sachen mit ihren Zeichen klar ein[zu]sehen". (Meier 1965, S. 5f.) So ist bei Meier das Auslegen explizit auf das Verstehen des Zusammenhanges bezogen, den das Zeichen mit seiner Bedeutung bildet, und damit von anderen hermeneutischen Tätigkeiten – wie z. B. dem „Kommentieren", der „Exegese" und dem Übersetzen – zu unterscheiden. Die dergestalt im Auslegen angezielte „hermeneutisch wahre Bedeutung" des Zeichens kann von der „Scheinbedeutung", die Meier auch die „hermeneutisch falsche Bedeutung" nennt, unterschieden werden (vgl. Meier 1965, S. 9f.).

Auslegen

Innerhalb dieses hermeneutischen Verständnisses lässt sich der Auslegungsgegenstand in dreifacher Weise differenzieren. Denn der Ausleger erkennt deutlich:

Auslegungs-
gegenstand

1. die Zeichen,
2. die Bedeutungen,
3. den Zusammenhang zwischen den Zeichen und den Bedeutungen.

Achtet man auf die Textstellen, an denen sich Meier zur Auslegung der natürlichen Zeichen äußert, wird der metaphysische Kontext deutlich, in den die Zeichen eingebunden sind. Die Interpretation der Natur dient nämlich für Meier explizit der Gotteserkenntnis, da Gott ihm zufolge „der Urheber des bezeichnenden Zusammenhangs in dieser Welt" und jedes natürliche Zeichen als eine Wirkung Gottes anzusehen ist (vgl. Meier 1965, S. 19).

Metaphysischer
Kontext

„In dieser Welt ist, weil sie die beste ist, der allerbeste bezeichnende Zusammenhang, der in einer Welt möglich ist. Folglich sind die natürlichen Zeichen in dieser Welt die allervollkommensten. Es ist demnach eine jedwede Bedeutung hermeneutisch falsch, aus welcher, wenn man sie für wahr halten wollte, folgen würde, daß das natürliche Zeichen nicht das beste sey." (Meier 1965, S. 19)

Die Haltung des Auslegers beim Auslegen der natürlichen Zeichen muss angesichts der Vollkommenheit der Welt auch von einer „hermeneutische[n] Ehrerbietigkeit" gegenüber Gott durchdrungen sein (vgl. Meier 1965, S. 20). Weil die natürlichen Zeichen zudem die

„Hermeneutische
Ehrerbietigkeit"

Vollkommenheit Gottes wiedergeben, muss bei der Auslegung von der Fruchtbarkeit, Größe, Wahrhaftigkeit, Klarheit, Gewissheit und praktischen Beschaffenheit dieser Zeichen ausgegangen werden (vgl. Meier 1965, S. 21).

Wie bei der Auslegung der natürlichen Zeichen die hermeneutische Ehrerbietigkeit gegen Gott erforderlich ist, hat der Ausleger bei den künstlichen Zeichen der Rede eine Haltung der „hermeneutische[n] Billigkeit" gegenüber dem Autor einzunehmen. Das bedeutet, wie Meier in den Paragrafen 94, 95 und 96 ausführt, dass der Ausleger, bevor er überhaupt die Zeichen einer Rede auszulegen beginnt, sich mit den Vollkommenheiten des Urhebers der Zeichen bekannt machen muss. Er hat folglich, wie Friedrich Schleiermacher im 18. Jahrhundert präzise darlegen wird (→ KAPITEL 7), zunächst den psychologischen Teil der Interpretation zu vollziehen und folgende Facetten des Urhebers der Zeichen in den Blick zu nehmen und zu beurteilen (vgl. Meier 1965, S. 50):

„Hermeneutische Billigkeit"

- Die Fruchtbarkeit seines Kopfes,
- die Größe seines Gemüts,
- die Wahrhaftigkeit, mit der er wahre Zeichen verwendet,
- die Verständlichkeit des Gebrauchs klarer Zeichen,
- die Gründlichkeit der Verwendung gewisser Zeichen,
- die Vollkommenheit des Urhebers, die mit einer praktischen Relevanz der von ihm verwendeten Zeichen einhergeht.

Darüber hinaus gehört zur Einstellung der hermeneutischen Billigkeit, dass der Ausleger diejenige Bedeutung der künstlichen Zeichen für hermeneutisch wahr hält, „welche so gut ist, so groß, reich an Inhalte, wahr, klar, gewiß und practisch als es sich will thun lassen, bis das Gegentheil erhelle." (Meier 1965, S. 49) Es ist also immer erst eine positive Grundeinstellung gegenüber dem Urheber der Rede und der Rede selbst einzunehmen und solange aufrechtzuerhalten, bis Einwände eine Korrektur der zuvor eingenommenen Einstellung erforderlich machen.

Positive Grundeinstellung

Die hermeneutische Forderung des Billigkeitsprinzips ist nach wie vor von systematischem Interesse und wird, wenn auch unter anderem Namen, nämlich dem des Prinzips der wohlwollenden Interpretation, untersucht (vgl. Künne 1990). Denn, wie Oliver Scholz herausgearbeitet hat, es „spricht vieles dafür, dass wir Zeichen und Zeichenhandlungen überhaupt nur verstehen können, wenn wir vorgreifend (antizipierend, proleptisch) gewisse für das Interpretandum einschlägige Vollkommenheiten unterstellen (und zwar solange als nicht stärkere Gründe dagegen sprechen)." (Scholz 1994, S. 183)

Dannhauer, Chladenius und Meier vollziehen zusammengenommen den ersten Schritt zur Etablierung der Hermeneutik als einer eigenständigen philosophischen Disziplin. Indem sie den Bereich der Auslegung über normative Texte hinaus für Texte insgesamt öffnen, oder sogar – wie bei Meier – auf das weite Feld der Zeichen ausdehnen, kann eine allgemeine Form der Hermeneutik entstehen, die den Anspruch hat, allen Wissenschaftszweigen vorauszugehen und ihnen als Grundlage zu dienen.

Fragen und Anregungen

- Charakterisieren Sie das Verhältnis, in dem für Johann Conrad Dannhauer die allgemeine Hermeneutik zu den drei höheren Fakultäten (Jurisprudenz, Theologie und Medizin) steht.

- Überlegen Sie, wie sich mit Dannhauer der wahre Interpret bestimmen lässt.

- In welcher Weise kann man nach Johann Martin Chladenius die dunklen Stellen, die Gegenstand seiner Auslege-Kunst sind, kennzeichnen?

- Wie lässt sich der Sehe-Punkt bei Chladenius bestimmen?

- Unterscheiden Sie die „hermeneutische Ehrerbietigkeit" von der „hermeneutischen Billigkeit" bei Georg Friedrich Meier.

- Inwiefern könnte das Prinzip der Billigkeit auch heute noch von Relevanz sein?

Lektüreempfehlungen

- **Johann Martin Chladenius: Einleitung zur Auslegung vernünftiger Reden und Schriften**, mit einer Einleitung von Lutz Geldsetzer, Düsseldorf 1969. *Quellen*

- **Johann Conrad Dannhauer: Idea boni interpretis et malitiosi calumniatoris**, herausgegeben von Walter Sparn, Hildesheim u. a. 2004.

- **Georg Friedrich Meier: Versuch einer allgemeinen Auslegungskunst**, mit einer Einleitung von Lutz Geldsetzer, photomechanischer Nachdruck der Ausgabe Halle 1757, Düsseldorf 1965.

Forschung
- Werner Alexander: Hermeneutica Generalis. Zur Konzeption und Entwicklung der allgemeinen Verstehenslehre im 17. und 18. Jahrhundert, Stuttgart 1993. *Vermittelt einen fundierten Überblick über die Hermeneutik im 17. und 18. Jahrhundert.*

- Christoph Friederich: Johann Martin Chladenius: Die allgemeine Hermeneutik und das Problem der Geschichte, in: Klassiker der Hermeneutik, herausgegeben von Ulrich Nassen, Paderborn 1982, S. 43–75. *Arbeitet die Grundzüge der Hermeneutik von Chladenius heraus und zeigt ihre Relevanz für die Geschichtsdeutung.*

- H.-E. Hasso Jaeger: Studien zur Frühgeschichte der Hermeneutik, in: Archiv für Begriffsgeschichte, Band XVIII, Bonn 1974, S. 35–84. *Grundlegende Studien, die die Frühgeschichte der Hermeneutik in ihrer Eigenart zu erfassen versuchen.*

- Oliver Scholz: Die allgemeine Hermeneutik bei Georg Friedrich Meier, in: Unzeitgemäße Hermeneutik: Verstehen und Interpretation im Denken der Aufklärung, herausgegeben von Axel Bühler, Frankfurt a. M. 1994, S. 158–191. *Würdigt Meiers allgemeine Hermeneutik als einen der „beachtenswertesten" Beiträge des Projekts zur Überwindung der Spezialhermeneutiken in der Aufklärung.*

- Peter Szondi: Einführung in die literarische Hermeneutik, herausgegeben von Jean Bollack und Helen Stierlin, Frankfurt a. M. 1975, S. 27–97. *Gibt einen allgemeinen Überblick über die Hermeneutik von Chladenius.*

7 Die allgemeine Hermeneutik Friedrich Schleiermachers

Abbildung 9: Caspar David Friedrich: *Der Wanderer über dem Nebelmeer* (1818)

DIE ALLGEMEINE HERMENEUTIK FRIEDRICH SCHLEIERMACHERS

Auf dem Gemälde „Der Wanderer über dem Nebelmeer" (1818) von Caspar David Friedrich, ein bedeutender Maler der deutschen Romantik, steht eine männliche Figur im Bildzentrum auf einem Felsen und schaut ins stürmische Meer hinab. Der Wanderer, der dem Betrachter des Bildes den Rücken zuwendet, verdeckt den Fluchtpunkt des Bildes und zwingt ihn dadurch, sich in ihn hineinzuversetzen. Dieses Hineindenken in die Psyche und die konkrete Situation der Figur korrespondiert mit der hermeneutischen Auffassung des damaligen Theologen und Philosophen Friedrich Schleiermachers, dass für die richtige Auslegung von Texten auch die historische Epoche sowie die Motive des Autors berücksichtigt werden müssen.

Friedrich Schleiermachers (1768–1834) Werk hat die Hermeneutik auf vielerlei Weise verändert. Er lässt sich historisch betrachtet vor allem als Vater der „allgemeinen Hermeneutik" bezeichnen. Auch wenn die Aufklärungshermeneutiker einen wichtigen Teil des Weges bereitet haben, ist es letztlich Schleiermacher gewesen, dem es gelungen ist, die bisherigen speziellen Hermeneutiken der Theologie, Jurisprudenz und der Klassischen Philologie zu überwinden und sie als allgemeine Hermeneutik zu einer gleichsam fächerübergreifenden Eigenständigkeit zu führen. Im Zuge dieser Überwindung der Spezialhermeneutiken wurde der Begriff des Verstehens verallgemeinert und vertieft, und die Hermeneutik wurde zu einer „Kunst des Verstehens". In seiner allgemeinen Hermeneutik unterscheidet Schleiermacher die „grammatische" und die „psychologische" Auslegungsmethode, die notwendig zusammengehören und gleichberechtigt sind. Nicht zuletzt mithilfe dieser beiden Methoden besteht nach Schleiermacher die hermeneutische Hauptaufgabe des Interpreten darin, „die Rede zuerst ebenso gut und dann besser zu verstehen als ihr Urheber" (Schleiermacher 1995, S. 94).

7.1 **Hermeneutik als Kunst des Verstehens**
7.2 **Grammatische und psychologische Seite der Auslegung**
7.3 **Die Rede besser verstehen als ihr Urheber**

7.1 Hermeneutik als Kunst des Verstehens

Innerhalb der romantischen Hermeneutik repräsentiert Friedrich Schleiermacher wirkungsgeschichtlich betrachtet eine zentrale Position, auf die man sich bis in unsere heutige Zeit hinein immer wieder bezieht. Exemplarisch können die Philosophen und Theoretiker Friedrich Lücke (1791–1855), August Böckh (1785–1867), Wilhelm Dilthey (1833–1911), Hans-Georg Gadamer (1900–2002) Peter Szondi (1929–71), Karl-Otto Apel (1922), Jürgen Habermas (1929) und Manfred Frank (1945) angeführt werden, die aus unterschiedlichen Perspektiven an sein Denken anknüpften und sich mit diesem kritisch oder affirmativ auseinandersetzten.

Wirkungsgeschichte

Durch Schleiermachers Selbsteinschätzung und besonders wegen Wilhelm Diltheys Lesart wird Schleiermacher in der Forschung als derjenige betrachtet, der mit der Überwindung der Spezialhermeneutiken und der Entwicklung einer allgemeinen Hermeneutik Neuland betreten hat (vgl. Dilthey 1966). Auch wenn sich Wissenschaftler immer wieder skeptisch zu dem Originalitätsanspruch seiner Konzeption äußern (vgl. Szondi 1975; Hübener 1985), da ein solches Verständnis die Leistungen der Aufklärer Johann Martin Chladenius und Georg Friedrich Meier oder die Einflüsse der romantischen Philosophen Friedrich August Wolf, Friedrich Schlegel und Friedrich Ast unberücksichtigt lässt, so liefen doch erst in Schleiermachers Denken die geistigen Fäden seiner Vorgänger und seiner Zeit zusammen, um von ihm produktiv zu der Idee einer fächerübergreifenden Hermeneutik umgestaltet zu werden, die eine *„strengere Praxis"* verfolgt (Schleiermacher 1995, S. 92).

Blickt man auf die Quellen, so ist es erstaunlich, dass Friedrich Schleiermachers Hermeneutik eine so große Wirkung ausüben konnte. Schleiermacher hat seine Überlegungen nämlich nicht in schriftlicher Form publik gemacht, sondern in einer Reihe von Vorlesungen, die er unter dem Titel *Hermeneutik und Kritik, mit besonderer Beziehung auf das Neue Testament* in den Jahren 1805 bis 1833 hielt. In diesem Zeitraum hat er seine Gedanken beständig aus- und umgearbeitet und sie häufig nur stichwortartig und selektiv in seinen Vorlesungsskripten festgehalten.

Quellen

Auf der Basis des handschriftlichen Materials und der nachgeschriebenen Vorlesungen gab Friedrich Lücke unter Berücksichtigung der theologischen Werke und vor allem des Vorlesungsmanuskripts aus dem Jahre 1819 erstmalig 1838 eine Ausgabe heraus, die Schleier-

Ausgaben

machers hermeneutische Überlegungen enthalten. 1959 hat Heinz Kimmerle eine Neuausgabe ediert, die das gesamte handschriftliche Material berücksichtigt. Schließlich konnte Manfred Frank 1977 unter dem Titel *Hermeneutik und Kritik* die Fassung von Lücke wieder einer breiteren Öffentlichkeit zugänglich machen und sie durch ausgewählte Texte Schleiermachers zur Hermeneutik, Kritik, Poetik, Dialektik und Sprachtheorie ergänzen.

Trotz dieser eher fragmentarischen und lückenhaften Textbasis, von der Wilhelm Dilthey in seiner Untersuchung zum *Leben Schleiermachers* (1870) behauptet, sie beinhalte „großenteils nur Aperçus und Trümmer von dem, was ihm [Schleiermacher] vorschwebte" (Dilthey 1966, S. 32), lassen sich an ihr doch sehr gut die Intention Schleiermachers und die Grundzüge seines Ansatzes aufzeigen. Zudem sollten auch die beiden von Schleiermacher selbst in den Druck gegebenen bedeutenden Akademiereden *Ueber den Begriff der Hermeneutik, mit Bezug auf F. A. Wolfs Andeutungen und Asts Lehrbuch* (1829) und *Kurze Darstellung des theologischen Studiums zum Behuf einleitender Vorlesungen* (1829) bei der Rekonstruktion und Darlegung seiner Konzeption berücksichtigt werden.

<small>Akademiereden</small>

Einen geradezu programmatischen Charakter hat der erste Satz der „Einleitung" des von Lücke erstmals herausgegebenen Buches *Hermeneutik und Kritik*, in dem Schleiermacher konstatiert, dass noch keine allgemeine Form der Hermeneutik existiert, „*sondern nur mehrere* spezielle Hermeneutiken" (Schleiermacher 1995, S. 75). Diese programmatische Bestimmung lässt sich in zweifacher Hinsicht lesen:

<small>Überwindung der Spezialhermeneutiken</small>

- Zum einen intendiert sie das Ziel, die Auffächerung der Hermeneutik in Spezialhermeneutiken zu überwinden, wie es vor Schleiermacher bereits die Aufklärungshermeneutik formuliert hatte. Als „Kunst des Verstehens" soll eine solche „allgemeine Hermeneutik" die engen Grenzen einer *hermeneutica sacra* (d. i. die Hermeneutik der Theologie) und einer *hermeneutica profana* (d. i. ist insbesondere die Hermeneutik der klassischen Literatur der Antike) sprengen und es sich zur Aufgabe machen, ihren Gegenstandsbereich auf jede Form der Rede – also auch auf das Alltagsgespräch hin – zu erweitern.

<small>Universalisierung</small>

- Zum anderen öffnet Schleiermachers Bestimmung der Hermeneutik als „Kunst des Verstehens" die Tür zur Universalisierung der Hermeneutik und damit zur Untersuchung der Bedingungen des Verstehens im Allgemeinen, die dann von Wilhelm Dilthey (→ KAPITEL 8), Martin Heidegger (→ KAPITEL 9) und Hans-Georg Gadamer (→ KAPI-

TEL 10) durchschritten wird. Diese erkenntnistheoretische Fundierung der Hermeneutik, mittels derer die Frage nach den Bedingungen der Möglichkeit des Verstehens und der Auslegung überhaupt gestellt wird, war erst nach Immanuel Kants (1724–1804) transzendentalphilosophischer Perspektive möglich geworden. Dabei hatte Kant angenommen, dass alle Bedingungen, die Erkenntnis überhaupt möglich machen, im Bewusstsein selbst liegen. Im Zuge dieser bei Schleiermacher sich ankündigenden Universalisierung nimmt die Hermeneutik schließlich eine grundlegende Funktion für die Philosophie an, wodurch die Philosophie selbst wiederum hermeneutisch wird (vgl. Pöggeler 1983).

Auch wenn mit Schleiermachers philosophischer Begründung der Hermeneutik der Schritt zur Hermeneutik als einer Grundlagenwissenschaft vollzogen wird, wird in seinen Überlegungen jedoch auch die materiale Seite der Hermeneutik berücksichtigt, die durch die sogenannte „Kritik" repräsentiert wird. Nachdrücklich schreibt er:

Hermeneutik und Kritik

„Hermeneutik und Kritik, beide philologische Disciplinen, beide Kunstlehren gehören zusammen, weil die Ausübung einer jeden die andere voraussetzt." (Schleiermacher 1995, S. 71)

Achtet man auf die Kritik, kann man sie in dreierlei Hinsicht ausdifferenzieren:

Arten der Kritik

1. philologisch,
2. rhetorisch oder ästhetisch (doktrinal),
3. historisch.

Während die philologische Kritik als Textkritik aufgefasst werden kann, die einen vorliegenden Text auf seine Echtheit überprüft, also danach fragt, ob er wirklich vom Autor stammt, und daneben auch seine ursprüngliche Gestalt zu ermitteln versucht, hat die doktrinale Kritik insbesondere die Aufgabe, das Werk in Bezug auf seinen Zweck und seine Idee zu würdigen. Der historischen Kritik geht es um die Ermittlung von Tatsachen und Gegebenheiten, die dem Text zugrunde liegen, um auf dieser Basis einen Vergleich zwischen Text und Tatsachen vornehmen zu können (vgl. Schleiermacher 1995, S. 239–306).

Die mit Schleiermacher als „Kunst des Verstehens" charakterisierte Hermeneutik fokussiert das Erkenntnisinteresse auf das Vermögen, das im Text Gesagte zu erfassen (lateinisch *subtilitas intelligendi*). In den Hintergrund rückt dadurch das Vermögen der Auslegung des Textes (lateinisch *subtilitas explicandi*), das Schleiermacher als „Darlegung des Verständnisses" bezeichnet (Schleiermacher 1995, S. 75). Und es gerät auch das Vermögen der Anwendung (lateinisch *subtili-*

Vermögen des Verstehens (subtilitas intelligendi)

tas applicandi) aus dem Blick, bei der der Interpret das Verstandene und in eigenen Worten Dargelegte auf eine konkrete Situation anwendet.

Rede als Gegenstand

Gegenstand der Hermeneutik, die sich mit Schleiermacher als Kunstlehre begreifen lässt, ist die gesprochene, insbesondere aber die schriftlich fixierte Rede eines Anderen. Während Schleiermacher sich demnach primär auf sprachliche Zeichen konzentrierte, war die Aufklärungshermeneutik vor ihm auf das weite Feld auch nicht-sprachlicher Zeichen bezogen.

Schleiermacher zufolge darf das kunstmäßige Verstehen nicht erst dann beginnen, wenn der Interpret sich einer dunklen bzw. unverständlichen Stelle gegenübersieht, sondern es muss permanent intendiert sein. Denn das Missverstehen gehört untrennbar zum Reden dazu, weshalb das Verstehen eine universelle Aufgabe darstellt. Mit anderen Worten: Begann in der traditionellen Auffassung das Geschäft der Hermeneutik erst da, wo angesichts einer undurchsichtigen Stelle das Verständnis unsicher wurde, ist es für Schleiermacher von Anfang an zu vollziehen.

„Laxere" und „strengere Praxis"

Vor diesem Hintergrund unterscheidet Schleiermacher zwischen einer „laxeren" und einer „strengeren" Praxis in der Kunst des Verstehens:

„Die laxere Praxis in der Kunst geht davon aus, daß sich das Verstehen von selbst ergibt und drückt das Ziel negativ aus: Mißverstand soll vermieden werden. [...]
Die strengere Praxis geht davon aus, daß sich das Mißverstehen von selbst ergibt und das Verstehen auf jedem Punkt muß gewollt und gesucht werden." (Schleiermacher 1995, S. 92)

In seinen Ausführungen plädiert Schleiermacher für die strengere Praxis, da allein sie es mit dem Verstehenwollen wirklich ernst meine. In der strengen Praxis achtet der Interpret nämlich von Anfang an darauf, das Missverstehen zu vermeiden und nicht erst dann von der hermeneutischen Kunstlehre Gebrauch zu machen, wenn das Verstehen einer fremden Rede vage oder problematisch wird.

Ein Beispiel

Der zeitgenössische französische Philosoph Jean Greisch hat ein anschauliches Beispiel für diese Sachlage gegeben:

„Die traditionelle Stellenhermeneutik behandelt das Problem des Nichtverstehens aus der Sicht des für Verkehrssicherheit verantwortlichen Beamten: bestimmte Unfallstellen werden auf der Karte mit einem schwarzen Punkt markiert, im übrigen läuft alles normal. Schleiermacher behandelt es dagegen aus der Sicht des Autofahrers, der weiß, dass er ständig auf der Hut sein muss, wenn er heil nach Hause kommen will, oder ein Hindernis aus dem Weg räumen möchte." (Greisch 1993, S. 141)

Der Unterschied zwischen der traditionellen Stellenhermeneutik und der Hermeneutik Schleiermachers lässt sich schematisch folgendermaßen darstellen:

Traditionelle Stellenhermeneutik	Schleiermachers Hermeneutik
„laxere Praxis"	„strengere Praxis"
Verstehen ergibt sich von selbst	Missverständnisse ergeben sich von selbst
Missverständnisse müssen vermieden werden	Verstehen soll gesucht werden
Konzentration auf „dunkle" Stellen	Konzentration auf gesamte Rede
Spezialhermeneutik	„allgemeine Hermeneutik"

Abbildung 10. Vergleich zwischen traditioneller Stellenhermeneutik und Schleiermachers Hermeneutik

7.2 Grammatische und psychologische Seite der Auslegung

Der Ausgangspunkt von Schleiermachers methodischen Überlegungen ist sein Verständnis der Rede. Dabei lässt er sich von dem Grundgedanken leiten, dass jede Rede eine zweifache Beziehung hat: Einerseits bezieht sie sich nämlich auf den Sprachzusammenhang, kurz gesagt auf die Sprachwelt, der sie angehört; andererseits steht sie in Verbindung zu dem Denkzusammenhang des Autors, von dem sie herrührt, kurz gesagt zur Denkwelt ihres Urhebers. In Entsprechung zu diesen beiden Beziehungen, die sich in der Rede aufweisen lassen, stehen auch die beiden Perspektiven bzw. Seiten des Verstehens. So lässt sich die Rede als die Modifikation einer spezifischen Sprachwelt in den Blick nehmen, von der sie einen Teil darstellt. Gleichzeitig kann man sie als das Produkt eines Denkenden verstehen, das durch seinen Urheber zudem in einer originellen Weise gestaltet worden sein kann:

> „Wie jede Rede eine zweifache Beziehung hat, auf die Gesamtheit der Sprache und auf das gesamte Denken ihres Urhebers: so besteht auch alles Verstehen aus den zwei Momenten, die Rede zu verstehen als herausgenommen aus der Sprache, und sie zu verstehen als Tatsache im Denkenden." (Schleiermacher 1995, S. 77)

Definition Rede

Aus der Abhebung dieser beiden Perspektiven ergeben sich zwei hermeneutische Methoden: erstens die „grammatische" („objektive") Methode, für deren Anwendung „Sprachtalent" erforderlich ist und die die Rede aus der Totalität des Sprachgebrauchs einer gegebenen Sprachgemeinschaft heraus zu verstehen sucht; zweitens die „psychologische" Methode, die der Menschenkenntnis bedarf und das Verstehen einer Rede „als eines Aktes fortlaufender Gedankenerzeugung" beabsichtigt. (Diese zweite Methode hat Schleiermacher in der frühen Phase seines Denkens auch die „technische" Interpretation genannt.)

Grammatische Interpretation

Die grammatische Seite der Interpretation wendet sich der zu deutenden Rede als einem Teil eines bestimmten Sprachgebietes bzw. einer gemeinsamen Sprache zu. Sie versucht den Sinn der Rede mit sprach- und literaturwissenschaftlichen Kenntnissen zu erfassen, bemüht sich demnach um das Verständnis der Rede angesichts ihrer Teilhabe an einer gegebenen Sprache. Der geistige – also einem bestimmten Urheber entsprechende – Horizont eines Textes steht darum immer in einer Abhängigkeit zum sprachlichen Horizont einer Sprachgemeinschaft, insofern jede individuelle Äußerung den Regeln einer bestehenden Syntax und Grammatik folgt, sogar folgen muss, wenn sie verständlich sein will. Denn ein Einzelner ist in seinem Denken durch die gegebene Sprache und den Sprachgebrauch seiner jeweiligen Zeit bedingt „und kann nur die Gedanken denken, welche in seiner Sprache schon ihre Bezeichnung haben." (Schleiermacher 1995, S. 78) Dementsprechend muss ein neuer Gedanke auf Bezeichnungen zurückgreifen, die in dem Sprachschatz bereits bestehen, und er muss so geäußert werden, dass die Verknüpfung der Bezeichnungen den lexikalisch-grammatischen Ausformungen und Regeln entspricht.

Psychologische Interpretation

Die psychologische Seite der Interpretation geht mit dem Verständnis einher, dass die Rede von einem individuellen Geist hervorgebracht wird. Sie versucht darum, den Sinn der Rede zunächst mithilfe der biografischen Kenntnis des inneren und äußeren Lebens ihres Urhebers zu erfassen, bemüht sich also um das Verständnis der Rede angesichts der Individualität ihres Ausdrucks. Dabei wird angenommen, dass jeder Autor und jeder Redende einen Stil besitzt, der nicht nur in formalen und kompositorischen Eigentümlichkeiten zum Vorschein kommt, sondern auch in thematischen Vorlieben und Inhalten. So intendiert die psychologische Interpretation durch die sukzessive Kenntnisnahme von Charakter und Lebensumständen des Urhebers einer Rede „das Verstehen derselben als eines Aktes fortlaufender Gedankenerzeugung". Dazu gehört schließlich auch noch, den „Keimentschluß" aufzuspüren, auf den die jeweilige Rede/Schrift zurückzuführen ist, und von diesem Entschluss aus, die Entstehung und den Aufbau der Schrift verständlich zu machen. Der Interpret muss sich auf das gesamte Werk des Autors – und/oder auch auf andere Autoren dieser Zeit – beziehen, da die Grundabsicht des Autors nur vor dem Hintergrund seines gesamten, auch historisch bedingten, Denkens sichtbar gemacht werden kann.

Das Verhältnis, in dem die grammatische und die psychologische Seite der Auslegung zueinander stehen, ist Schleiermacher zufolge völlig gleichwertig. Dem widerspricht auch nicht, dass je nach Auslegungsgegenstand eher die eine oder andere Seite untersucht wird. Hat man beispielsweise das Fragment eines unbekannten Verfassers vorliegen, liegt es nahe, zunächst mithilfe der grammatischen Methode eine Analyse der Sprache vorzunehmen, um die Entstehungszeit und den Entstehungsort des Textes zu bestimmen. Erst wenn über Herkunft und Hintergrund des Verfassers eine relative Sicherheit besteht, ist es sinnvoll, die psychologische Methode anzuwenden. Befasst man sich aber beispielsweise mit dem Tagebuch einer bekannten Autorin, wird die psychologische Seite bei der Textauslegung überwiegen, da das Interesse an dem individuellen Geist, der die Sprache nur als Mittel verwendet, um seine Gedanken mitzuteilen, hier im Vordergrund steht.

Gleichwertigkeit

Will man daher Hermeneutik als eine „Kunst des Verstehens" ausüben, gelingt ein adäquates Verstehen nur im Zusammenspiel der grammatischen und der psychologischen Seite der Interpretation:

> „Die absolute Lösung der Aufgabe ist die, wenn jede Seite für sich so behandelt wird, dass die Behandlung der andern keine Änderung im Resultat hervorbringt, oder, wenn jede Seite für sich behandelt die andere völlig ersetzt, die aber ebenso weit auch für sich behandelt werden muss." (Schleiermacher 1995, S. 80)

Die „absolute Lösung der Aufgabe"

Die grammatische und die psychologische Methode werden bei Schleiermacher außerdem mit zwei weiteren Verfahren kombiniert, nämlich dem komparativen und dem divinatorischen. Während das komparative Verfahren vom bereits Verstandenem ausgehend durch fortwährendes Vergleichen schrittweise zum weniger Verständlichen voranschreitet, versucht das divinatorische Verfahren solches unmittelbar zu erfassen, was sich über Faktenwissen hinaus nur intuitiv erschließen lässt. Die komparative Methode setzt daher „erst den zu Verstehenden als ein Allgemeines und findet dann das Eigentümliche, indem mit andern unter demselben Allgemeinen Befassten verglichen wird." (Schleiermacher 1995, S. 169) Demgegenüber versucht sich

Komparatives und divinatorisches Verfahren

der Interpret bei der divinatorischen Methode in den Autor zu verwandeln, um dadurch das Individuelle unmittelbar zu erfassen. Die Leistung des komparativen Verfahrens besteht daher im Vergleich von objektiven Fakten, während die Leistung des divinatorischen Verfahrens darin besteht, über objektive Fakten hinaus intuitiv eine Wissenslücke zu schließen und eine Tatsache oder auch die Eigentümlichkeit eines Autors zu erahnen.

Kombinationsmöglichkeiten

Auch wenn das divinatorische Verfahren vorwiegend mit der psychologischen Methode kombiniert wird, um die Besonderheit eines Autors zu erfassen, steht es auch in Zusammenhang mit der grammatischen Methode, etwa wenn bestimmte Fakten fehlen und Informationslücken geschlossen werden müssen. Umgekehrt wird das komparative Verfahren vorwiegend mit der grammatischen Methode verbunden, um auf Basis der Sprachkenntnis und der mit dieser gegebenen sicheren Bezugs- und Vergleichspunkte im Dienst eines besseren Verstehens vergleichend voranzuschreiten. Allerdings können auch auf der psychologischen Seite Vergleiche (etwa unter Berücksichtigung weiterer Autoren) für das Verständnis der Eigenart eines Autors bisweilen hilfreich sein.

Positive Formel

Die vollständige positive Formel für die hermeneutische Aufgabe, die die gegenseitige Durchdringung und Ergänzung der vier Momente sprechend zum Ausdruck bringt, lautet daher: „das geschichtliche [...] *und* divinatorische (profetische) objektive *und* subjektive Nachkonstruieren der gegebenen Rede." (Schleiermacher 1995, S. 93)

Schleiermacher-Rezeption

In der neueren Forschung besteht weitgehend Übereinstimmung darin, dass die grammatische und die psychologische Seite der Auslegung prinzipiell gleichwertig sind und dass als Kernthese Schleiermachers die Vermittlung zwischen dem individuellen Sprachgebrauch eines Autors und einer bestehenden Sprache herauszuheben ist, die aus seinem spezifischen Verständnis der Rede resultiert (vgl. Scholz 1999; Schneider 2004). Im Vergleich mit der bisherigen Hermeneutik erhält die Autorindividualität bei Schleiermacher jedoch trotz dieser Zusammengehörigkeit der beiden Seiten ein größeres Gewicht als bisher. Insgesamt wird bei Schleiermacher deutlich, wie wichtig es ist, das Verständnis von Texten durch die Einsicht in ihre Genese und deren Eigenarten zu erhellen. Nicht zuletzt aufgrund der einflussreichen Schleiermacherdeutung von Hans-Georg Gadamer entstand allerdings auch ein verzerrtes Bild von ihm, da Gadamer den Akzent allzu deutlich auf die psychologische Seite legte und Schleiermacher im Zuge dessen zu Unrecht als ‚Einfühlungshermeneutiker' etikettiert wurde (vgl. Gadamer 1986a, S. 191).

7.3 Die Rede besser verstehen als ihr Urheber

In der bekannten Wendung, „die Rede zuerst ebenso gut und dann besser zu verstehen als ihr Urheber" (Schleiermacher 1995, S. 94), kommt Schleiermachers hermeneutische Grundforderung prägnant zum Ausdruck. In verschiedenen Varianten findet sich diese Forderung in allen Texten Schleiermachers zur Hermeneutik. Die Wendung hat eine Vorgeschichte und ist, wie der Wissenschaftler Otto Friedrich Bollnow herausgearbeitet hat, vor Schleiermacher bereits bei anderen Philosophen wie Immanuel Kant, Johann Gottlieb Fichte (1762–1814) und Friedrich Schlegel (1772–1829) zu finden (vgl. Bollnow 1982).

Hermeneutische Grundforderung

Nimmt man die zwei Aufgaben ernst, die in dieser Formulierung stecken, geht es im ersten Schritt der hermeneutischen Arbeit für den Interpreten darum, sich dem Autor gleichzustellen. Der Interpret darf demnach seine eigenen zeitgebundenen Bedingungen und Bedingtheiten nicht von außen an den Autor herantragen, sondern muss sich sowohl bezüglich der objektiven, sprachlichen als auch der subjektiven, psychologischen Seite auf die historische Situation des Autors ‚einlassen'. Im nächsten Schritt soll der Interpret sich dann bemühen, über diese Gleichstellung mit dem Autor hinauszugehen und die Bedeutung, Spracheigentümlichkeit und Einzigartigkeit der Schrift zu enthüllen. Der Interpret versucht dabei eine „explizite Rekonstruktion des Kompositionsprozesses" (Jung 2001, S. 65) vorzunehmen, um in dieser Explikation das implizite Wissen des Textes zum Vorschein treten zu lassen:

Zwei Aufgaben

> „Denn weil wir keine unmittelbare Kenntnis dessen haben, was in ihm ist, so müssen wir vieles zum Bewußtsein zu bringen suchen, was ihm [dem Autor] unbewußt bleiben kann, außer sofern er selbst reflektierend sein eigener Leser wird. Auf der objektiven Seite hat er auch hier keine andern Data als wir." (Schleiermacher 1995, S. 94)

Während sich der Interpret (vor der Anwendung der Kunst des Verstehens) auf der grammatisch-objektiven Seite durch die Kenntnis der Sprache des Autors diesem gleichzustellen versucht, bemüht sich der Interpret auf der psychologisch-subjektiven Seite, diese Gleichsetzung mit dem Verfasser durch die Kenntnis seines inneren und äußeren Lebens zu gewinnen. Dabei gibt Schleiermacher vor, dass sich die biografischen Kenntnisse des Autors bzw. Urhebers der Rede, also seines Charakters und seiner historischen Lebensumstände, letztlich ebenso wie sein persönlicher Sprachschatz nur aus den Schriften des Urhebers selbst gewinnen lassen:

Rolle des Interpreten

> *„Der Sprachschatz und die Geschichte des Zeitalters eines Verfassers verhalten sich wie das Ganze, aus welchem seine Schriften als das Einzelne müssen verstanden werden, und jenes wieder aus ihm."* (Schleiermacher 1995, S. 95)

In diesem Aufweis der Bezogenheit von Teil und Ganzem – Schleiermacher spricht von einem „scheinbaren Kreise" – liegt ein Verweis auf den sogenannten hermeneutischen Zirkel. Versucht man ihn im Sinne Schleiermachers zu kennzeichnen, lässt er sich als eine offene Spirale beschreiben, die das sich allmählich herausbildende bessere Verstehen veranschaulichen soll. Die Zirkularität zwischen Teil und Ganzem und Ganzem und Teil, die sich sowohl auf der grammatischen als auch auf der psychologischen Seite des Verstehensprozesses findet, ist Teil des sich spiralförmig vertiefenden Verstehens und dient der Erfüllung der hermeneutischen Grundforderung: den Autor besser zu verstehen.

Hermeneutischer Zirkel

Der Interpret, der sich der hermeneutischen Grundforderung stellt, den Autor zuerst ebenso gut und dann besser zu verstehen, als dieser sich selbst verstanden hat, kommt mit seiner hermeneutischen Arbeit an kein endgültiges Ende. Er kann nämlich beständig neue Gesichtspunkte an das zu Interpretierende herantragen und es aus neuen Perspektiven betrachten, kann sich dem Werk also immer wieder in anderen Bezügen und Bezugnahmen annähern. Die Forderung des Besserverstehens bleibt für ihn daher als unerreichbares Ziel bestehen und funktioniert somit zugleich als Triebfeder dafür, sich der Schleiermacher zufolge unendlichen Aufgabe des Verstehens mit ständiger Begeisterung zu stellen.

Ricœurs Kritik

Insbesondere der Philosoph Paul Ricœur hat im 20. Jahrhundert an Schleiermachers Fokussierung auf die Autorintention Kritik geübt und stärker die Wirkung betont, die das Gelesene auf den Rezipienten besitzt. Während es für Schleiermacher darum ging, den Autor zuerst ebenso gut und dann besser zu verstehen, als er sich selbst verstanden hat, machte Ricœur demgegenüber geltend, dass die Interpretation eines Textes für den Leser zugleich einen Prozess der Selbstverständigung darstellt. Bei der Aneignung des Textes besteht nach ihm nämlich die Möglichkeit, dass der Leser sich „besser versteht, anders versteht oder überhaupt erst zu verstehen beginnt." (Ricœur 2005, S. 99; → KAPITEL 12.2)

Fragen und Anregungen

- Welche Intentionen verbindet Schleiermacher mit einer Überwindung der Spezialhermeneutiken?

- Überlegen Sie, wie sich die „laxere Praxis in der Kunst" von der „strengeren Praxis" abheben lässt. Welche vertritt Schleiermacher?

- Wie lassen sich die grammatische und die psychologische Seite der Auslegung kennzeichnen? In welchem Verhältnis stehen diese zueinander?

- Erläutern und problematisieren Sie Schleiermachers hermeneutische Grundforderung, „die Rede zuerst ebenso gut und dann besser zu verstehen als ihr Urheber".

- Was beschreibt der Begriff des hermeneutischen Zirkels bei Schleiermacher?

Lektüreempfehlungen

- Friedrich Schleiermacher: **Kurze Darstellung des theologischen Studiums zum Behuf einleitender Vorlesungen,** herausgegeben von Heinrich Scholz (Reprint der Ausgabe Leipzig 1910), 4. Auflage, Darmstadt 1977. — *Quellen*

- Friedrich Schleiermacher: **Ueber den Begriff der Hermeneutik, mit Bezug auf F. A. Wolfs Andeutungen und Asts Lehrbuch,** in: Friedrich Schleiermacher, Hermeneutik und Kritik, herausgeben und eingeleitet von Manfred Frank, 6. Auflage, Frankfurt a. M. 1995, S. 309–346.

- Friedrich Schleiermacher: **Hermeneutik und Kritik,** herausgeben. und eingeleitet von Manfred Frank, 6. Auflage, Frankfurt a. M. 1995.

- Hendrik Birus: **Zwischen den Zeiten. Friedrich Schleiermacher als Klassiker der neuzeitlichen Hermeneutik,** in: ders. (Hg.), Hermeneutische Positionen. Schleiermacher, Dilthey, Heidegger, Gadamer, Göttingen 1982, 15–58. *Prägnante Darstellung der Hermeneutik Schleiermachers, die Schleiermachers Leistung in ihren Stärken und Grenzen herausarbeitet.* — *Forschung*

- Manfred Frank: Das individuelle Allgemeine. Textstrukturierung und -interpretation nach Schleiermacher, Frankfurt a. M. 1977. *Klassische Gesamtinterpretation Schleiermachers.*

- Wolfgang H. Pleger: Schleiermachers Philosophie, Berlin / New York 1988. *Vermittelt einen gelungenen Überblick über die gesamte Philosophie Schleiermachers.*

- Harald Schnur: Schleiermachers Hermeneutik und ihre Vorgeschichte im 18. Jahrhundert. Studien zur Bibelauslegung, zu Hamann, Herder und F. Schlegel, Stuttgart/Weimar 1994. *Gibt einen gelungenen Einblick in Schleiermachers Bedeutung der Hermeneutik angesichts ihrer Vorgeschichte.*

- Joachim Wach: Das Verstehen. Grundzüge einer Geschichte der hermeneutischen Theorie im 19. Jahrhundert, 3 Bände in einem Band, Hildesheim u. a. 1984. *Umfangreiches Standardwerk, das im ersten Band neben Schleiermachers Lehre auch seine Vorläufer (Friedrich Ast und Friedrich A. Wolf) vorstellt.*

- Reiner Wiehl: Schleiermachers Hermeneutik – Ihre Bedeutung für die Philologie in Theorie und Praxis, in: Philologie und Hermeneutik im 19. Jahrhundert. Zur Geschichte und Methodologie der Geisteswissenschaften, herausgeben von Hellmut Flashar u. a., Göttingen 1979, S. 32–67. *Sehr gute knappe Darstellung.*

8 Diltheys Grundlegung der Geisteswissenschaften

Abbildung 11: Henri Matisse: *Der Tanz* (*La Danse*, 1910)

In dem farbenfrohen Gemälde von Henri Matisse „Der Tanz" (1910) sind fünf nackte Tänzerinnen in einem Reigen miteinander verbunden. Voller Anmut und Grazie bilden sie einen ovalen Kreis auf einem grünen Hügel und scheinen völlig in dem freien Spiel ihrer Bewegungen aufzugehen. Der Tanz ist eine der elementaren Ausdrucksformen des menschlichen Körpers, durch den der Mensch in ausgezeichneter Weise seinen Emotionen Ausdruck verleihen kann. Auch der Philosoph Wilhelm Dilthey (1833–1911) schenkt den menschlichen Ausdrucksmöglichkeiten eine besondere Beachtung. In ihnen zeigt sich nach Dilthey menschliches Erleben. Darum können Tanz und andere Ausdrucksformen auch zum Gegenstand eines Verstehensprozesses werden, obwohl oder gerade weil der Interpret keinen unmittelbaren Zugang zur menschlichen Seele hat.

Wilhelm Dilthey gilt neben Friedrich Nietzsche und Georg Simmel als wichtiger Vertreter der sogenannten Lebensphilosophie, eine philosophische Strömung, die im 19. Jahrhundert nach Sinn, Ziel und Wert des Lebens fragt. Darüber hinaus lässt er sich aber auch als Hermeneutiker bezeichnen. Diese Einschätzung, die sich spätestens durch Hans-Georg Gadamers einflussreicher Schrift *Wahrheit und Methode* (1960) etabliert, bedarf jedoch einer genaueren Betrachtung, da Dilthey keine größere in sich geschlossene Untersuchung zur Hermeneutik vorgelegt hat. Allerdings hat er sich in seiner bekannten Schleiermacher-Deutung selbst als Hermeneutiker ausgezeichnet, und nicht zuletzt in seinem Spätwerk im Zuge seines Bemühens um eine „Grundlegung der Geisteswissenschaften" hermeneutische Grundeinsichten formuliert, die größere Wirkung entfalten konnten. Komprimiert kommen diese in dem triadischen Zusammenhang von Erleben, Ausdruck und Verstehen sowie in Diltheys Unterscheidung zwischen den „elementaren" und den „höheren Formen des Verstehens" zum Ausdruck. Außerdem finden sie sich in seiner eigenwilligen Deutung der Hermeneutik-Geschichte, in der er einen „gesetzmäßigen Gang" zu erkennen glaubt.

8.1 **„Gesetzmäßiger Gang" der Hermeneutik**
8.2 **Erleben, Ausdruck und Verstehen**
8.3 **Formen des Verstehens**

8.1 „Gesetzmäßiger Gang" der Hermeneutik

Wilhelm Diltheys Vortrag mit dem Titel *Die Entstehung der Hermeneutik* aus dem Jahre 1900 hat nachfolgende Philosophen stark beeinflusst. Er basiert auf einer umfangreichen Preisschrift zur Geschichte der protestantischen Hermeneutik, die Dilthey 40 Jahre zuvor verfasst, aber nicht veröffentlicht hat. Der Vortrag ist in zweierlei Hinsicht von Bedeutung: Zum einen artikuliert er Diltheys souveräne und eigenwillige Deutung der Geschichte der Hermeneutik. Zum anderen gewährt der Text erstmals einen Einblick in Diltheys hermeneutische Konzeption, insofern er in Anknüpfung an Friedrich Schleiermacher (1768–1834) das Verständnis des Begriffs „Verstehen" darlegt und die Hermeneutik im Rahmen seiner Grundlegung der Geisteswissenschaften betrachtet.

Wie der Titel *Die Entstehung der Hermeneutik* bereits anzeigt, hat sich Dilthey zufolge die Hermeneutik in einem allmählich voranschreitenden Entwicklungsprozess herausgebildet. Unter Hermeneutik versteht er dabei primär die allgemeine Hermeneutik Schleiermachers (→ KAPITEL 7), die für ihn innerhalb der Geschichte der Hermeneutik den bisherigen Höhepunkt bildet, der nur noch von seiner eigenen universalen Konzeption des Verstehens überschritten wird. Die Geschichte der Hermeneutik birgt dabei laut Dilthey bereits von Anfang an die zielgenaue Ausrichtung auf eine hermeneutische Wissenschaft als Endpunkt in sich und ihr Verlauf dient wiederum dazu, dieses ihr immanente *Telos* (griechisch für Ziel) zu erreichen.

Entwicklung der Hermeneutik

Die Hauptintention Diltheys besteht nun darin, diesen „gesetzmäßigen Gang an der Geschichte der Hermeneutik" nachzuweisen (Dilthey 1982, S. 320); dabei analysiert er die einzelnen Etappen innerhalb der Geschichte der Hermeneutik als notwendige Vorstufen auf dem Weg zum Ziel einer philosophischen Hermeneutik, in der dann schließlich in einer transzendentalphilosophischen Perspektive Möglichkeiten und Grenzen allgemeingültiger Erkenntnis in den Geisteswissenschaften untersucht werden sollen.

Gesetzmäßiger Gang

Diltheys Auffassung nach ist die schrittweise und kontinuierliche Entwicklung der Hermeneutik seit der Antike mit der experimentellen Befragung der Natur in den Naturwissenschaften vergleichbar (vgl. Jung 1996, S. 50f.). Diese mit Diltheys Deutung der Geschichte einhergehende Orientierung am Fortschrittsdenken der Naturwissenschaften ist wahrscheinlich dem Anliegen der damaligen Geisteswissenschaft geschuldet, sich gegen den Erfolg der Naturwissenschaften zu behaupten. Sie ist jedoch insofern fragwürdig, als bis heute unge-

Geistes- und Naturwissenschaften

klärt ist, ob und inwiefern Geschichte überhaupt nach Gesetzen stetig voranschreitet.

Reduziert man Diltheys Interpretation der Geschichte der Hermeneutik auf das Wesentliche, kann man nach ihm nun folgende Gesetzmäßigkeit aufspüren:

„Wie aus dem Bedürfnis tiefen und allgemeingültigen Verstehens philologische Virtuosität entstand, hieraus Regelgebung, Ordnung der Regeln unter ein Ziel, welches durch die Lage der Wissenschaft in einer gegebenen Zeit näher bestimmt wurde, bis dann schließlich in der Analyse des Verstehens der sichere Ausgangspunkt für die Regelgebung gefunden wurde." (Dilthey 1982, S. 320)

Beginn der Hermeneutik

Hermeneutik in der von Dilthey aufgewiesenen Entwicklung begann als kunstmäßige Auslegung der Dichter und ihrer Regelgebung in der griechischen Antike. Dilthey zufolge ermöglichte der sich zu jener Zeit herausbildende Gegensatz zwischen der sogenannten alexandrinischen und der pergamenischen Philologie, der sich an der Frage nach dem Primat der allegorischen oder der grammatisch-historischen Interpretation (→ KAPITEL 3) festmachen lässt, die Enstehung des methodischen Bewusstseins über das richtige Verfahren der Interpretation. Die Auseinandersetzung zwischen diesen beiden Grundpositionen einer eher allegorisch bzw. wörtlich orientierten Textauslegung findet sich im 4. und 5. Jahrhundert auch im jüdisch-christlichen Zusammenhang wieder. Dabei stand der alexandrinischen Theologenschule, welche die allegorische Lesart vertrat, die auf den wörtlichen Sinn der biblischen Schriften achtende antiochenische Exegetenschule gegenüber. Insgesamt konnten so bei Philon (→ KAPITEL 3.1), Origines (→ KAPITEL 3.2), Augustinus (→ KAPITEL 4), dem in vierten Jahrhundert in Antiochien lebenden Bischof Diodoros von Tarsus und seinem Schüler Theodoros die „ersten durchgeführten hermeneutischen Theorien" entstehen (Dilthey 1982, S. 323).

Die wirkliche Konstituierung der Hermeneutik gelang nach Dilthey aber erst Matthias Flacius Illyricus in seiner Schrift *Clavis scripturae sacrae* (1567; *Schlüssel zur Heiligen Schrift,* Teilabdruck 1968), da in dieser erstmals der prinzipielle Gesichtspunkt formuliert wurde, dass ein allgemeingültiges Textverständnis ein kunstmäßiges Interpretationsverfahren erfordere (→ KAPITEL 5). Im Anschluss an Flacius kam

Hermeneutik in der Aufklärung

in der Aufklärung dann Georg Friedrich Meiers *Versuch einer allgemeinen Auslegungskunst* (1757) das Verdienst zu, die Hermeneutik im Rahmen einer Zeichenkonzeption, die den gesamten Bereich der sprachlichen und natürlichen Zeichen umfasst, als eine allgemeine Auslegungskunst etabliert zu haben (→ KAPITEL 6). Von dieser aus wurden dann die klassischen und biblischen Spezialhermeneutiken als Anwendungen derselben verstanden.

Mit Friedrich Schleiermacher erreichte die Hermeneutik nach Dilthey schließlich den Höhepunkt ihrer gesetzmäßigen Entwicklung. Schleiermacher blieb nämlich nicht bei den Regeln zur richtigen Auslegung stehen, sondern ging gleichsam hinter diese zurück, um in der Analyse des Verstehens selbst den sicheren Ausgangspunkt für die Regelgebung zu finden. Daher schreibt Dilthey:

Schleiermachers allgemeine Hermeneutik

„Die Hermeneutik war bis dahin im besten Falle ein Gebäude von Regeln gewesen, dessen Teile, die einzelnen Regeln, durch den Zweck einer allgemeingültigen Interpretation zusammengehalten wurden. [...] Hinter diese Regeln ging nun Schleiermacher zurück auf die Analysis des Verstehens, also auf die Erkenntnis dieser Zweckhandlung selber, und aus dieser Erkenntnis leitete er die Möglichkeit allgemeingültiger Auslegung, deren Hilfsmittel, Grenzen und Regeln ab." (Dilthey 1982, S. 327)

Analysis des Verstehens

Wie bereits erwähnt, ist Diltheys Vortrag über die Entstehung der Hermeneutik nicht nur aus historiografischer Perspektive von Bedeutung. Sein Text gewährt zudem erstmals auch in systematischer Hinsicht einen Einblick in Diltheys eigenes Projekt: die Begründung der Geisteswissenschaften. Ein Vorhaben, das auch als Reaktion auf den Umstand zu begreifen ist, dass die Naturwissenschaften den Geisteswissenschaften am Ende des 19. Jahrhunderts den Rang abgelaufen hatten, und letzteren ein klar definierter Zuständigkeitsbereich fehlte. Diltheys Erläuterung des Verstehens-Begriffs diente in diesem Zusammenhang dazu, kenntlich zu machen, welche Funktion der Hermeneutik in dem Projekt einer Grundlegung der Geisteswissenschaften zukam.

Ausgehend von der fundamentalen Einsicht, dass uns fremdes Dasein immer nur von außen zugänglich und der Mensch auf (äußere) Sinnestatsachen wie z. B. Mimik, Gestik, Laute und Handlungen seines Gegenübers angewiesen ist, um auf dessen Inneres schließen zu können, weist Dilthey darauf hin, dass bereits im einfachen sozialen Miteinander der Vorgang des Verstehens stattfindet. In diesem bildet man auf der Basis der sinnlich gegebenen Zeichen die ganz anders geartete Individualität seines Gesprächspartners nach, ergänzt also in einem Prozess der „Nachbildung" (Dilthey 1982, S. 330) das Innere der fremden Individualität aufgrund der von außen gegebenen Sinnestatsachen (vgl. Anz 1982, S. 78ff.). Dieser Vorgang lässt sich auch an der eigenen Person entdecken. Sprechend kommt er in der Wendung ‚ich verstehe nicht, wie ich das tun konnte' zum Ausdruck: Die

„Nachbildung"

eigene Handlung steht dem Menschen in der Sinnenwelt wie ein Fremdkörper gegenüber; das gelegentliche Unverständnis des eigenen Tuns zeigt darum die Möglichkeit der misslingenden Nachbildung an.

Vor diesem Hintergrund bestimmt Dilthey in einer ersten Annäherung das Verstehen als „den Vorgang, in welchem wir aus sinnlich gegebenen Zeichen ein Psychisches, dessen Äußerung sie sind, erkennen." (Dilthey 1982, S. 318) Fasst man das Verstehen nun als derartige Nachbildung von menschlichen Lebensäußerungen, so reicht der Gegenstandsbereich verstehender Prozesse äußerst weit:

Gegenstandsbereich des Verstehens

„von dem Auffassen kindlichen Lallens bis zu dem des Hamlet oder der Vernunftkritik. Aus Steinen, Marmor, musikalisch geformten Tönen, aus Gebärden, Worten und Schrift, aus Handlungen, wirtschaftlichen Ordnungen und Verfassungen spricht derselbe menschliche Geist zu uns und bedarf der Auslegung." (Dilthey 1982, S. 318f.)

Je nach Interesse, mit dem sich der Mensch einem solchen Auslegungsgegenstand nähert, vertieft oder vermindert sich das Verständnis. Hat der Mensch beispielsweise lediglich ein eingeschränktes Interesse an seinem Gesprächspartner, wird er dem Gespräch nur ungeduldig folgen und kaum darauf bedacht sein, in das Innere seines Gegenübers vorzudringen. Verstehen, das von der Intensität des Interesses abhängig ist, weist daher auch verschiedene Grade auf. Will man nun einen „kontrollierbaren Grad von Objektivität" erreichen und den Verstehensprozess in einen „kunstmäßigen Vorgang" einmünden lassen, ist die Fixierung der Lebensäußerung wichtig. Diese erlaubt es nämlich, sich immer wieder der Äußerung verstehend zuzuwenden und sich dadurch zugleich des eigenen Verstehens zu vergewissern. So hat die Auslegung oder Interpretation als das „kunstmäßige Verstehen von dauernd fixierten Lebensäußerungen" in der Schrift ihren Mittelpunkt, da „in der Sprache allein das menschliche Innere seinen vollständigen, erschöpfenden und objektiv verständlichen Ausdruck findet." (Dilthey 1982, S. 319)

Grade des Verstehens

Die Hermeneutik wird als „Kunstlehre der Auslegung von Schriftdenkmalen" bestimmt, bei der das Verstehen Allgemeingültigkeit erreichen kann. Innerhalb der Grundlegung der Geisteswissenschaften weist Dilthey ihr anschließend eine zentrale Aufgabe zu:

Grundlegung der Geisteswissenschaften

„Aufgenommen in den Zusammenhang von Erkenntnistheorie, Logik und Methodenlehre der Geisteswissenschaften, wird diese Lehre von der Interpretation ein wichtiges Verbindungsglied zwischen der Philosophie und den geschichtlichen Wissenschaften, ein Hauptbestandteil der Grundlegung der Geisteswissenschaften." (Dilthey 1982, S. 331)

Hermeneutik hat die Aufgabe, auf dem Feld der Geschichte und der Geisteswissenschaften eine theoretische Begründung der Allgemeingültigkeit der Interpretation zu leisten, von der aus wiederum allererst die Sicherheit der historischen und geisteswissenschaftlichen Erkenntnisse abgleitet werden kann.

Problematisch an Diltheys Konzeption ist sicherlich, dass die bei Friedrich Schleiermacher, dem Klassischen Philologen August Boeckh (1785–1867) und dem Historiker Johann G. Droysen (1808–84) entfaltete hermeneutische Kritik unberücksichtigt bleibt, die untrennbar mit der Hermeneutik als Überprüfung der Auslegung(en) selbst verbunden ist. Die Hermeneutik wird dadurch zwar integraler Bestandteil in einer Grundlegung der Geisteswissenschaften, allerdings werden ihr der Tendenz nach gewissermaßen die Inhalte entzogen, Relevanz kommt ihr bei Dilthey nämlich primär in transzendentalphilosophischer Perspektive zu, bezogen auf die prinzipielle Frage nach der Gewissheit und Gegebenheit der Erlebnisse. Durch Dilthey richtet sich der Blick in der Geschichte der Hermeneutik nun endgültig auf die Bedingungen des Verstehens, wodurch der Weg zu Martin Heideggers Denken eingeschlagen ist, dem es in fundamentalontologischer Perspektive um eine „Hermeneutik des Daseins" gehen wird (→ KAPITEL 9).

Bedingungen des Verstehens

8.2 Erleben, Ausdruck und Verstehen

Wilhelm Dilthey bemühte sich lebenslang darum, das Verstehen zur erkenntnistheoretischen Basis der „geschichtlich-gesellschaftlichen Welt" zu machen. Diesem Projekt einer Grundlegung der Geisteswissenschaften gab er in deutlicher Absetzung zu Immanuel Kants *Kritik der reinen Vernunft* (1787 als zweite veränderte Auflage des Erstdruck von 1781) den Titel *Kritik der historischen Vernunft*. Von diesem unvollendet gebliebenen Projekt ist der erste überwiegend historisch orientierte Teil 1883 unter dem Titel *Einleitung in die Geisteswissenschaften* erschienen, während der systematisch konzipierte zweite Band von Dilthey selbst nicht in Druck gegeben wurde. Daneben ist in diesem Kontext auch seine späte Schrift von 1910 *Der Aufbau der geschichtlichen Welt in den Geisteswissenschaften* von zentraler Bedeutung. Sie leistet eine Zusammenstellung seiner letzten Manuskripte und bildet den Dreh- und Angelpunkt für die übliche Einschätzung

Abgrenzung zu Kant

Diltheys als eines „hermeneutischen Philosophen" (vgl. Pöggeler 1994).

Die Kennzeichnung des sich in diesen Schriften äußernden Verstehens-Begriffs lässt sich im Zusammenhang mit Diltheys Abgrenzung der Geistes- von den Naturwissenschaften vornehmen. Das Verstehen ist für ihn nämlich Inbegriff des spezifischen Erkenntnisverfahrens der Geisteswissenschaften, während er das spezifische Verfahren der Naturwissenschaften als Erklären bestimmt. Treffend formuliert wird diese Unterscheidung geistes- und naturwissenschaftlichen Forschens in Diltheys bekanntem Satz: „Die Natur erklären wir, das Seelenleben verstehen wir" (Dilthey 1982, S. 144).

Erklären – Verstehen

Auch wenn Dilthey davon überzeugt ist, dass es sich bei der Unterscheidung von Erklären und Verstehen um eine grundsätzliche Gegenüberstellung handelt, wobei das Verstehen die Geisteswissenschaften und das Erklären die Naturwissenschaften auszeichnet, berücksichtigt er auch Erklärungen auf geisteswissenschaftlichem Feld. Ihnen kommt jedoch eine verhältnismäßig eher untergeordnete Bedeutung zu, wie Dilthey im Gegensatz zu vielen seiner Zeitgenossen betont. Nimmt man heute diese Dichotomie in den Blick, stellt sich die Frage, ob das Primat des Verstehens nicht durch ein dialektisches oder komplementäres Verstehen-Erklären-Modell modifiziert werden müsste, das explizit beide Seiten aufeinander bezieht oder in sich vereinigt, deren Anteil je nach Untersuchungsgegenstand, aber auch je nach Geisteswissenschaft zu variieren hat (vgl. Habermas 1971a, S. 71ff.; Apel 1985; Ricœur 2005, S. 86ff.; → KAPITEL 11.2, 12.1).

Erweiterung der Konzeption

Während der frühe Dilthey, z. B. in seinem Vortrag zur Geschichte der Hermeneutik (→ KAPITEL 8.1), beim Erleben ansetzte und dieses als Grundlage für das Verstehen anderer Menschen und ihrer Schöpfungen ansah, wodurch die Tendenz einer psychologistischen Engführung gegeben war, erweiterte der späte Dilthey seine Konzeption, indem er über das individuelle Erleben hinaus den „Ausdruck" als zentralen Begriff menschlicher Schöpfungen berücksichtigte. Auf diese Weise geht die methodologisch originäre Struktur der Geisteswissenschaften im Spätwerk über die zweiteilige Erleben-Verstehen-Konzeption hinaus und findet nun ihre prägnante Bezeichnung in der Trias: Erleben (Leben), Ausdruck und Verstehen (vgl. Palmer 1969, S. 106ff.).

Verstehen

Man kann zunächst negativ formulieren, dass es Dilthey beim geisteswissenschaftlichem Verstehen nicht nur um eine rein „psychologische" Erkenntnis geht, die das seelische Innere des Menschen zu erfassen versucht. Denn im Verstehen tut sich „gegenüber der Subjektivität des Erlebnisses die Objektivierung des Lebens auf". Das Verstehen versucht demnach zwar die eigenen oder eine andere Individualität zu begreifen, allerdings wendet es sich hierfür dem Ausdruck zu, in dem sich diese Individualität als Objektivität manifestiert. Das Verstehen ist dergestalt das Nacherleben eines Ausdrucks bzw. einer Lebensäußerung, um von diesem aus einen anderen Geist erfassen zu können:

> „Kurz, es ist der Vorgang des Verstehens, durch den Leben über sich selbst in seinen Tiefen aufgeklärt wird, und andererseits verstehen wir uns selber und andere nur, indem wir unser erlebtes Leben hineintragen in jede Art von Ausdruck eigenen und fremden Lebens." (Dilthey 1958, S. 87)

Dilthey knüpft hier unausgesprochen an den italienischen Philosophen Giambattista Vico an (1668–1744) und an dessen Axiom, also Grundsatz, *verum et factum convertuntur* (lateinisch für „Wahres und Geschaffenes sind austauschbar"; vgl. Fellmann 1976). Nach dem Vico-Axiom kann der Mensch die Hervorbringungen des Geistes verstehen, weil er sie selbst geschaffen hat. Während die Natur, der Gegenstand der Naturwissenschaften, eine Wirklichkeit darstellt, die unabhängig vom Wirken des Geistes besteht, gehört zum Gegenstandsbereich der Geisteswissenschaften all dasjenige, dem der menschliche Geist wirkend sein Gepräge gegeben hat und das durch geistiges Tun entstanden ist (vgl. Dilthey 1958, S. 147f.). Wendet sich der Mensch darum verstehend den von ihm geschaffenen Ausdrucksformen zu, die von einem Buch über eine Lebensgeschichte bis hin zu Kunst, Philosophie und Geschichte reichen, erkennt er sich darin selbst und erweitert und vertieft sein Bewusstsein.

Vico-Axiom

Der Weg des Verstehens verläuft demnach von außen nach innen. Er setzt bei einem Ausdruck an, den man mit Dilthey auch als eine Lebensäußerung bezeichnen kann, und wendet sich von diesem aus in Richtung einer „Selbstbesinnung" einem Geist zu, der sich in den Ausdrücken fixiert hat (vgl. Hufnagel 1982, S. 180ff.). Das Verstehen intendiert demnach das Erfassen eines Inneren, das – wie das „innere Wort" in der stoisch-augustinischen Lehre – dem Äußeren vorausgeht. Dazu beschreitet es den ‚Umweg' über das Äußere eines gleichsam fest gewordenen Ausdrucks, auf den es sich bei der Auslegung bezieht. So ist das Verstehen der Objektivationen des Seelenlebens ein Verstehen, bei dem die Beziehung des Äußeren zum Inneren stets mitgegeben ist.

Ausdruck

Hier wird Diltheys Ausgang von den „Tatsachen des Bewusstseins" sichtbar, demzufolge alles, was da ist, ein Phänomen im Bewusstsein bzw. im Erleben des Lebens ist. Im sogenannten „Satz der Phänomenalität" tritt diese untrennbare und unaufhebbare Bezogenheit der Wirklichkeit auf das Bewusstsein zutage:

> „Satz der Phänomenalität"

„jeder Gegenstand so gut als jedes Gefühl ist als Tatsache des Bewußtseins gegeben, kürzer: ist Tatsache des Bewußtseins. Dies schließt ein, daß allem und jedem, welches ich so in mir erlebe, Existenz zugeschrieben wird. Und zwar ist die Sicherheit, mit welcher hier Dasein behauptet wird, unmittelbar in dem Grade, den sie für mich überhaupt haben kann, da. Dieses Wissen ist nicht nur unmittelbar, sondern unauflöslich. So schreibt demnach der Satz der Phänomenalität allem, was für mich da ist, gleichviel ob es als Gegenstand oder Person oder Gefühl oder Idee da ist, implicite Existenz zu, nämlich die einer Tatsache des Bewußtseins; und folgerecht schließt dieser Satz ein unermeßliches Reich von Realität auf". (Dilthey 1928, S. 61)

> Erleben

Das Erleben einer Sache ist demnach mit dem jeder Wissenschaft vorausgehenden und ihr zugrunde liegenden Faktum eines Seins im Bewusstsein verbunden. Daher lässt sich das Erleben nicht auf eine erkenntnistheoretische Seite reduzieren, umfasst es doch auch die kognitive, emotionale und volitive (auf den Willen bezogene) Dimension des Menschen, die aufs engste mit seiner leiblichen Dimension verbunden sind.

> Wirkungsgeschichte

Blickt man auf die Wirkungsgeschichte Diltheys, erkennt man in dem Rückgang auf das menschliche Erleben und in der Frage nach der Möglichkeit wissenschaftlich-objektiven Verständnisses auch heute noch aktuelle Probleme. So lässt sich die Wirkung Diltheys – unabhängig davon, ob seine Überlegungen kritisch oder affirmativ betrachtet werden – nicht nur in der Philosophie (u. a. Georg Misch, Martin Heidegger, Paul Ricœur, Jürgen Habermas), sondern auch in der Germanistik (u. a. Friedrich Gundolf, Herman August Korff, Emil Staiger, Peter Szondi), der Theologie (u. a. Karl Holl und Rudolf Bultmann) und der Pädagogik (u. a. Eduard Spranger, Hermann Nohl und Otto-Friedrich Bollnow) aufzeigen (vgl. Zöckler 1975ff.).

8.3 Formen des Verstehens

In dem posthum veröffentlichtem Text *Das Verstehen anderer Personen und ihrer Lebensäußerungen*, der zumindest teilweise die Vorlage für den gleichnamigen 1910 gehaltenen Vortrag an der preußischen Akademie der Wissenschaften gewesen ist (vgl. Dilthey 1968, S. 205–220), nimmt Dilthey eine Unterscheidung zwischen „elementaren" und „höheren Formen des Verstehens" vor. Diese Unterscheidung wird von einer Klassifizierung unterschiedlicher „Lebensäußerungen" flankiert, auf die der Verstehensprozess jeweils gerichtet ist (Dilthey 1968, S. 205f.).

„Lebensäußerungen" werden von Dilthey auch hier als „Ausdruck eines Geistigen" bestimmt, welche dem Verstehenden die Möglichkeit eröffnen, dieses Geistige zu erkennen. Nimmt man sie summarisch in den Blick, können drei Klassen von Lebensäußerungen voneinander abgehoben werden:

1. die Klasse der Begriffe, Urteile und größeren Denkgebilde;
2. die Klasse der Handlungen;
3. die Klasse der Erlebnisausdrücke.

Drei Klassen von Lebensäußerungen

Die Lebensäußerungen der ersten Klasse, zu denen Begriffe, Urteile und größere Denkgebilde gehören, sind als „Bestandteile der Wissenschaft" dadurch bestimmt, dass sie unabhängig von den variablen Bedingungen ihres Auftretens, wie dem Zeitpunkt der Äußerung und der artikulierenden Person, Gültigkeit beanspruchen. Als ein Beispiel für Lebensäußerungen dieser Klasse lässt sich mit Dilthey der *Satz der Identität* anführen, dessen Urteil dasselbe bleibt, unabhängig davon, wer es zu welcher Zeit ausspricht. Das Verstehen, das hier ausschließlich auf den sich selbst gleich bleibenden Denkinhalt bezogen und weitestgehend von den „Besonderheiten des Lebens, aus denen es hervorgegangen ist", unabhängig ist, hat aufgrund der fehlenden Hinweise auf die Besonderheiten des Lebens größere Vollständigkeit bzw. Gültigkeit als es bei den anderen Lebensäußerungen möglich ist (vgl. Dilthey 1968, S. 205f.).

Begriffe, Urteile, Denkgebilde

Die zweite Klasse, die Handlungen, macht es erforderlich, die äußeren konkreten Umstände, die das aktuelle Seelenleben eines Handelnden beeinflussen, und den spezifischen Lebenszusammenhang, den jeder Mensch im Blick auf die Geschichte seines Lebens bildet, voneinander zu trennen. Denn in jeder Handlung spricht sich jeweils nur ein Teil des Wesens eines Handelnden aus und andere Möglichkeiten, die ihm ebenfalls zugehören, werden durch sie beseitigt. Auch wenn das Verstehen in diesem Fall keine umfassende Bestimmung des Inneren geben kann, aus dem eine Handlung hervorgegangen ist, vermag es doch zumindest wahrscheinliche Aussagen über dieses Innere zu machen.

Handlungen

Der dritten Klasse von Lebensäußerungen, den Erlebnisausdrücken, kommt eine ausgezeichnete Bedeutung zu, da sie eine besondere Beziehung zum Leben, aus dem sie hervorgehen, und dem Verstehen, das sie erwirken, aufweist. Ein Erlebnisausdruck lässt nämlich mehr vom

Erlebnisausdrücke

seelischen Zusammenhang sichtbar werden, als jede Introspektion gewahren kann (vgl. Dilthey 1968, S. 207). Dabei erlangt ein Erlebnisausdruck in den Geisteswissenschaften eine umso höhere Bedeutung, je deutlicher er sich von lebenspraktischen Zwängen und Interessen, aber auch von kurzlebigen Standpunktänderungen entfernt. Es entsteht dann nämlich ein wahrhaft großes Kunstwerk, das unabhängig vom Autor eine geistige Welt eröffnet: „Wahrhaftig in sich, steht es fixiert, sichtbar, dauernd da, und damit wird ein kunstmäßiges sicheres Verstehen desselben möglich." (Dilthey 1968, S. 207)

Beim Verstehen nimmt Dilthey eine Unterscheidung zwischen „elementaren" und „höheren Formen des Verstehens" vor. Elementare Formen des Verstehens, unter denen Dilthey die Deutung einer einzelnen Lebensäußerung versteht, können im Umgang des praktischen Lebens ausfindig gemacht werden. So kann z. B. ein Gesichtsausdruck als Freude oder Schmerz gedeutet werden, und auch ein elementarer Akt wie das Schneiden von Brot beinhaltet einen auslegbaren Zweck. Hier kann Martin Heideggers hermeneutische Phänomenologie des Daseins anknüpfen, die vom elementaren Verstehen in der Lebenswelt ausgeht (→ KAPITEL 9).

> **Elementare Formen des Verstehens**

> **Höhere Formen des Verstehens**

Der Übergang von den elementaren zu den höheren Formen des Verstehens geschieht dort, wo das richtige Verständnis einer vormals vertrauten Lebensäußerung unsicher wird. Das eigentlich gesicherte Verhältnis zwischen Lebensäußerung – Tränen – und dem Innerem – Trauer – gerät ins Wanken, wenn eine Person Tränen lacht. Um die Bedeutung jener Lebensäußerung neu erfassen zu können, werden daher vergleichend andere Lebensäußerungen oder auch der gesamte Lebenszusammenhang berücksichtigt. Auch sind höhere Verstehensformen notwendig, wenn man den Charakter und die Fähigkeiten eines einzelnen Menschen erfassen will. Schließlich sind höhere Formen des Verstehens auch beim Verständnis geistiger Schöpfungen vonnöten. Der gemeinsame Charakter dieser höheren Verstehensformen liegt darin, dass sie versuchen, „aus gegebenen Äußerungen in einem Schluß der Induktion den Zusammenhang eines Ganzen zum Verständnis [zu] bringen", wobei mit diesem Ganzen sowohl ein Werk, eine Person als auch ein Lebensverhältnis gemeint sein kann (Dilthey 1968, S. 292).

> **„Objektiver Geist"**

Neben der Unterscheidung der Klassen von Lebensäußerungen und den Verstehensformen ist Diltheys Kennzeichnung des „objektiven Geistes" von der späteren Hermeneutikdiskussion aufgegriffen worden. Dilthey erläutert diesen Begriff, den er in der Auseinandersetzung mit der Philosophie Georg Wilhelm Friedrich Hegels (1770–1831) entwickelt, im Kontext seiner Überlegungen zu den elementaren Verstehensformen. Der objektive Geist umfasst die „Sphäre der Gemeinsamkeit", in der der Mensch von früher Kindheit an heranwächst. Damit umfasst er nicht nur Moral, jede Art von Lebensform und Stil des Lebens, sondern auch Familie, bürgerliche Gesellschaft, Staat, Recht, Kunst, Wissenschaft und Philosophie (vgl. Dilthey 1968, S. 151 und S. 208). Diese Welt des objektiven Geistes bildet die Bedingungen heraus, unter denen Verstehen überhaupt möglich ist und vollzogen wird:

> „Aus dieser Welt des objektiven Geistes empfängt von der ersten Kindheit ab unser Selbst seine Nahrung. Sie ist auch das Medium, in welchem sich das Verständnis anderer Personen und ihrer Lebensäußerungen vollzieht. Denn alles, worin sich der Geist objektiviert hat, enthält ein dem Ich und dem Du Gemeinsames in sich." (Dilthey 1968, S. 209)

Mit der Welt des objektiven Geistes als der „Sphäre der Gemeinsamkeit" war für die Hermeneutik eine Betrachtungsweise gewonnen, die untersucht, unter welchen Bedingungen elementares Verstehen überhaupt möglich ist. Hier sind es vor allem die Philosophen Erich Rothacker, Theodor Litt und Hans Freyer, die Diltheys Gedanken im 20. Jahrhundert weiterführten, indem sie in je spezifischer Weise eine Theorie des objektiven Geistes im Kontext einer Erörterung der Logik und Systematik der Geisteswissenschaften vorlegten (vgl. Rothacker 1920, 1927, 1954; Litt 1948, 1959; Freyer 1923).

„Sphäre der Gemeinsamkeit"

Fragen und Anregungen

- Erläutern Sie Diltheys These vom „gesetzmäßigen Gang" in der Geschichte der Hermeneutik.

- Legen Sie die Funktion dar, die die Hermeneutik in Diltheys „Grundlegung der Geisteswissenschaften" erhält.

- Überlegen Sie, wie der innere Zusammenhang zwischen dem Erleben, dem Ausdruck und dem Verstehen beschrieben werden kann.

- Heben Sie die elementaren und die höheren Formen des Verstehens voneinander ab. In welchem Verhältnis stehen die Formen des Verstehens zu den drei Klassen von Lebensäußerungen?

- Erläutern Sie die Bedeutung, die Diltheys Bestimmung des objektiven Geistes für das Verstehen hat.

Lektüreempfehlungen

Quellen
- Wilhelm Dilthey: Der Aufbau der geschichtlichen Welt in den Geisteswissenschaften, Gesammelte Schriften Band 7, 5. Auflage, Stuttgart/Göttingen 1968.

- Wilhelm Dilthey: Die geistige Welt. Einleitung in die Philosophie des Lebens. Erste Hälfte: Abhandlungen zur Grundlegung der Geisteswissenschaften, Gesammelte Schriften Band. 5, 7. Auflage, Stuttgart/Göttingen 1982.

Forschung
- Otto-Friedrich Bollnow: Dilthey. Eine Einführung in seine Philosophie, 4. Auflage, Schaffhausen 1980. *Klassiker der frühen Diltheyforschung, der den „Kern" von Diltheys Denken, d. i. die „Analyse des Lebens und der ihn ihm enthaltenen allgemeinen Grundverhältnisse" herausgearbeitet hat.*

- Erwin Hufnagel: Wilhelm Dilthey: Hermeneutik als Grundlegung der Geisteswissenschaften, in: Ulrich Nassen (Hg.), Klassiker der Hermeneutik, Paderborn u. a. 1982, S. 173–206. *Gute Einführung in Diltheys hermeneutische Position mit dem Akzent auf einer Analyse der für Dilthey „Grundlegung der Geisteswissenschaften" zentralen Arbeiten.*

- Hans-Ulrich Lessing: Die Idee einer Kritik der historischen Vernunft. Wilhelm Diltheys erkenntnistheoretisch-logisch-methodologische Grundlegung der Geisteswissenschaften, Freiburg/München 1984. *Legt fundiert Struktur und leitende Philosopheme von Diltheys Begründung der Geisteswissenschaften frei.*

- Frithjof Rodi/Hans-Ulrich Lessing (Hg.): Materialien zur Philosophie Wilhelm Diltheys, Frankfurt a. M. 1984. *Gewährt aus unterschiedlichen Forschungsperspektiven Einblick in Diltheys Denken.*

- Manfred Riedel: Verstehen oder Erklären? Zur Theorie und Geschichte der hermeneutischen Wissenschaften, Stuttgart 1987. *Legt äußerst kenntnisreich die Bedeutung Diltheys für die Grundlagen einer Theorie der hermeneutischen Wissenschaften dar.*

- Johannes Rütsche: Das Leben aus der Schrift verstehen. Wilhelm Diltheys Hermeneutik, Bern 1999. *Detaillierte Untersuchung der Hermeneutik Diltheys.*

9 Heideggers Hermeneutik des Daseins

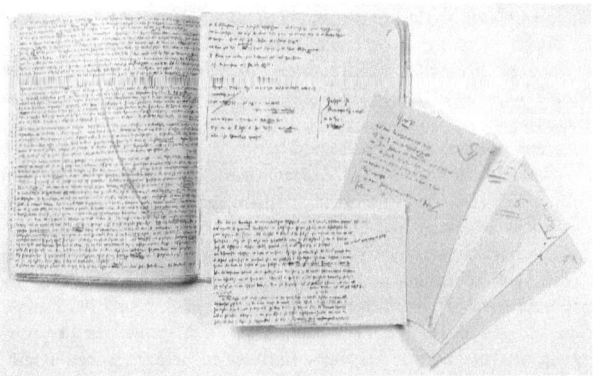

Abbildung 12: Martin Heidegger: Manuskriptseiten seines Hauptwerks *Sein und Zeit* (1927)

Die Manuskriptseiten fügen sich zu Martin Heideggers Hauptwerk „Sein und Zeit" (1927) zusammen. In diesem finden sich Überlegungen, die für die Hermeneutik von zentraler Bedeutung sind. Die weltweite Wirkung dieses Buches ist enorm und quer durch alle philosophischen Strömungen des 20. Jahrhunderts zu finden. Sie erstreckt sich von dem Existenzialismus eines Jean-Paul Sartre, der Existenzialtheologie Rudolf Bultmanns, der Phänomenologie Maurice Merleau-Pontys bis zu Strukturalismus, Poststrukturalismus, Dekonstruktivismus und Postmoderne. Die für die Hermeneutik grundlegende Untersuchung von Hans-Georg Gadamer „Wahrheit und Methode" (1960) ist ohne „Sein und Zeit" ebenso wenig vorstellbar wie die Hermeneutik des „narrativen Selbst" bei Paul Ricœur. Dieser Einfluss ist umso erstaunlicher, als „Sein und Zeit" Fragment geblieben ist und Heidegger es seinen Lesern mit seiner eigensinnigen, häufig auf die Etymologie achtenden Sprachverwendungen, dem ungewöhnlichen Sprachduktus und neuen Wortschöpfungen alles andere als leicht macht.

Martin Heideggers (1889–1976) Denken ist für die Hermeneutik von größter Relevanz, da er sie in eine Beziehung zum Menschen in seiner Alltäglichkeit gesetzt hat. Hermeneutik ist nach Heidegger keine näher zu charakterisierende Kunstlehre, der es um die Auslegung von Reden, von schriftlichen Äußerungen oder von Fixierungen dieser oder jener Art (z. B. Kunstwerken) geht und der die Kritik flankierend zur Seite gestellt ist. Die Hermeneutik soll sich stattdessen der Auslegung des menschlichen Lebens und seiner ursprünglichen Handlungs- und Lebensvollzüge zuwenden, und das heißt, es soll ihr um die Freilegung des je eigenen „Daseins" gehen, das der Mensch ist. Bei dieser Freilegung, so Heidegger, werden der „Sinn von Sein" und die Grundstrukturen des menschlichen Seins erkennbar, und es wird sichtbar, dass der Mensch, bevor er sich dessen bewusst wird, bei jedem Lebensvollzug immer schon verstehend ist. Auf diese Weise wurde die Hermeneutik Anfang des 20. Jahrhunderts auf einer fundamentalontologischen Betrachtungsebene zu einer „Hermeneutik des Daseins".

9.1 **Befindlichkeit und Verstehen**
9.2 **Die Auslegung**
9.3 **Sinn und Aufgabe der Hermeneutik**

9.1 Befindlichkeit und Verstehen

Die Gedanken, die Martin Heidegger in seinem Frühwerk zur Hermeneutik formuliert hat, lassen sich insbesondere unter Rückgriff auf die Paragrafen 7, 29–34 und 44 in *Sein und Zeit* darlegen. In diesen wird in gedrängter Form sowohl Heideggers Abkehr von der Tradition als auch seine eigene hermeneutische Position sichtbar, mit der die Hermeneutik eine ontologische, also seinsbezogene Wendung zum Menschen als Dasein vollzieht. Von zentraler Bedeutung sind hier seine Ausführungen zur phänomenologischen Methode seiner Untersuchung (§ 7), seine Gedanken zur „Befindlichkeit" (§§ 29–31) und zum „Verstehen" (§ 32), aber auch zur „Auslegung" (§§ 32/33). Seine Überlegungen zur „Rede" (§ 34) und zur „Wahrheit" haben in der Forschung primär Eingang in die Sprachphilosophie, die Logik und die Erkenntnistheorie gefunden und deutlicher als bei anderen Philosophen zu einer Polarisierung geführt, bei der sich Kritiker und Befürworter gegenüberstehen (vgl. Tugendhat 1970, 1976; Gethmann 1974).

Im Hintergrund seiner Position steht seine Kritik an der Deutung des Menschen als einem erkennenden Subjekt, das sich den ausgedehnten Gegenständen der Welt gegenüber sieht und diese als Objekte zu erfassen versucht. In dieser seit der neuzeitlichen Philosophie gängigen Auffassung vom Subjekt, die Heidegger in *Sein und Zeit* primär mit dem im 17. Jahrhundert lebenden Philosophen und Naturwissenschaftler René Descartes verbindet, wird der Mensch in seiner erkenntnistheoretischen Gegenstellung zur Welt in den Blick genommen. In der Dichotomie (hier Mensch – dort Welt; hier denkendes Subjekt der Erkenntnis – dort ausgedehnte Welt als Objekt der Erkenntnis) versucht der Mensch durch ein vergegenständlichendes, vorstellendes und verobjektivierendes Denken, sich selbst und die Welt zu erkennen. Das denkende Subjekt erhält in dieser cartesischen Ausdeutung der Wirklichkeit als *res cogitans* (lateinisch: denkendes Ding) das erkenntnistheoretische Primat. Es wird sogar als unerschütterliches Fundament der Wahrheit angesehen, das dem Menschen ein unmittelbar gewisses und unbezweifelbares Wissen von sich selbst gewährt, demgegenüber das mittelbare Wissen von der Außenwelt nur nachgeordnet ist (vgl. Descartes 1960, S. 53).

Subjekt-Objekt-Trennung

Descartes-Bezug

Martin Heidegger macht deutlich, dass diese cartesische Gegenüberstellung von Erkenntnissubjekt und Erkenntnisobjekt und die mit ihr einhergehende Vergegenständlichung der Welt und der ausgedehnten Dinge unangemessen sind. Sie übersieht nämlich die Seinsweise, in der sich der Mensch üblicherweise bewegt und die von Heidegger als

Alltäglichkeit „durchschnittliche Alltäglichkeit" bezeichnet wird. Dieser Seinsmodus, von dem seine existenziale Analytik ausgeht, ist der Zustand, in dem sich der Mensch „zunächst" und „zumeist" zeigt. Heideggers Hermeneutik der Alltäglichkeit liegt daher folgende Auffassung zugrunde: Bevor der Mensch explizit eine theoretische Erkenntnishaltung einnimmt, geht er bereits praktisch mit der Welt um. Das heißt, dass jeder ausdrücklichen Vergegenständlichung der Welt im Erkennen bereits ein unmittelbares Vertrautsein des Menschen mit der Welt vorausgeht. So ist der Mensch in seinen unmittelbaren Lebens- und Handlungsvollzügen immer schon in der Welt unterwegs und kann nur auf dieser Grundlage zu einem aus der Alltäglichkeit abgeleiteten und nachrangigen Erkennen gelangen (vgl. Heidegger 1984, S. 54).

Subjekt-Objekt-Beziehung Aus Heideggers Sicht greift daher die Konzeption eines sich seiner selbst unmittelbar gewissen Subjektes zu kurz, das sich ohne Welt und von den anderen Mitmenschen isoliert gegeben ist (vgl. Heidegger 1984, S. 116). Heidegger zufolge hat der Mensch nämlich bereits vor jeder Verobjektivierung einen unmittelbaren Bezug zum Anderen (dem Mitmenschen), zur Umwelt und auch zu sich selbst, und zwar unabhängig davon:

- ob der Andere mir konkret gegenüber sitzt oder mir auf irgendeine andere Art und Weise wirklich begegnet,
- ob ich mich explizit auf einen oder mehrere Gegenstände der Umwelt beziehe,
- ob ich diese oder jene Stimmung, Einstellung und Haltung oder diesen oder jenen Gedanken meiner selbst bewusst thematisiere.

Denn bevor wir uns dieser Bezüge bewusst sind und diese ausdrücklich benennen können, sind wir in einem ursprünglichen Sinne bereits auf den Mitmenschen hin ausgerichtet, gehen wir mit den Dingen um oder verhalten uns zu uns selbst.

Mensch als Dasein In Abgrenzung zur erkenntnistheoretischen Deutung des Menschen als Subjekt versteht Heidegger den Menschen terminologisch als „Dasein". Achtet man auf die beiden Bestandteile, die in dem Wort untrennbar miteinander verbunden sind, nämlich „Da-" und „-sein", wird hier bereits das wechselweise Zusammengehören von Mensch und Sein angezeigt. Denn im Unterschied zu allem einzelnen Seienden, was räumlich und zeitlich vorzufinden ist, wie beispielsweise der Stein, der Stuhl oder dieses Buch, und auch im Unterschied zu Pflanzen und Tieren, kommt der Mensch nicht einfach nur unter anderem Seienden vor. Vielmehr ist er sich z. B. fraglich und rätselhaft, er ist erstaunt und verwundert über sich selbst. Er bewegt sich dabei immer schon in einem Seinsverständnis, wobei das Sein als der unthematisierte (Verstehens-)Horizont stets präsent ist. Denn bereits mit der Frage danach, was Sein ‚ist', „halten wir uns in einem Verständnis des ‚ist', ohne daß wir begrifflich fixieren könnten, was das ‚ist' bedeutet" (Heidegger 1984, S. 5).

Hierin zeigt sich, dass der Mensch immer schon in einem Seinsverständnis lebt, und zwar unabhängig davon, ob sich der Mensch dessen bewusst ist oder nicht. Den Menschen als Dasein zu bezeichnen, bedeutet für Heidegger darum, den Menschen als „in irgendeiner Weise und Ausdrücklichkeit in seinem Sein" zu verstehen, was gleichbedeutend damit ist, dass ihm sein Sein stets „erschlossen" ist: „*Erschlossenheit aber ist die Grundart des Daseins, gemäß der es sein Da ist.*" (Heidegger 1984, S. 220) Heidegger zufolge sind Befindlichkeit, Verstehen und Rede konstitutive Momente, durch die der Mensch immer schon einen Bezug zur Welt hat und das Dasein als Erschlossenheit zugänglich ist.

„Erschlossenheit"

Die „Befindlichkeit" ist eine mit dem Dasein untrennbar verbundene Strukturbestimmung, ein Existenzial. Sie bringt zum Ausdruck, dass der Mensch, insofern er „da" ist, immer schon gestimmt ist. So kann er freudig oder traurig gestimmt sein, voller Angst oder Langeweile sein. Auch eine scheinbar nüchterne oder gleichgültige Haltung, die Heidegger als „oft anhaltende, ebenmäßige und fahle Ungestimmtheit" charakterisiert, lässt sich mit ihm als eine Stimmung bezeichnen. Gerade in dieser scheinbaren Ungestimmtheit und Gleichgültigkeit wird sich das Dasein seiner selbst überdrüssig und es offenbart sich ihm in einer solchen Verstimmung der beschwerliche Charakter des Daseins (vgl. Heidegger 1984, S. 134f.).

„Befindlichkeit"

Hier wird deutlich, dass die Stimmung eine unmittelbar erschließende Funktion hat, insofern sich das Dasein in ihr vor jeder theoretischen Distanznahme bereits in einem ursprünglichen Sinne offenbart, „‚wie einem ist und wird'":

„In der Befindlichkeit ist das Dasein immer schon vor es selbst gebracht, es hat sich immer schon gefunden, nicht als wahrnehmendes Sich-Vorfinden, sondern als gestimmtes Sich-Befinden." (Heidegger 1984, S. 135)

Der Mensch kann sich aus dieser Sicht seinem Gestimmtsein nicht entziehen, da er, ob er es will oder nicht, immer gestimmt ist. Das darf aber nicht als ein Mangel oder Fehler angesehen werden. Ontologisch betrachtet erschließt das Gestimmtsein nämlich die „Geworfenheit" und Faktizität des Lebens. So kann dem Menschen „gerade in der gleichgültigsten und harmlosesten Alltäglichkeit" abrupt die Tatsache vor Augen geführt werden, dass er in die Welt hineinversetzt

„Geworfenheit"

– Heidegger sagt „geworfen" – ist und in ihr zu leben hat (Heidegger 1984, S. 134).

Im Unterschied zur traditionellen Auffassung wird dadurch sichtbar, dass die Erschließungsmöglichkeiten des reflektierenden Erkennens längst nicht so weit tragen wie das ursprüngliche Erschließen der Stimmungen. Kurz gesagt: Der Mensch erschließt sein Sein nicht primär durch das erkennende Bewusstsein, sondern durch die Stimmung. Auch in der neueren erkenntnistheoretischen Forschung wird häufig unter Rückgriff auf Heidegger, der in Bezug auf seine Theorie zu den Stimmungen in einer Traditionslinie mit dem christlichen Kirchenvater Aurelius Augustinus (354–430), dem französischen Naturwissenschaftler und Philosophen Blaise Pascal (1623–62) und dem Philosophen Max Scheler (1874–1928) steht, das Abgeleitete des Erkennens behauptet. Zu den jüngsten Entwicklungen gehört, dass man Stimmungen von Gefühlen unterscheidet und die erschließende Funktion von Emotionen herausarbeitet (vgl. Wolf 1999).

Neuere Forschung

Wendet man sich vor diesem Hintergrund dem Moment des Verstehens zu, ist dieses ebenso wie die Befindlichkeit als ein Existenzial zu begreifen, das gleichursprünglich mit der Befindlichkeit konstituiert wird. War das Verstehen schon in der Befindlichkeit als ein unmittelbares Erschließen aufgefasst worden, lässt es sich nun als ein gestimmtes herausheben. Heideggers existenzialer Begriff des Verstehens unterscheidet sich grundsätzlich von der epistemologischen (erkenntnistheoretischen) Verwendung dieses Begriffs, die man im 19. Jahrhundert bei dem Historiker Johann Gustav Droysen und beim Philosophen Wilhelm Dilthey (→ KAPITEL 8.2, 8.3), aber auch in eher wissenschaftsphilosophischer Perspektive bei den Neukantianern der Badischen bzw. Südwestdeutschen Schule um Wilhelm Windelband und Heinrich Rickert vorgefunden hat. Verstehen diente bei diesen Positionen – unabhängig von der jeweiligen Präzisierung – zur Kennzeichnung der spezifischen Erkenntnisart oder Methode der Geisteswissenschaften, die sich prinzipiell von der erklärenden Methode der Naturwissenschaften unterschied.

Gestimmtes Verstehen

Die Eigenart von Heideggers Position besteht nun darin, dass er gleichsam eine Ebene tiefer ansetzt. Während das Verstehen im geläufigen Verständnis der Philosophie ein vom Verstand vollzogenes theoretisches Erfassen von Sinngebilden ist, wird es durch Heideggers Perspektive zu einem Vorverstehen, das dem theoretischen Erfassen strukturell zugrunde liegt. Verstehen bedeutet bei ihm nämlich das alltägliche „sich auf etwas verstehen", also vor allem ein Können bzw. eine Fertigkeit, die den Menschen in die Lage versetzt, mit einer

Verstehen als Vorverstehen

Sache umzugehen. Dabei hat Heidegger keine herausragenden Leistungen im Blick, sondern setzt bei alltäglichen Vollzügen an. So kann man ebenso mit einem Hammer umgehen, sich also auf ihn verstehen, wie mit einem Hockeyball oder einem Fahrrad. Man kann Dinge erledigen, etwa Papier in einen Drucker einlegen oder das Geschirr abwaschen. In all diesen praktischen Fertigkeiten gehen wir verstehend mit Dingen um und zeigen, dass wir uns mit ihnen auskennen. In der Forschung hat das hieraus resultierende Verhältnis zwischen verstehendem Handeln und theoretischem Erkennen, das alles andere als unproblematisch ist, immer wieder zu Kontroversen geführt (vgl. Prauss 1976; Gethmann 1993).

Heideggers existenzialer Begriff des Verstehens ist nicht nur mit dem Können, sondern auch mit der „Möglichkeit" untrennbar verbunden. „Dasein ist je das, was es sein kann und wie es seine Möglichkeit ist." (Heidegger 1984, S. 143) Der Mensch ist also ein Möglichkeitswesen; er ist in seinem Gestimmtsein in je bestimmte Möglichkeiten hineingeraten, die sich ihm im Verstehen so oder so zu sein erschließen. Das Verstehen ist folglich ein Erschließen, und zwar ein Erschließen, bei dem dem Menschen sein eigenes Möglichsein durchsichtig ist.

„Möglichkeit"

Heidegger macht von hier aus den „Entwurfscharakter des Verstehens" sichtbar:

Entwurf

> „Das Entwerfen hat nichts zu tun mit einem Sichverhalten zu einem ausgedachten Plan, gemäß dem das Dasein sein Sein einrichtet, sondern als Dasein hat es sich je schon entworfen und ist, solange es ist, entwerfend." (Heidegger 1984, S. 145)

Das Dasein entwirft sich dergestalt auf seine Möglichkeiten hin, ohne dieses Entworfene explizit zu thematisieren. Denn das Verstehen ist als ein Entwerfen keine nachträgliche Reflexion über die Entwürfe, sondern die Seinsart des Daseins, in der es, wie Heidegger betont, seine Möglichkeiten als Möglichkeiten ist.

Je nachdem, ob das Verstehen aus dem eigenen Selbst entspringt oder aber sich von der Welt her begreift, kann man ein „eigentliches" Verstehen von einem „uneigentlichen" Verstehen unterscheiden. Im Gegensatz zum eigentlichen Verstehen versteht sich das Dasein im uneigentlichen Verstehen aus der Welt heraus. Das bedeutet jedoch nicht, dass es sich, bildlich gesagt, selbst den Rücken zukehrt und nur noch die Welt versteht. Denn Dasein ist als „In-der-Welt-sein" kein Subjekt, das der Welt draußen als ihrem Objekt gegenübersteht, es ist vielmehr immer schon mit der Welt vertraut (vgl. Heidegger 1984, S. 54).

„Eigentliches" und „uneigentliches" Verstehen

Nimmt man mit Heidegger das Verstehen als Entwurf in den Blick, lässt sich das Verstehen selbst auch als „Sicht" bestimmen. Dabei unterscheidet er drei Sichtweisen, die mit den wesentlichen Bezügen einhergehen, die der Mensch erstens zu seinen Mitmenschen, zweitens zu den Gegenständen der Umwelt und drittens auch zu sich selbst hat:

- In der „Umsicht" ist die Sicht des Daseins auf Gegenstände und Dinge („Zeug") in der Umwelt bezogen (vgl. Heidegger 1984, S. 66f.),
- in der „Rücksicht" und „Nachsicht" auf den oder die Mitmenschen (vgl. Heidegger 1984, S. 113f.),
- in der „Durchsichtigkeit" auf die Existenz (vgl. Heidegger 1984, S. 148f.).

So lässt sich mit Heidegger das alltägliche Verstehen als die Seinsweise des Menschen begreifen, die in all seinen Lebens- und Handlungsvollzügen als „Vor-Struktur" unmerklich am Werk ist.

9.2 Die Auslegung

Während beim Verstehen als einem – wie es Heidegger definiert – Vorverstehen das Verstandene, nämlich die Möglichkeit(en) als das Woraufhin des Entwurfs, selbst nicht thematisch erfasst wird, bestimmt Heidegger nun die „Auslegung" als das thematisierende Verstehen. In der Auslegung „eignet sich das Verstehen sein Verstandenes verstehend zu", weshalb die Auslegung auch als „Ausbildung des Verstehens" bezeichnet werden kann (vgl. Heidegger 1984, S. 148). So verhilft die Auslegung dem nicht thematischen Verstehen dazu, durch sich selbst verstanden und dadurch gewissermaßen vor und zu sich selbst geführt zu werden. Denn die Auslegung ist keine objektive oder nachträgliche Vergegenständlichung des zuvor Verstandenen, sondern die im Verstehen bereits angelegte, aber nun an ihr Ende geführte Durchsichtigkeit des Daseins.

Um die Tragweite dieses originären Verständnisses von Auslegung vor Augen zu führen, analysiert Heidegger die Auslegung am Beispiel des Verstehens der Welt. Im Zuge dieser Analyse kommt er zu der zentralen Behauptung, dass in der Auslegung das explizit, also thematisch Verstandene „die Struktur des *Etwas als Etwas*" hat. Das bedeutet, dass das Verstandene immer schon so zugänglich ist, dass an ihm nun durch die Auslegung ausdrücklich sein „als was" herausgehoben werden kann. So kann beim „umsichtig Zuhandenen", wie z. B. dem Hammer, dem Stuhl und auch dem Glas, jeweils das Wozu angegeben werden: Der Hammer ist zum Einschlagen von Nägeln, der Stuhl zum Sitzen, das Glas zum Trinken. Wird die Auslegung daher als Ausbildung des Verstehens aufgefasst, geschieht dies am „Leitfaden des ‚Etwas als etwas'" (Heidegger 1984, S. 149).

Fasst man mit Heidegger das explizite Verstehen als Auslegung auf, in dem das Eigentümliche die Als-Struktur ist, lässt sich dieses ursprüngliche Als der verstehenden Auslegung als das „existenzial-hermeneutische ‚Als'" bestimmen. Will man beispielsweise mit einem Hammer einen Nagel in die Wand schlagen und bemerkt dabei, dass er zu schwer ist, greift man – wie selbstverständlich – nach einem anderen leichteren Hammer. Hier liegt also der

    „ursprüngliche Vollzug der Auslegung [...] nicht in einem theoretischen Aussagesatz, sondern im umsichtig-besorgenden Weglegen bzw. Wechseln des ungeeigneten Werkzeuges, ‚ohne dabei ein Wort zu verlieren'," (Heidegger 1984, S. 157)

Aus dieser Sicht wird in der verstehenden Auslegung zwar das Verstehen ausgebildet, allerdings bewegt es sich mit der Vor-Struktur des Verstehens auf einer elementaren Ebene, von der her die Aussage als ein sekundärer Modus der Auslegung angesehen werden kann.

Hermeneutisches Als

Wendet man sich dem Als in einem Aussagesatz zu, kann dieses als das „apophantische ‚Als'" gekennzeichnet werden. In der Aussage, die auf der verstehenden Auslegung beruht, löst man ein Ding bzw. eine Sache aus seinem Bewandtniszusammenhang und fällt über dieses sein Urteil. Man sagt dann z. B.: Dieser Hammer ist zu schwer, und legt ihn vermutlich rasch beiseite. Auf diese Weise wird der Hammer, der zunächst „zuhanden" ist und dem Menschen für eine Verwendung zur Verfügung steht, zum Gegenstand einer Aussage und damit zu etwas bloß „Vorhandenem". Das hermeneutische Als, das mit einem „schlichte[n] Sehen der nächsten Dinge im Zutunhaben mit" einhergeht, sinkt dergestalt beim apophantischen Als auf die Ebene einer Vorhandenheitsbestimmung herab (Heidegger 1984, S. 149).

Apophantisches Als

Heideggers Unterscheidung zwischen dem hermeneutischen und dem apophantischen Als hat in der Forschung zu einer lebhaften Diskussion geführt. Umstritten ist, ob und inwiefern sich die verstehende Auslegung des schlichten Sehens, die am Leitfaden des hermeneutischen Als geschieht, in einer Dimension vor der Sprache bewegt, oder ob hier bereits eine Dimension des Sprachlichen vorhanden ist, in der jedoch andere Weisen des Sprechens wirken als in den grundlegenden Formen der Aussagen (also der sogenannten prädikativen Aussagen) und durch die der umsichtige Umgang mit etwas ‚artikuliert' wird (vgl. u. a. Dreyfus 1980, 1991; Lafont 1994).

9.3 Sinn und Aufgabe der Hermeneutik

Will man Sinn und Aufgabe der Hermeneutik rekonstruieren, wie sie Martin Heidegger in seinem Frühwerk bestimmt, bietet sich als Textgrundlage neben *Sein und Zeit* eine Vorlesung Heideggers aus dem Jahre 1923 an, die den Titel *Ontologie (Hermeneutik der Faktizität)* trägt.

Traditioneller Begriff

Heidegger unterscheidet in der genannten Vorlesung sein Verständnis von Hermeneutik von dem traditionellen Begriff. Aus seiner Sicht besteht der traditionelle Sinn der Hermeneutik darin, „Lehre von den Bedingungen, dem Gegenstand, den Mitteln der Mitteilung und praktischen Anwendung der Auslegung" (Heidegger 1988, S. 13) zu sein. Die traditionelle Hermeneutik erweist sich dergestalt als Inbegriff einer Lehre *von* der Auslegung. Sie ist die Lehre vom Verstehen und Auslegen von Texten, allgemeiner gefasst, von Sinngebilden, zu denen Kunstwerke ebenso gehören wie Gesten und Handlungen.

Heidegger setzt sich explizit von der Hermeneutik in diesem traditionellen Sinne ab. Für ihn ist Hermeneutik aufs engste mit dem Menschen verbunden, den er terminologisch als Dasein fasst. Denn Hermeneutik hat die Aufgabe, dem Menschen das je eigene Dasein zugänglich zu machen und ihn sein Selbstverständnis, also wie er sein Sein versteht, entfalten zu lassen. So bildet sich in der Hermeneutik für den Menschen „eine Möglichkeit aus, für sich selbst *verstehend* zu werden und zu sein" (vgl. Heidegger 1988, S. 15), wodurch Hermeneutik zu einer Zugangsart zum Menschen wird. Der Gegenstand der hermeneutischen Untersuchung ist für Heidegger demnach nicht dieser oder jener Mensch, sondern das je eigene Dasein, genauer gesagt, die Möglichkeit des Daseins sich selbst zu verstehen.

Zugangsart zum Menschen

Schaut man das menschliche Sein des faktischen Lebens näher an, zeichnet es sich dadurch aus, eigenste Möglichkeit seiner selbst zu sein, die sich als „Faktizität" bestimmen lässt. Hermeneutik hat die Aufgabe, den Menschen in dieser Faktizität zu erfassen und sein Seins- und Selbstverständnis zur Entfaltung zu bringen. Eine solche Hermeneutik der Faktizität ist Ontologie, insofern sie ein auf das Sein als solches gerichtetes Fragen und Bestimmen ist (vgl. Heidegger 1988, S. 1). Befragt wird aber nicht dieses oder jenes Seiende (Ding, Pflanze, Tier), sondern ein ausgezeichnetes Seiendes, nämlich der Mensch als Dasein in seiner je konkreten Faktizität.

Ontologie

Präzisieren und vertiefen lässt sich dieses Verständnis unter Rückgriff auf Heideggers Ausführungen in *Sein und Zeit*. Die zentralen

Aussagen finden sich dabei im siebten Paragrafen von *Sein und Zeit*, dem sogenannten Methodenparagrafen, in dem Martin Heidegger Sinn und Aufgabe der Hermeneutik bestimmt.

Wichtig ist, dass er der Hermeneutik nicht nur einen Sinn und eine Aufgabe zuspricht, sondern diese in dreierlei Hinsicht zu charakterisieren vermag. Mit anderen Worten: Heidegger hebt einen ursprünglichen Sinn der Hermeneutik von einem zweiten und einem dritten Sinn ab, wobei er den dritten als den in philosophischer Hinsicht primären Sinn bezeichnet. So ist für ihn Hermeneutik:

Dreifacher Sinn

1. eine Phänomenologie des Daseins,
2. die Freilegung des Horizontes jeder ontologischen Untersuchung,
3. eine Analytik der Existenz.

Bei der ersten Bestimmung der Hermeneutik als einer Phänomenologie des Daseins greift Heidegger die ursprüngliche Wortbedeutung von Hermeneutik auf, nach der sie das Geschäft der Auslegung bezeichnet. Was aber nun ausgelegt wird, ist kein äußeres Objekt, also kein Buch, kein Kunstwerk, kein historisches Geschehen oder irgendein anderes Sinngebilde. Stattdessen wird in der fundamentalontologischen Betrachtungsweise Heideggers nach dem Menschen und seinem mit ihm untrennbar verbundenen Seinsverständnis gefragt, durch das ihm der „Sinn von Sein", den er in der Zeitlichkeit aufweist, und seine Grundstrukturen, die Heidegger Existenzialien nennt, sichtbar werden. Ausgelegt wird daher das Sein des Menschen selbst, und zwar so, wie es sich vom Menschen her zeigt.

Phänomenologie des Daseins

Mit Heidegger lässt sich dieses ursprüngliche Verständnis von Hermeneutik folgendermaßen beschreiben:

„der methodische Sinn der phänomenologischen Deskription ist Auslegung. Der lógos der Phänomenologie des Daseins hat den Charakter des hermeneúein, durch das dem zum Dasein selbst gehörigen Seinsverständnis der eigentliche Sinn von Sein und die Grundstrukturen seines eigenen Seins *kundgegeben* werden." (Heidegger 1984, S. 37)

In Absetzung zur transzendentalen Phänomenologie seines Lehrers Edmund Husserl (1859–1938) mit dem Ideal einer eidetischen Wesenserkenntnis, die zum Wesen eines Sachverhaltes vordringen will (z. B. von der individuellen Röte einer Bluse hin zum Wesen Rot), begreift Heidegger Phänomenologie als einen Methodenbegriff. Phänomenologie soll nach Heidegger nicht zur Festlegung eines Gegenstandsfeldes mit bestimmten Forschungsgegenständen dienen, sondern das „*Wie* der Aufweisung und Behandlungsart dessen, *was* [...] abgehandelt werden soll", benennen (Heidegger 1984, S. 34f.).

Transzendentale Phänomenologie

Hermeneutische Phänomenologie

Achtet man auf die Wortbestandteile, aus denen Phänomenologie zusammengesetzt ist, nämlich aus den griechischen Wörtern *phainómenon* und *lógos*, wird diese Auffassung verständlicher. Während der Ausdruck „Phänomen" in Heideggers Bestimmung das „Sich-an-ihm-selbst-zeigende, das Offenbare" meint, also solches, was sich offen zeigt oder ans Licht gebracht werden kann, bedeutet „Logos" nicht Urteil oder Begriff, und auch nicht Vernunft. Stattdessen soll durch eine hermeneutische Phänomenologie am Logos, also der Rede, dasjenige offenbar gemacht werden, wovon in der Rede letztlich wirklich gesprochen wird. Dadurch wird es möglich, durch das traditionell verhärtete Verständnis hindurch, den eigentlichen, offenbaren Gehalt einer Sache oder eben einer Rede wieder aufzudecken.

Hier tritt ein kritischer Hermeneutikbegriff zutage (vgl. Grondin 2001, S. 25). Denn Hermeneutik kommt als Auslegung nun die Aufgabe zu, die Motive dieser Verdeckung zu destruieren und abzubauen, um mithilfe dieser Destruktion die Seinsvergessenheit in der Geschichte der abendländischen Ontologie erklären zu können. Dieser kritische Hermeneutikbegriff ist daher komplementär zur Phänomenologie, insofern Phänomenologie ihre zugangserschließende Aufgabe nur mittels der Auslegung der Verdeckung erfüllen kann.

Vor diesem Hintergrund ergibt sich ein zweiter Sinn von Hermeneutik. Hat Hermeneutik nämlich gemäß der ursprünglichen Bedeutung als das Geschäft der Auslegung die Aufgabe, den Sinn von Sein und die Grundstrukturen des Daseins, die Existenzialien, aufzudecken, legt sie dadurch zugleich den Horizont für jede weitere Erforschung frei, die über den Menschen hinausgeht. Will man Heidegger zufolge demnach das nicht daseinsmäßige Seiende, wie z. B. Pflanzen und Tiere untersuchen, nimmt man mit der Hermeneutik als einer Hermeneutik des Daseins zugleich eine Ausarbeitung der Bedingungen der Möglichkeit vor, die für jede weitere ontologische Untersuchung notwendig sind. So wird durch die Freilegung des Horizontes zugleich die theoretische Basis geschaffen, auf der jede weitere ontologische Untersuchung aufbauen kann.

Freilegung des Horizontes

In einem dritten Sinn, der für Heidegger den primären Sinn darstellt, ist Hermeneutik als Auslegung des Daseins eine „Analytik der Existenzialität der Existenz" (Heidegger 1984, S. 38). Diese Bestimmung geht von der Einsicht aus, dass der Mensch als Dasein einen ontologischen Vorrang vor allem Seienden hat. Dieser Vorrang liegt darin begründet, dass er im Unterschied zu anderem Seienden (etwa dem Stein, dem Tisch oder dem Baum) einen wesentlichen Bezug zum Sein hat, der sich als Bezug zu sich selbst, zum Mitmenschen

Analytik der Existenz

und zu nicht-menschlichem Seienden entfalten kann. Das heißt: Der Mensch *ist* nicht bloß (wie der Stein), sondern er *hat zu sein*, was Heidegger durch die Bestimmung „Zu-sein" sprachlich auszudrücken versucht. Weil das Dasein sich zu seinem Sein verhält und weil es wesentlich dieser Bezug zu sich selbst ist, kann sein Sein als Existenz gefasst werden:

> „Das Sein selbst, zu dem das Dasein sich so oder so verhalten kann und immer irgendwie verhält, nennen wir *Existenz*." (Heidegger 1984, S. 12)

Deutet Heidegger das Sein des Daseins als Existenz, bringt er damit zum Ausdruck, dass dieses Sein kein sachhaltiges Was und auch kein Wesenskern ist, sondern dass das wesentliche Bezugnehmenkönnen den Menschen als Menschen ausmacht. Hermeneutik, der es um die Analytik der Existenzialität der Existenz geht, legt dem Dasein die Grundstrukturen seines eigenen Seins offen und ermöglicht dergestalt die Selbstdurchsichtigkeit des Daseins. Von hier aus betrachtet Heidegger eine Hermeneutik, der es um die Methodologie der historischen Geisteswissenschaften geht, als eine abgeleitete Disziplin, die in seiner Analytik der Existenz wurzelt.

<small>Dasein als Existenz</small>

Überblickt man Heideggers Ausführungen zeigt sich, dass sie in die Bestimmung der Hermeneutik als einer Hermeneutik des Daseins münden, der man sich von drei Seiten aus nähern kann:

<small>Hermeneutik des Daseins</small>

- Als kritisch-destruierende Hermeneutik versucht sie durch die Verdeckungen, Verstellungen und Verschüttungen hindurch das Sein und das Dasein phänomenologisch erneut sichtbar werden zu lassen.
- Zugleich stellt die Hermeneutik in dieser (fundamental-)ontologischen Wendung (vgl. Ineichen 1991, S. 159) zum Menschen als Dasein die Grundlage einer allgemeinen Ontologie dar, die in einem zweiten Teil von *Sein und Zeit* ausgeführt werden sollte, der aber nicht erschienen ist.
- Und schließlich geht es ihr als Analytik der Existenz explizit um eine Auslegung des Seins des Daseins und das heißt um eine Analyse des menschlichen Lebens in seiner Alltäglichkeit durch die Aufdeckung der Grundstrukturen des Daseins.

In der Forschung hat man gegen Heideggers Verständnis der Hermeneutik als einer Hermeneutik des Daseins u. a. die These formuliert, dass mit ihr nun endgültig die hermeneutische Disziplin der Kritik verschwunden ist (vgl. Ineichen 1991, S. 176ff.). Zwar ist, wie dargelegt, in Heideggers Hermeneutik eine kritisch-destruierende Seite enthalten, mittels derer am Leitfaden der Seinsfrage eine Destruktion

<small>Kritik</small>

der Geschichte der abendländischen Ontologie vollzogen wurde, was wiederum – positiv gewendet – die Verdeckung freilegen sollte, allerdings geriet dadurch eine konkretere, an Texten unmittelbar ansetzende Kritik völlig aus dem Blick. In dieser konkreten Kritik soll das Ausgelegte auf seine Geltungsansprüche hin überprüft werden, und zwar unter Zuhilfenahme des Kriteriums der Richtigkeit und Falschheit der Sätze. So stellt Heideggers Hermeneutik des Daseins gewissermaßen ein „Höhepunkt dieses Zerfalls der kritischen Aufgabe der Hermeneutik dar" (Ineichen 1991, S. 177).

Fragen und Anregungen

- Was ist das Besondere an Heideggers Auffassung von der Hermeneutik?

- Legen Sie dar, wie Heidegger „Befindlichkeit" und „Verstehen" deutet.

- Worin unterscheidet sich das „hermeneutische Als" vom „apophantischen Als"?

- Der Sinn und die Aufgabe der Hermeneutik werden von Heidegger in dreifacher Weise bestimmt. Heben Sie diese unterschiedlichen Bestimmungen voneinander ab und charakterisieren Sie diese.

- Welche Konsequenzen ergeben sich aus Heideggers Wende in der Hermeneutik für die Hermeneutik selbst?

Lektüreempfehlungen

Quellen
- Martin Heidegger: Sein und Zeit, 15., an Hand der Gesamtausgabe durchgesehene Auflage mit den Randbemerkungen aus dem Handexemplar des Autors im Anhang, Tübingen 1984.

- Martin Heidegger: Ontologie (Hermeneutik der Faktizität), Gesamtausgabe, Abteilung 2: Vorlesungen, Frankfurt a. M. 1988.

Forschung
- Carl Friedrich Gethmann: Verstehen und Auslegung. Das Methodenproblem in der Philosophie Martin Heideggers, Bonn 1974.
  Umfangreiche Untersuchung, die Heideggers Denken als „Transzendentalontologie" deutet.

- Friedrich-Wilhelm von Hermann: Hermeneutische Phänomenologie des Daseins. Eine Erläuterung von „Sein und Zeit", Band I: Einleitung: Die Exposition der Frage nach dem Sinn von Sein, Frankfurt a. M. 1987. *Eine äußerst textnahe auf jedes Detail achtende Erläuterung der Einleitung von „Sein und Zeit".*

- Andreas Luckner: Martin Heidegger: „Sein und Zeit". Ein einführender Kommentar, Paderborn u. a. 1997. *Ein einführender Kommentar zu Heideggers „Sein und Zeit", der jeden Paragrafen einzeln erläutert und daher eine äußerst hilfreiche Unterstützung bei der Lektüre darstellt.*

- Otto Pöggeler: Heidegger und die hermeneutische Philosophie, Freiburg / München 1983. *Legt insbesondere dar, wie Heidegger in „Sein und Zeit" seinen Ansatz einer hermeneutischen Philosophie entfaltet.*

- Thomas Rentsch (Hg.): Martin Heidegger: Sein und Zeit, Berlin 2001. *Sehr gute und aktuelle Darstellung des Forschungsstandes mit unterschiedlichen Deutungsperspektiven zu „Sein und Zeit". Für die Hermeneutik sind vor allem die Beiträge von Jean Grondin, Christoph Demmerling und Barbara Merker relevant.*

10 Gadamers hermeneutische Ontologie

Abbildung 13: Nobert Miguletz: Besucher in einer Kunstausstellung. Fotografie (2006)

*Auf der Fotografie von Norbert Miguletz sieht man, wie Besucher einer
Ausstellung ein Kunstwerk betrachten oder in ein Gespräch vertieft
sind. Mit diesen beiden Handlungen sind wichtige Elemente im Denken von Hans-Georg Gadamer benannt. Wendet man sich nämlich der
in seinem Hauptwerk „Wahrheit und Methode" (1960) dargelegten
philosophischen Hermeneutik zu, dann können die Auseinandersetzung mit der Kunst sowie die Sprache und ihr dialogischer Charakter
als zwei große Themen seiner hermeneutischen Forschung herausgehoben werden.*

Darüber hinaus sind in diesem Werk des 1900 in Marburg geborenen und 2002 in Heidelberg verstorbenen Philosophen die beiden Motive der Geschichte und der Überlieferung von zentraler Bedeutung. Insgesamt hat Gadamer mit *Wahrheit und Methode* – wie der Untertitel bereits kenntlich macht – die „Grundzüge einer philosophischen Hermeneutik" entfaltet, die noch in der gegenwärtigen Diskussion um diese Disziplin von größter Relevanz sind. Er sah sich selbst einer humanistischen Traditionslinie folgen und berief sich bei der Entwicklung seiner Überlegungen auf die Philosophen Edmund Husserl, Wilhelm Dilthey und Martin Heidegger. Zentrale Theoriestücke seiner philosophischen Hermeneutik sind die „Rehabilitierung von Autorität und Tradition" und im Zusammenhang damit die Einsicht in die Vorurteilshaftigkeit allen Verstehens, das „Prinzip der Wirkungsgeschichte", die Aufgabe der „Horizontverschmelzung" sowie die Bedeutung der Sprache als „Medium der hermeneutischen Erfahrung" und als „Horizont einer hermeneutischen Ontologie" (Gadamer 1986a, S. 281f.).

10.1 Vorurteile als Bedingungen des Verstehens
10.2 Das Prinzip der Wirkungsgeschichte
10.3 Am Leitfaden der Sprache

10.1 Vorurteile als Bedingungen des Verstehens

Hans-Georg Gadamer konzipierte seine philosophische Hermeneutik, in der er sich immer wieder implizit oder explizit auf Friedrich Schleiermacher (→ KAPITEL 7), Edmund Husserl, Wilhelm Dilthey (→ KAPITEL 8) und Martin Heidegger (→ KAPITEL 9) berief, in ausdrücklicher Differenz zur traditionellen Hermeneutik. Diese strebt nach seiner Auffassung fälschlicherweise eine Objektivität der historischen Erkenntnis an und übersieht dabei „die subjektive Zufälligkeit des eigenen Standortes" und den Überlieferungskontext, in dem sich Vergangenheit und Gegenwart permanent vermitteln. Außerdem wandte sich Gadamer dagegen, die Hermeneutik auf eine Methodenlehre der Geisteswissenschaften zu reduzieren, da es bei der hermeneutischen Arbeit primär um die Wahrheit und nicht um die Methode ginge (vgl. Bubner 1973, S. 90). Hermeneutik ist nämlich, wie Gadamer programmatisch in der Einleitung zu *Wahrheit und Methode* schreibt, „der Versuch einer Verständigung über das, was die Geisteswissenschaften über ihr methodisches Selbstbewusstsein hinaus in Wahrheit sind und was sie mit dem Ganzen unserer Welterfahrung verbindet." (Gadamer 1986a, S. 3)

Wahrheit statt Methode

Gadamers veränderte Auffassung von der Hermeneutik macht es erforderlich, das Verstehen nicht mehr lediglich als das spezifische Verhalten eines Interpreten neben einer Vielzahl weiterer menschlicher Verhaltensmöglichkeiten zu betrachten, sondern es in einem tieferen Sinne als Seinsweise des Menschen aufzufassen. Begreift man das Verstehen in diesem Sinne als etwas, was alle menschlichen Weltbezüge begleitet und durchdringt, so lässt sich die Hermeneutik nicht auf eine Methodenlehre der Geisteswissenschaften eingrenzen. Im Zentrum von Gadamers Erkenntnisinteresse steht daher der Versuch, das „hermeneutische Phänomen in seiner vollen Tragweite sichtbar zu machen" (Gadamer 1986a, S. 3) und eine Erfahrung von Wahrheit zu ermöglichen, die dem Menschen durch die Überlieferung zugänglich ist (vgl. Figal 2006, S. 16)

Verstehen als Seinsweise

Die in dem Werk *Wahrheit und Methode* durchgeführten Untersuchungen sind in drei Teile gegliedert. Während sich der erste Teil mit der Erfahrung der Kunst und der Frage nach der Wahrheit befasst, rückt der Mittelteil das Verstehen in den Geisteswissenschaften ins Zentrum und verbindet es mit der Wahrheitsfrage. Hierbei entfaltet Gadamer die Grundzüge einer Theorie der „hermeneutischen Erfahrung" – also einer Erfahrung, die es mit der Überlieferung (als Inbegriff von Sprache) zu tun hat, in welcher sie erfasst werden soll (vgl. Gadamer 1986a, S. 363). Dabei legt er zwei ihrer zentralen Motive dar: die Vorurteilshaftigkeit allen Verstehens sowie das sogenannte „Prinzip der Wirkungsgeschichte". Der dritte Teil führt durch eine „ontologische Wendung" der hermeneutischen Fragestellung „am Leitfaden der Sprache" schließlich zu der Einsicht, dass Sprache und Sprachlichkeit die Grundverfassung von allem ist, was verstanden werden kann (vgl. Gadamer 1986a, S. 387f.).

Gadamer zufolge sieht sich die Hermeneutik mit dem Problem konfrontiert, dass sie, nachdem sie das Objektivitätsverständnis der Wissenschaft übernommen hat, nun vor die Aufgabe gestellt ist, sich von diesem zu befreien, um der Geschichtlichkeit des Verstehens gerecht werden zu können. Nach Gadamer besteht die Lösung dieses Dilemmas darin, den Begriff des ‚Vorurteils' grundsätzlich zu rehabilitieren und ihn für das verwandelte Verständnis eines historisch bedingten Verstehens fruchtbar zu machen. Dazu hat man den Begriff Vorurteil gleichsam gegen den Strich des geläufigen Verständnisses zu bürsten, um sich ihn nach seiner Diskreditierung in der Aufklärung in neuer Weise aneignen zu können. Die von Gadamer durchgeführte begriffsgeschichtliche Analyse des Wortes Vorurteil zeigt nämlich, dass das Wort seine negative Akzentuierung erst im 18. Jahrhundert durch die Aufklärung erhalten hat.

> Begriff des ‚Vorurteils'

Zu jener Zeit hatte man das Vorurteil der Autorität und des Ansehens eines Menschen von dem Vorurteil, das aus der Übereilung entspringt, unterschieden. Nach der von der Aufklärung entwickelten Lehre können wir also irrtümlichen Vorurteilen entweder durch die kritiklose Gefolgschaft angesehener Autoritäten anhängen oder dadurch, dass wir allzu rasch der in uns selbst gelegenen Übereilung erliegen. Folgt man der Aufklärung, hat man sich von beiden Arten des Vorurteils zu befreien und die Akzeptanz der Überlieferung von der Glaubwürdigkeit abhängig zu machen, die ihr die Vernunft zubilligt (vgl. Gadamer 1986a, S. 277). Denn entsprechend der aufklärerischen Tendenz gilt ausschließlich die Vernunft als höchste Autoritätsinstanz, weshalb auch alles – mit einer an den Aufklärer Immanuel Kant anknüpfenden Wendung formuliert – vor dem Richterstuhl der Vernunft zu entscheiden ist. Die Aufklärung hat daher die gesamte Überlieferung mit ihren etablierten Antworten zum Gegenstand der Kritik gemacht und hielt nur an solchem fest, was die Vernunft als ‚vorurteilslos' – oder zumindest als wahres Vorurteil – bestätigen konnte.

> Das Vorurteil in der Aufklärung

Gadamer erhebt gegen diese Pauschalforderung der Aufklärung zur Überwindung aller Vorurteile den prinzipiellen Einwand, dass

Vorurteile geradezu „*Bedingungen des Verstehens*" (Gadamer 1986a, S. 281) sind und konstitutiv zum Verstehen gehören. Zwar können sie legitim oder auch unbegründet sein, aber man kommt niemals umhin, mit Vor-Urteilen an eine Sache heranzugehen. So ist Verstehen stets von einem Vorverstehen und damit zugleich von Vorurteilen abhängig, die nicht eingeklammert oder durchgestrichen werden können, da sonst das Verstehen und auch das Auslegen unmöglich würden.

Vorurteile als „Bedingungen des Verstehens"

Nimmt man das untrennbare Zusammengehören von Vorverstehen/Vorurteilen und Verstehen ernst, dann kann es nicht Aufgabe der Hermeneutik sein, die Vorurteilsstruktur zu überwinden – ein Fehler, den aus der Sicht Gadamers etwa die romantische Hermeneutik und Friedrich Schleiermacher begangen haben, indem diese die Forderung erhoben, von den Rahmenbedingungen der eigenen Lektüre zu abstrahieren, um den Autor besser zu verstehen, als dieser sich selbst verstanden hat (→ KAPITEL 7.3). Vielmehr geht es zunächst darum, diesen inneren Strukturzusammenhang zwischen Vorverstehen und Verstehen einzusehen und anzuerkennen, um ihn dann auszuarbeiten. Gadamer versucht die „wesenhafte Vorurteilshaftigkeit allen Verstehens" unter Bezugnahme auf Martin Heideggers Auffassung vom hermeneutischen Zirkel zu verdeutlichen:

Vorverstehen – Verstehen

„Wer einen Text verstehen will, vollzieht immer ein Entwerfen. Er wirft sich einen Sinn des Ganzen voraus, sobald sich ein erster Sinn im Text zeigt. Ein solcher zeigt sich wiederum nur, weil man den Text schon mit gewissen Erwartungen auf einen bestimmten Sinn hin liest. Im Ausarbeiten eines solchen Vorentwurfs, der freilich beständig von dem her revidiert wird, was sich bei weiterem Eindringen in den Sinn ergibt, besteht das Verstehen dessen, was dasteht." (Gadamer 1986a, S. 271)

Das Verstehen eines Textes beginnt demnach damit, dass sich der Leser den ganzheitlichen Sinn eines Textes entwirft. Dieses Entwerfen ist deshalb möglich, weil der Text bereits mit bestimmten Erwartungen – mit eigenen Vorurteilen und Vormeinungen – auf einen bestimmten Sinn hin gelesen wird. In der sukzessiven Auslegung eines Textes und seiner Teile wird der Vorentwurf dann permanent erweitert und dadurch gewissermaßen einer fortwährenden Bewährungsprobe unterzogen (vgl. Gander 2007, S. 106). So liegt die ständige Aufgabe des Verstehens in der „Ausarbeitung der rechten, sachangemessenen Entwürfe, die als Entwürfe Vorwegnahmen sind, die sich ‚an den Sachen' erst bestätigen sollen" (Gadamer 1986b, S. 272). Auf diese Weise kann man zu einem Verstehen gelangen, das nicht

Entwerfen

von außen an eine Sache herangetragen wird, sondern dieser Sache im angemessenen Einlassen zu entsprechen versucht.

Gadamer zufolge geht es also darum, eine Einsicht in die eigene konstitutive Voreingenommenheit zu gewinnen und dem Text gleichzeitig die Chance zu geben, seine eigene Wahrheit gegen diese Voreingenommenheit durchsetzen zu können. Dabei stellt sich jedoch das Problem, in welcher Weise falsche von wahren Vorurteilen unterschieden werden können. Eine Möglichkeit bietet für Gadamer der sogenannte „Zeitenabstand" zwischen einem Interpreten und dem Text, weil dieser eine kritische Distanznahme eröffnet. Gehören nämlich z. B. der Interpret und das von ihm zu interpretierende Kunstwerk derselben Zeit an, fehlt durch die Unmöglichkeit des geschichtlichen Rückblicks der Abstand, der dabei helfen könnte, den eigenen Gehalt eines Kunstwerkes (oder auch eines Textes) leichter zu erfassen. So ist der Zeitenabstand für Gadamer als produktiv anzusehen, da in ihm die Indizien aufgespürt werden können, die der Geltung und Gültigkeit des Auslegungsgegenstands zu ihrem Recht verhelfen.

„Zeitenabstand"

Wenn man Vorurteile wie Gadamer als Grundlage jeglichen Verstehens begreift und die Anerkennung legitimer Vorurteile als ein Bedürfnis der endlich-geschichtlichen Seinsweise des Menschen anerkennt, dann folgt daraus die Notwendigkeit, die einst in der Aufklärung diskreditierte Tradition und Autorität zu rehabilitieren (vgl. Gadamer 1986a, S. 281). Die Anerkennung einer Autorität (z. B. einer Person), lässt sich nach Gadamer nämlich nicht auf den Akt einer Unterwerfung reduzieren, sondern hat ihren letzten Grund in der Erkenntnis, „daß der andere einem an Urteil und Einsicht überlegen ist und daß daher sein Urteil vorgeht, d. h. vor dem eigenen Urteil den Vorrang hat." (Gadamer 1986a, S. 284) Auch die Tradition lässt sich nicht vorschnell auf eine aufgezwungene „naturhafte" Bindung an Überkommenes verkürzen, Gadamer betrachtet die Bewahrung des Überlieferten vielmehr als einen freiheitlichen Akt der Vernunft.

Rehabilitierung von Autorität und Tradition

Im Rahmen seiner Hermeneutikkonzeption bietet Gadamers Rehabilitierung von Autorität und Tradition Anknüpfungspunkte zu konkreten historischen Forschungen, die sich z. B. in einer literaturtheoretischen Perspektive auf den Text (Jauß 1991) oder in einer bildtheoretischen Perspektive auf das Bild (Boehm 1978; → KAPITEL 14.2) beziehen können. Folgt man demgegenüber eher der kritischen Interpretationslinie von Jürgen Habermas und Karl-Otto Apel, wie diese unter der verknappenden Bezeichnung „Hermeneutik und Ideologiekritik" bekannt geworden ist, dann ist die Rehabilitierung des Vorurteils zu problematisieren, da sie tendenziell Gefahr läuft, den Überlieferungszusammenhang auf Kosten der kritischen Reflexion in den Vordergrund zu rücken (→ KAPITEL 12).

10.2 Das Prinzip der Wirkungsgeschichte

Innerhalb Gadamers in Grundzügen dargelegten Theorie der hermeneutischen Erfahrung sind nicht nur die Theoriestücke der Vorurteilshaftigkeit allen Verstehens und der Rehabilitierung von Autorität und Tradition von zentraler Bedeutung, sondern auch die Idee der Wirkungsgeschichte. Letztere hat den Status eines Prinzips inne, von dem aus sich Gadamers gesamte Hermeneutik, wie Jean Grondin betont, „nahezu deduzieren lässt" (Grondin 2001, S. 160; vgl. Teichert 1991).

Idee der Wirkungsgeschichte

Beim Versuch, sich Klarheit über Gadamers Verständnis der Wirkungsgeschichte zu verschaffen, ist es hilfreich, die üblichen Perspektiven, mit denen man sich aus historischem Interesse einem überlieferten Gegenstand zuwendet, voneinander abzuheben. Die eine Perspektive, die für den historischen Objektivismus leitend ist, richtet sich in einer vermeintlichen Unmittelbarkeit auf den Gegenstand, wohingegen die andere Perspektive dessen Wirken in der Geschichte thematisiert. Die daraus folgende Wirkungsgeschichte ist dann bei Gadamer durch ein besonderes Verhältnis zwischen Vergangenheit und Gegenwart gekennzeichnet, bei dem die Vergangenheit die Gegenwart durch die Wirkung ihrer Überlieferung maßgeblich beeinflusst. Die Gegenwart ist immer schon von der Wirkungsgeschichte konstitutiv bestimmt, wie umgekehrt betrachtet die Vergangenheit in der Gegenwart fortwirkt und sie durchzieht. Dem historischen Bewusstsein kommt daher die Aufgabe zu, in einer hermeneutischen Reflexion diese wirkungsgeschichtliche Verflechtung zwischen Vergangenheit und Gegenwart zu durchdringen und zu erfassen.

Verhältnis von Vergangenheit und Gegenwart

Gadamer erhebt von hier aus die Forderung, die Wirkung der Geschichte, die an allem Verstehen beteiligt ist, anzuerkennen und das historische Bewusstsein zum „wirkungsgeschichtlichen Bewußtsein" auszubilden. Diese Forderung ist allerdings in einem absoluten Sinne nicht erfüllbar, da die Geschichte niemals vollständig gewusst werden kann. So setzt sich die Macht der Geschichte im Sinne der Hegel'schen ‚List der Vernunft' auch dort durch, wo man wie im Positivismus des historischen Objektivismus die Geschichtlichkeit im Vertrauen auf die Sicherheit der Methode verleugnet und ausschließlich Tatsachen akzeptiert.

„Wirkungsgeschichtliches Bewußtsein"

Die Unmöglichkeit, die Wirkungsgeschichte vollständig zu durchdringen, erhält ihre Plausibilität, wenn man sich vor Augen führt, dass wirkungsgeschichtliches Bewusstsein Gadamer zufolge stets Bewusstsein einer „hermeneutischen Situation" ist. Wie der Begriff Situation bereits anzeigt, findet man sich in dieser bereits vor und steht buchstäblich in ihr, ohne von ihr ein gegenständliches Wissen haben zu können. Die Erklärung einer solchen Situation kann daher niemals vollständig gelingen:

„Hermeneutische Situation"

> „Das gilt auch für die hermeneutische Situation, d. h. die Situation, in der wir uns gegenüber der Überlieferung befinden, die wir zu verstehen haben. Auch die Erhellung dieser Situation, d. h. die wirkungsgeschichtliche Reflexion, ist nicht vollendbar, aber diese Unvollendbarkeit ist nicht ein Mangel an Reflexion, sondern liegt im Wesen des geschichtlichen Seins, das wir sind. *Geschichtlichsein heißt, nie im Sichwissen Aufgehen.*" (Gadamer 1986a, S. 307)

Bestimmt man vor diesem Hintergrund das prinzipielle Verhältnis des Menschen zu seiner Geschichte, gehört in Wahrheit, wie Gadamer unter Anknüpfung an Georg Wilhelm Friedrich Hegels und Wilhelm Diltheys Deutung des objektiven Geistes prägnant formuliert,

Mensch und Geschichte

> „die Geschichte nicht uns, sondern wir gehören ihr. Lange bevor wir uns in der Rückbesinnung selber verstehen, verstehen wir uns auf selbstverständliche Weise in Familie, Gesellschaft und Staat, in denen wir leben. Der Fokus der Subjektivität ist ein Zerrspiegel. Die Selbstbesinnung des Individuums ist nur ein Flackern im geschlossenen Stromkreis des geschichtlichen Lebens. *Darum sind die Vorurteile des einzelnen weit mehr als seine Urteile die geschichtliche Wirklichkeit seines Seins.*" (Gadamer 1986a, S. 281)

An dieser Textstelle wird ein strittiges Problem in Gadamers Konzeption sichtbar. Diskussionswürdig ist nämlich, ob Gadamer nicht zu sehr den passiven Aspekt in seiner Deutung der Wirkungsgeschichte betont und das Verstehen, wie Jürgen Habermas kritisiert hat, infolgedessen zu einem Vorgang macht, der weniger durch Aktivität als durch die subtile und untergründige Wirksamkeit der Geschichte bestimmt ist (→ KAPITEL 10.1).

Gadamer selbst hat gegen diese Kritik eingewendet, dass in seiner Distanzierung vom modernen Subjektivismus einerseits wie vom Positivismus des Objektivismus andererseits die Doppeldeutigkeit der wirkungsgeschichtlichen Verflechtung aufgewiesen werden sollte (vgl. Gadamer 1986b, S. 238f.). So ist das historische Bewusstsein der Gegenwart zum einen von der Wirkungsgeschichte bestimmt, zum anderen kann sich das wirkungsgeschichtliche Bewusstsein seine herme-

Wirkungsgeschichtliche Verflechtung

neutische Situation vor Augen führen, für die das Erwirktsein konstitutiv ist. Dadurch vermag es seiner Geschichtlichkeit, aber auch der begrenzten Erhellbarkeit dieser Geschichtlichkeit inne zu werden, wobei letztlich die Endlichkeit des Menschen deutlich wird.

Um seine Überlegungen zum historischen Bewusstsein zu verdeutlichen, verwendet er den Begriff „Horizont", der für ihn wesenhaft zum Begriff der Situation gehört. Wie im philosophischen Sprachgebrauch seit Friedrich Nietzsche und Edmund Husserl üblich, bezeichnet der Horizont nach Gadamer die „Gebundenheit des Denkens an seine endliche Bestimmtheit und das Schrittgesetz der Erweiterung des Gesichtskreises" (Gadamer 1986a, S. 307).

„Horizont"

Im Bereich des historischen Verstehens dürfen Vergangenheit und Gegenwart nicht als voneinander verschiedene Horizonte des Eigenen und des Fremden unterschieden werden, die jeweils in sich geschlossen sind. Versetzt sich das historische Bewusstsein nämlich in die Situation einer Vergangenheit, lässt es die eigene Welt mit ihrem Horizont nicht vollständig hinter sich, da es in Wahrheit nur einen einzigen Horizont gibt, in dem alles auftaucht und von dem alles umschlossen wird, was zum geschichtlichen Bewusstsein gehört. So ist der Mensch in seiner Situation und mit seinem Horizont standortgebunden und dynamisch zugleich, weshalb der Horizont nicht nur mit dem Menschen mitwandert, sondern der Mensch auch in diesen hineinwandert:

Vergangenheit und Gegenwart

„Der Horizont der Gegenwart bildet sich also gar nicht ohne die Vergangenheit. Es gibt so wenig einen Gegenwartshorizont für sich, wie es historische Horizonte gibt, die man zu gewinnen hätte. *Vielmehr ist Verstehen immer der Vorgang der Verschmelzung solcher vermeintlich für sich seiender Horizonte.*" (Gadamer 1986a, S. 311)

Im Begriff der „Horizontverschmelzung" bringt Gadamer den im Verstehen sich vollziehenden Vorgang der Herausbildung eines Gegenwartshorizontes zum Ausdruck, in dem das Vergangene und Gegenwärtige zu neuer Geltung gelangen. Das wirkungsgeschichtliche Bewusstsein, dem die Aufgabe zukommt, die in dem jeweiligen Horizont liegenden Vorurteile zu prüfen, wird daher einen Autor der Vergangenheit nicht, wie es z. B. Friedrich Schleiermacher gefordert hat, besser verstehen als dieser sich selbst verstanden hat, sondern es wird ihn anders verstehen.

„Horizontverschmelzung"

Vor diesem Hintergrund gelingt es Gadamer, den hermeneutischen Aspekt der „Anwendung" auf eine spezifische Weise zu formulieren. Der Begriff der Anwendung wurde Gadamer zufolge von der pietistischen Hermeneutik eingeführt. Er verweist dazu auf das Werk *Institutiones hermeneuticae sacrae* (1723; ein Lehrbuch zur Hermeneutik der Theologie) des Theologen Johann Jacob Rambach (1693–1752), in dem dieser eine Unterscheidung zwischen dem Vermögen des Verstehens (lateinisch *subtilitas intelligendi*), dem Vermögen des Auslegens (lateinisch *subtilitas explicandi*) und dem Vermögen des Anwendens (lateinisch *subtilitas applicandi*) vornimmt. Rambach grenzt in seiner Hermeneutik diese drei Glieder des Verstehensvollzugs eines religiösen Textes streng voneinander ab:

> „zunächst das Verstehen, i. e. die kognitive Aufnahme des im Text Gesagten, dann die Auslegung, i. e. den Versuch, das im Text Gesagte in eigenen Worten zu reformulieren, und schließlich die Anwendung, i. e. den Versuch, das Verstandene und in eigenen Worten Reformulierte auf die konkrete Situation des Hörers zu beziehen." (Rese 2007, S. 130)

Im religiösen Kontext geschieht die Anwendung z. B. in einer Predigt, in der der Sinn der Bibel zunächst erfasst und ausgelegt werden muss, um dann auf den Einzelfall in einer gegenwärtigen Situation mit ihren Zuhörern angewendet zu werden.

Die Besonderheit von Gadamers Lesart der Anwendung liegt in seinem Verständnis der inneren Einheit dieser drei Glieder. Sie sind für ihn drei Momente innerhalb desselben Verstehensprozesses eines Interpreten, die sich nicht voneinander trennen lassen. Während Rambach primär den Rezipienten der Bibel vor Augen hatte, geht es Gadamer um den Interpreten, der einen Text auf seine eigene Situation, seine Vorurteile und Problemstellungen anwendet. In ein Überlieferungsgeschehen hineinversetzt, knüpft der Interpret dergestalt an ein Gespräch an, das sich vor ihm in der Geschichte bereits vollzogen hat und mit ihm fortgeführt wird. So gibt der Text eine Antwort auf Fragen des Interpreten, anders formuliert, er gibt ihm die Möglichkeit, im Text eine Antwort auf seine Fragen zu entdecken und ihn dadurch auf sich und seine Situation anzuwenden.

Insbesondere der Theoretiker Emilio Betti (1890–1968) hat Ende der 1960er-Jahre an Gadamers Verständnis der Einheit von Verstehen, Auslegen und Anwendung Kritik geübt. Betti betonte nämlich, dass bei der Interpretation eines Textes die verschiedenen Momente voneinander unterschieden werden müssen und ein zeitliches Nacheinander aufgewiesen werden kann. Betti betrachtete die Anwendung außerdem nicht als grundlegend für jede Art des Verstehens, sondern dachte sie mit einer Typik der Auslegung zusammen (vgl. Betti 1967; Gadamer 1961; Gadamer 1978; Hufnagel 2001, S. 114–132).

10.3 Am Leitfaden der Sprache

In Gadamers hermeneutischer Philosophie wird die Sprache als das universale Medium betrachtet, in dem Verstehen und Auslegen stattfindet. Gewicht erhält diese Auffassung dadurch, dass die Einsicht in den Wesensbezug zwischen Sprachlichkeit und Verstehen in der Geschichte der Hermeneutik zunehmend in der Hintergrund geraten ist, zumindest wenn man die von dem Logiker Gottlob Frege (1848–1925) im 19. Jahrhundert begründete moderne Sprachphilosophie nur ungenügend berücksichtigt. Gadamer konstatiert daher eine „Sprachvergessenheit" der abendländischen Tradition, von der er allerdings Augustinus Konzeption des „inneren Wortes" (→ KAPITEL 4) explizit ausnimmt.

Universalmedium Sprache

In der Perspektive Gadamers hat die Tradition einzig und allein die Aussage zum Gegenstand der Sprach-Analyse gemacht und darüber die Vielfalt der Sprachformen vernachlässigt. Kritisch richtet er an diese Aussagelogik die Frage:

Aussage

> „Gibt es solche reinen Aussagesätze, und wann und wo? Jedenfalls ist die Aussage nicht die einzige Redeform, die es gibt. Aristoteles spricht davon in dem Zusammenhang seiner Lehre von der Aussage, und es ist klar, woran man noch zu denken hat: etwa an Gebet und Bitte, an Fluch und Befehl. Man muß sogar eines der rätselhaftesten Zwischenphänomene in Betracht ziehen: die Frage, zu deren eigentümlichem Wesen offenbar gehört, daß sie der Aussage so nah steht wie keines dieser anderen Sprachphänomene und dennoch offenkundig keine Logik im Sinne der Aussagenlogik gestattet." (Gadamer 1986b, S. 193)

Kerngedanke seiner Überlegungen ist ein Verständnis von Sprache, bei der sich diese nicht auf eine instrumentelle Verwendung in Aussagen reduzieren lässt. In Anknüpfung an die Sprachauffassung des Gelehrten Wilhelm von Humboldt (1767–1835) soll sie sich vielmehr „vom Hintergrund des wirklichen Sprechens und der darin sich zeigenden sprachlichen Kraft her" in einer Fülle an Sprachformen entfalten (Barbaric 2007, S. 206). Dem Aufbau der Logik auf der Aussage stellt Gadamer eine hermeneutische Logik des Gesprächs gegenüber, in der die Frage als die grundlegende logische Form angesehen wird, die der Motivation jeder Aussage vorausgeht (vgl. Gadamer 1986b, S. 52). Wendet sich das wirkungsgeschichtliche Bewusstsein einem Text zu, kann dieser ihm Antwort auf seine eigenen Fragen geben. Die Dialektik von Frage und Antwort lässt das Verstehen demnach als ein Wechselverhältnis von der Art eines Gesprächs sichtbar wer-

Gespräch

den (vgl. Gadamer 1986a, S. 383, 476). So wird das Gespräch zum Modell des Verstehens und die Hermeneutik der Sprache mündet in eine Hermeneutik des dialogischen Prozesses.

Um Gadamers Kritik an der traditionellen Aussagelogik richtig zu verstehen, gilt es auch die Sprach-Voraussetzungen zu bedenken, die seiner Meinung nach von der Aussagelogik übersehen werden. Dazu gehört z. B. die Universalität des Hermeneutischen. Universalität heißt hier, dass Verstehen und Sprache letztlich alles umfassen, was je gedacht und gesagt werden kann. Der Anspruch auf Universalität, der dem Hermeneutischen zukommt, ist ein Anspruch auf das Unendliche der Aussprachemöglichkeit, durch den der Mensch als ein endliches Wesen stets einen unmittelbaren Bezug auf die Unendlichkeit hat. In dieser fundamentalen hermeneutischen Dimension geht die Universalität der Sprache mit der Unendlichkeit möglicher Sinnbezüge einher, die die Sprache mit sich führt:

Aussage – Universalität

„Alles menschliche Sprechen ist in der Weise endlich, dass eine Unendlichkeit des auszufaltenden und auszulegenden Sinnes in ihm angelegt ist. Deshalb ist auch das hermeneutische Phänomen nur von dieser endlichen Grundverfassung des Seins aus aufzuhellen, die von Grund auf eine sprachlich verfasste ist." (Gadamer 1986a, S. 462)

Hinter dieser Auffassung steht Gadamers Deutung dessen, was er, an den Kirchenlehrer Augustinus anknüpfend, als Differenz zwischen innerem und äußerem Wort begreift. Während das äußere Wort das konkret ausgesprochene Wort in einer bestimmten Sprache ist, ist das innere Wort nicht sprachlich-material fixiert. Es ist, wie bei Augustinus im 4. Jahrhundert formuliert, ein Wort des Herzens, das jedem hörbaren Sprechen in gewisser Weise innewohnt (→ KAPITEL 4.2). Das konkrete Sprechen bleibt immer hinter diesem inneren Wort zurück, da es dieses niemals vollständig aussagen kann. So bedeutet für Gadamer das innere Wort ‚hinter' dem ausgesprochenen „nichts als dieses Gespräch, als die Verwurzelung der Sprache in unserer fragenden und für sich selbst fraglichen Existenz, ein Gespräch, das keine Aussage ganz wiedergeben kann." (Grondin 2001, S. 196)

Das innere und das äußere Wort

Von hier aus betrachtet wird Sprache als der Horizont einer „hermeneutischen Ontologie" sichtbar. Die philosophische Hermeneutik, die von Gadamer derart eine ontologische Wendung erhält, begreift das Sein als dasjenige, das man dadurch erfährt, dass etwas sprachlich und verständlich werden kann. Sein im Sinne Gadamers ist daher die potenziell verstehbare „Welt", die der Mensch zur Sprache bringt. So erweist sich die Sprachlichkeit als „Grundvollzugsweise

„Hermeneutische Ontologie"

unseres In-der-Welt-Seins" und als Grundverfassung von allem, was verstanden werden kann. Diese Einsicht mündet in das berühmte Diktum Gadamers, das zugleich Kulminationspunkt seiner philosophischen Hermeneutik ist: *„Sein, das verstanden werden kann, ist Sprache."* (Gadamer 1986a, S. 478)

Fragen und Anregungen

- Legen Sie dar, wodurch sich Gadamers Konzeption des Vorurteils von dem der Aufklärung unterscheidet.
- Überlegen Sie, wie Gadamers Deutung der Situation mit der des Horizontes zusammenhängt.
- Welche besondere Bedeutung gibt Gadamer dem Vermögen der Anwendung?
- Analysieren Sie Gadamers Verständnis des Gesprächs in Zusammenhang mit seiner Kritik an der traditionellen Aussagelogik.
- Überlegen Sie, ob und inwiefern die Unterscheidung zwischen dem inneren und dem äußeren Wort fruchtbar ist.

Lektüreempfehlungen

- Hans-Georg Gadamer: Wahrheit und Methode. Grundzüge einer philosophischen Hermeneutik, Gesammelte Werke Band 1: Hermeneutik, 5. durchgesehene und erweiterte Auflage, Tübingen 1986.

    Quellen

- Hans-Georg Gadamer: Wahrheit und Methode. Ergänzungen, Register, Gesammelte Werke Band 2: Hermeneutik II, Tübingen 1986.

- Günter Figal u. a. (Hg.): Hermeneutische Wege. Hans-Georg Gadamer zum Hundertsten, Tübingen 2000. *Der Sammelband gibt einen sehr guten Einblick in das Denken Gadamers. Für den Bereich der Hermeneutik sind die Beiträge von István M. Fehér und Jean Grondin äußerst aufschlussreich.*

    Forschung

- Günter Figal / Hans-Helmuth Gander (Hg.): Dimensionen des Hermeneutischen: Heidegger und Gadamer, Frankfurt a. M. 2005. *Versammelt ausgezeichnete Beiträge aus unterschiedlichen Perspektiven zu Heideggers und Gadamers Hermeneutikverständnis.*

- Günter Figal (Hg.): Hans-Georg Gadamer. Wahrheit und Methode, Berlin 2007. *Bedeutender Sammelband mit hervorragenden Interpretationen zu Gadamers Hauptwerk.*

- Jean Grondin: Von Heidegger zu Gadamer. Unterwegs zur Hermeneutik, Darmstadt 2001. *Standardwerk des französischen Hermeneutikspezialisten, das als Einführung geeignet ist.*

- „Sein, das verstanden werden kann, ist Sprache". Hommage an Hans-Georg Gadamer, mit Beiträgen von R. Bubner, E. Teufel, R. Rorty, G. Vattimo, M. Theunissen, J. Habermas, G. Figal, H. U. Gumbrecht, Frankfurt a. M. 2001. *Enthält eine Vielzahl unterschiedlicher Perspektiven auf Leben und Werk Gadamers.*

- Mirko Wischke: Die Schwäche der Schrift. Zur philosophischen Hermeneutik Hans-Georg Gadamers, Weimar/Köln 2001. *Grundlegende Untersuchung zur Hermeneutik Gadamers, die Gadamers Auseinandersetzung mit seinen wichtigsten Referenzpositionen (u. a. Platon, Georg Wilhelm Friedrich Hegel, Paul Natorp) näher betrachtet.*

11 Hermeneutik und Ideologiekritik

Abbildung 14: Das Institut für Sozialforschung in Frankfurt am Main

HERMENEUTIK UND IDEOLOGIEKRITIK

Die Fotografie zeigt die Vorderansicht des Instituts für Sozialforschung in Frankfurt am Main, das 1923 gegründet wurde. Nach seiner Schließung 1933 durch die Nationalsozialisten wurde es 1950 wieder eröffnet. Das Institut, das der Kritischen Theorie verpflichtet ist, entwickelt und verändert seine Fragestellungen und theoretischen Mittel den jeweiligen Erfordernissen der Zeit entsprechend. Nach seinem heutigen Selbstverständnis verbinden sich die zahlreichen empirischen Projekte des Instituts zu einer breit gefächerten kritischen Untersuchung der Widersprüchlichkeiten innerhalb des zeitgenössischen Kapitalismus. Dem Institut gehörten so namhafte Wissenschaftler an wie Felix Weil, Max Horkheimer, Erich Fromm, Theodor W. Adorno und Jürgen Habermas.

Die seit 1967 und bis in die 1970er-Jahre hinein scharf geführte Kontroverse zwischen Hermeneutikern und Ideologiekritikern, die durch die jeweiligen Repräsentanten Hans-Georg Gadamer (1900–2002) und dem 1929 geborenen Philosophen Jürgen Habermas ausgefochten wurde, markierte einen Einschnitt in der Geschichte der Hermeneutik. Sie lenkte das Hauptaugenmerk weg von einer ontologischen Fundierung der Hermeneutik hin zu einer Hermeneutik, die eine ideologiekritische Dimension besitzt. Deutlich wird dieser Einschnitt an Habermas' eigener Konzeption einer „Tiefenhermeneutik", die sich explizit gegen den Universalitätsanspruch der damaligen Hermeneutik richtete. Karl-Otto Apel, 1922 in Düsseldorf geboren, arbeitete eng mit Habermas zusammen. Er nahm in seinem Entwurf einer Wissenschaftslehre die Ideologiekritik neben den erklärenden Naturwissenschaften (Szientistik) und den verstehenden Geisteswissenschaften (Hermeneutik) auf, um eine dialektische Verbindung zwischen Erklären und Verstehen nachzuweisen.

11.1 **Die Gadamer-Habermas-Kontroverse**
11.2 **Tiefenhermeneutik und szenisches Verstehen**
11.3 **Szientistik, Hermeneutik, Ideologiekritik**

11.1 Die Gadamer-Habermas-Kontroverse

Die Kontroverse zwischen Hans-Georg Gadamer (→ KAPITEL 10) und Jürgen Habermas, die man auch unter dem Stichwort „Hermeneutikstreit" subsumieren kann, wurde Ende der 1960er-, Anfang der 1970er-Jahre des 20. Jahrhunderts ausgetragen (vgl. Zimmerli 1975). Die Kontroverse ist innerhalb der Geschichte der Hermeneutik in zweierlei Hinsicht von besonderer Relevanz. Zum einen sind Gadamer und Habermas Repräsentanten zweier unterschiedlicher Philosophiekonzepte, die sich scheinbar unvermittelt und unvermittelbar gegenüberstehen. Während Gadamer auf der Seite der traditionellen Hermeneutik steht, bewegt sich Habermas' Denken auf der Seite der sogenannten Ideologiekritik. Dieser geht es um eine kritische Analyse des insbesondere durch den modernen Kapitalismus hervorgerufenen Verblendungszusammenhangs. Dabei wird angenommen, dass die Bewusstseins- bzw. Mentalitätsformen der Individuen bzw. der Gesellschaft die wahren ökonomischen und sozialen Verhältnisse verschleiern. Zum anderen wurde in der Auseinandersetzung durch Habermas eine Position formuliert, die in der Hermeneutikgeschichte eine Zäsur bedeutet. Habermas wendet sich in seiner tiefenhermeneutischen Konzeption pointiert von der bei Martin Heidegger (→ KAPITEL 9) und Gadamer vollzogenen Ontologisierung der Hermeneutik ab und rückt die Klärung der Theorie-Praxis-Beziehung in den Mittelpunkt seines Erkenntnisinteresses.

Relevanz der Kontroverse

Die Debatte begann 1967 mit dem bekannten Literaturbericht von Jürgen Habermas *Zur Logik der Sozialwissenschaften*, den er in der u. a. von Gadamer herausgegebenen Zeitschrift *Philosophische Rundschau* veröffentlichte. Habermas diskutierte in diesem Text die Grundannahmen der philosophischen Hermeneutik Gadamers und bewertete sie nicht zuletzt im Hinblick auf ihre Relevanz für eine „Analyse sinnverstehenden Zugangs zu kommunikativem Handeln", wobei angenommen wird, dass auch diese Form von Handlungen soziale Wirklichkeit erzeugt (Habermas 1971c, S. 45). Gadamer antwortete noch im gleichen Jahr auf die Einwände in dem Aufsatz *Rhetorik, Hermeneutik und Ideologiekritik. Metakritische Erörterungen zu Wahrheit und Methode* (Gadamer 1986b, S. 232–250). Daraufhin veröffentlichte Habermas 1970 in einer Festschrift für Gadamer die Replik *Der Universalitätsanspruch der Hermeneutik* (Habermas 1971b, S. 120–159), in der er sich explizit gegen den von Gadamer vertretenen Anspruch der Universalität wandte und seine eigene Konzeption einer Tiefenhermeneutik vorstellte. Ein Jahr darauf kam es zu

Äußerer Verlauf der Kontroverse

einer erneuten Erwiderung Gadamers, die den Titel *Replik zu Hermeneutik und Ideologiekritik* trägt (Gadamer 1986b, S. 251–275).

Systematisch betrachtet konzentriert sich die Kritik von Habermas, der damit zentrale Einsichten der Hermeneutik Gadamers angreift, auf folgende Punkte:

Hauptkritikpunkte

- das Verhältnis von Wahrheit und Methode,
- die Rehabilitierung von Autorität und Tradition,
- die Universalität der Sprache (→ KAPITEL 11.2).

Verhältnis von Wahrheit und Methode

Ein Hauptkritikpunkt von Habermas betrifft also das Verhältnis von Wahrheit und Methode, wie es Gadamer in seiner Hermeneutikkonzeption vorgestellt hat. In seiner Untersuchung *Zur Logik der Sozialwissenschaften* stellt Habermas die These auf, dass Gadamers Fokussierung auf die Wahrheit und die hermeneutische Erfahrung deren abstrakte Entgegensetzung zur Methode und zur methodischen Erkenntnis im Ganzen bewirke. Übersehen würde dabei nämlich laut Habermas, dass die hermeneutische Erfahrung auch „der Boden der hermeneutischen Wissenschaften" ist (Habermas 1971a, S. 281). Kurz und prägnant formuliert, lautet Habermas' Vorwurf: Gadamer missachte unzulässigerweise die Funktion der methodischen Erkenntnis in den Wissenschaften und stelle sich nicht der Aufgabe einer Methodologie überhaupt.

Gadamers Position

Blickt man in die Einleitung seines Hauptwerkes *Wahrheit und Methode* (1960), kann man tatsächlich zunächst den Eindruck gewinnen, dass es Gadamer nicht um die Methode, sondern allein um die Wahrheit geht, die beispielsweise beim unmittelbaren Verstehen eines Kunstwerks oder bei den Werken großer Denker, also nicht nur in der Wissenschaft, sondern eben auch in Kunst und Geschichte erfahren werden kann (vgl. Bubner 1973, S. 90). So spricht Gadamer explizit davon, dass das hermeneutische Phänomen „ursprünglich kein Methodenproblem" sei:

„Es geht in ihm nicht um eine Methode des Verstehens, durch die Texte einer wissenschaftlichen Erkenntnis so unterworfen werden, wie alle sonstigen Erfahrungsgegenstände. Es geht in ihm überhaupt nicht in erster Linie um den Aufbau einer gesicherten Erkenntnis, die dem Methodenideal der Wissenschaft genügt – und doch geht es um Erkenntnis und um Wahrheit auch hier." (Gadamer 1986a, S. 1)

Die von Gadamer entwickelte philosophische Hermeneutik zielt daher in erster Linie nicht darauf ab, eine „Methodenlehre der Geisteswissenschaften" zu sein, sondern ihr Hauptanliegen besteht darin, sich darüber zu verständigen, was die Geisteswissenschaften über ihr methodisches Selbstbewußtsein hinaus in Wahrheit sind und was sie mit dem Ganzen unserer Welterfahrung verbindet." (Gadamer 1986a, S. 3)

Greift man von hier aus die Kritik von Habermas an der abstrakten Entgegensetzung von hermeneutischer Erfahrung und methodischer Erkenntnis erneut auf, zeigt sich, dass sie an der Intention Gadamers vorbeizielt. Gadamer geht es nämlich insbesondere unter Anknüpfung an Martin Heidegger um eine hermeneutische Erfahrung, die als ein prinzipielles Verstehen zur menschlichen Welterfahrung insgesamt gehört. Seine ontologische Wendung der Hermeneutik am Leitfaden der Sprache (→ KAPITEL 10.3) erschließt eine vorwissenschaftliche Dimension, in der sich eine Erfahrung von Wahrheit kundtut, die die Reduzierung auf eine bloße Kunstlehre des Verstehens und eine Methodenlehre der Geisteswissenschaften übersteigt. Bei der Betonung dieser vorwissenschaftlichen Dimension geht es Gadamer darum, sichtbar zu machen, wie sehr die Einschränkung der Hermeneutik auf eine wissenschaftliche Methodik zu ihrer Begrenzung führt und wie umfassend dagegen das Phänomen des Verstehens das menschliche Leben durchwirkt. In *Wahrheit und Methode* betrachtet Gadamer daher weniger die Rolle der Hermeneutik *in* den einzelnen Wissenschaften als vielmehr die Rolle der Hermeneutik im Verhältnis *zu* den Natur- und Geisteswissenschaften (vgl. Nassen 1982, S. 304).

Hermeneutische Erfahrung

Ein weiterer Kritikpunkt Habermas' betrifft die Rehabilitierung von Autorität und Tradition, für die Gadamer nach deren Diskreditierung in der Aufklärung eingetreten ist. Lässt man sich auf die Lesart von Habermas ein, schließt das von Gadamer propagierte strukturelle Zusammengehören von Verstehen und Tradition noch lange nicht aus, dass sich die Sicht auf das Überlieferte in der Kritik nicht auch grundsätzlich verändert – eine Folge, die Gadamer übersehen hat:

Rehabilitierung von Autorität und Tradition

„Auch in der ungebrochen wirksamen Tradition ist nicht bloß eine von Einsicht losgelöste Autorität am Werke, die blind sich durchsetzen könnte; jede Tradition muß weitmaschig genug gewebt sein, um Applikation, d. h. eine kluge Umsetzung [Anwendung des Verstandenen] mit Rücksicht auf veränderte Situationen, zu gestatten. Allein, die methodische Ausbildung der Klugheit in den hermeneutischen Wissenschaften verschiebt die Gewichte zwischen Autorität und Vernunft. Gadamer verkennt die Kraft der Reflexion, die sich im Verstehen entfaltet." (Habermas 1971a, S. 283)

Habermas betont hier also, dass Gadamer das Potenzial der kritischen Reflexion übersehe, wenn er den Vorrang der Tradition gegenüber dem einzelnen Subjekt behaupte. Indem Gadamer die Tradition verabsolutiere, gestehe er ihr eine Art Eigenleben zu, das sie

Kraft der Reflexion

völlig unabhängig von der Kraft der Reflexion und lediglich von einer vermeintlich unhinterfragbaren Autorität gesteuert führe. Unberücksichtigt bleibt dabei für Habermas die kritische Möglichkeit, den Wahrheitsanspruch der tradierten Sichtweisen entschieden zurückzuweisen.

Applikation

Habermas zufolge genügt es auch nicht, die Applikation als die Anwendung eines tradierten Sinnes durch einen Interpreten zu begreifen, vielmehr steht sie nach Habermas für einen Umgang mit Tradition, bei der sich diese durch wissenschaftliche Reflexion grundlegend verwandeln kann. So steht der Position Gadamers die Einsicht von Habermas gegenüber, dass „die reflektierte Aneignung der Tradition die naturwüchsige Substanz der Überlieferung bricht und die Stellung der Subjekte in ihr verändert." (Habermas 1971a, S. 282)

Die ideologiekritische Perspektive Habermas' wird in diesem Zusammenhang daran sichtbar, dass er sich gegen eine (vermeintlich von Gadamer vorgenommene) Verabsolutierung des überlieferten Geschehens wendet, die die Momente des Zwangs und der Repression unberücksichtigt lässt. Denn Habermas zufolge können z. B. soziale Handlungen nur aus dem Zusammenhang von Sprache (Tradition) sowie Arbeits- und Herrschaftsverhältnissen verstanden werden. Ihre genaue Analyse relativiert das Überlieferte (die Tradition) und macht deutlich, dass man konkrete Verhältnisse berücksichtigen muss und die Konzentration auf Sprache zu kurz greift.

Sprache – Arbeit – Herrschaft

Gadamers Erwiderung

Betrachtet man die Äußerungen Gadamers in *Rhetorik, Hermeneutik, Ideologiekritik*, so wird deutlich, dass die Einwände von Habermas auf einer unzulässigen Unterstellung beruhen. Gadamers Verständnis von Tradition und Autorität schließt nämlich die Einsicht in den Autoritätsverlust und die Kraft der emanzipatorische Kritik mit ein, die den Menschen dazu befähigt, sich gegen Traditionen zu stellen und sie aufzulösen. So tritt Gadamer nach seiner Selbsteinschätzung keineswegs für eine blinde Affirmation der geschichtlich vorgegebenen Ansprüche ein, sondern für ein Verstehen, zu dem die Kritik und die Neuaneignung des fremd Gewordenen ebenso gehören wie die Anerkennung und das Eintreten für etablierte Ordnungen und Strukturen. Angesichts dieses scheinbar „inszenierten Missverständnisses" (Nassen 1982, S. 310) wirft Gadamer die Frage auf, worum eigentlich gestritten würde (Gadamer 1986b, S. 245).

Ohne die beiden unterschiedlichen Ansätze vorschnell harmonisieren zu wollen, kann man, wie es Rüdiger Bubner herausgearbeitet hat, durchaus eine innere Beziehung zwischen den beiden Formen der Traditionsaneignung erkennen, die jeweils eine spezifische Einstellung der Reflexion zum Ausdruck bringen (vgl. Lang 1981, S. 118–126).

Während man sich in der (Ideologie-)Kritik prinzipiell vom Reflektierten abzusetzen versucht, intendiert die Hermeneutik eher eine Vermittlung mit diesem:

> „Die verschiedenen Einstellungen der Reflexion, die kritische wie die hermeneutische, sind mithin durchaus im Recht, wenn sie jeweils für sich auch das von der anderen betonte Moment mit in Anspruch nehmen: Kritik enträt nie gänzlich der Leistung der Vermittlung und hermeneutisches Verstehen unterschlägt nicht jede kritische Instanz. [...] Die Kontroverse zwischen J. *Habermas* und *H.-G. Gadamer* zeigt unverkennbar diese Argumentationsstruktur. Während Habermas mit Nachdruck die Dimension hermeneutischer Anverwandlung inhaltlicher Traditionskomplexe bestätigt, sie jedoch durch emanzipatorische Reflexion ergänzt und ideologiekritisch abgesichert sehen möchte, fällt es Gadamer keineswegs schwer, eine solche Reflexion bereits als dem hermeneutischen Vorgehen innerlich zugehörig nachzuweisen, so daß der weitergehenden Insistenz auf einer Kritik, die sich einer quasi ‚naturwüchsigen' Überlieferungssubstanz entgegenstellt, der Verdacht des Dogmatismus gilt". (Bubner 1971, S. 222)

Verhältnis zum Reflektierten

Die in der Kontroverse zwischen Gadamer und Habermas aufgetauchten Divergenzen scheinen weniger auf Sachverhalte als auf unterschiedlichen Zentralperspektiven zu beruhen. Gadamer betonte nachdrücklich eine ontologische Dimension, in der prinzipiell die vorwissenschaftlichen Voraussetzungen der Erkenntnis wieder sichtbar gemacht werden sollten und Sprache als das *„universale Medium"* erfasst wurde, in dem sich das Verstehen vollzieht (vgl. Gadamer 1986a, S. 392). Habermas hingegen bewahrte in seiner Kritischen Theorie, die ihren Geltungsanspruch ausschließlich im praktischen Diskurs der Beteiligten einlösen kann, stets eine handlungsorientierte Dimension.

Unterschiedliche Zentralperspektiven

Für die Geschichte der Hermeneutiken bedeutete die Position von Habermas daher sowohl eine Herausforderung als auch eine Chance: Die Herausforderung für die Hermeneutik bestand darin, in einer ideologiekritischen Lesart auch die eigene Geschichte in den Blick zu nehmen. Eine Chance stellte Habermas' Position insofern dar, als sein Gegenmodell der „Tiefenhermeneutik" die Möglichkeit eröffnete, die Beziehung zwischen Theorie und Praxis in einer neuen Weise zu klären und die Auseinandersetzung mit dem Verstehen auf die sozialen Tatsachen auszuweiten (vgl. Simon-Schaefer 1975).

11.2 Tiefenhermeneutik und szenisches Verstehen

Der originäre Ansatz von Habermas setzt die bisherige Philosophie
– und das heißt vor allem die Aufklärungsphilosophie eines Immanuel
Kant, die auf den im 19. Jahrhundert lebenden Philosophen Karl
Marx zurückgehende Kritische Theorie sowie die Analytische Philosophie – in Beziehung zur empirischen Sozialforschung. Diesem
Ansatz ist eine Erkenntnisanthropologie immanent, die den inneren
Zusammenhang zwischen Erkenntnis und Interesse analysiert, um
die These zu stützen, dass eine radikale Erkenntniskritik allein in der
Form einer Gesellschaftstheorie möglich ist (vgl. Bubner 1969).

In seinen Schriften geht es Habermas immer wieder um die Möglichkeit einer rationalen Entwicklung der menschlichen Gesellschaft. Rational ist die gesellschaftliche Entwicklung dann, wenn sie theoretisch nachkonstruiert werden kann und wenn die von der Gesellschaft geformten und sie formenden Individuen rationale Handlungen vollziehen. Um zu verstehen, was Habermas mit der in seinem Frühwerk entwickelten und auf die soziale Praxis bezogenen reflexiven Theorie intendiert hat, ist neben den Büchern *Strukturwandel der Öffentlichkeit* (1962) und *Technik und Wissenschaft als „Ideologie"* (1968) auch die Aufsatzsammlung *Erkenntnis und Interesse* (1968) von Relevanz.

Habermas' Auseinandersetzung mit der Hermeneutik Gadamers, die sich nicht nur in seinem umfangreichen Literaturbericht *Zur Logik der Sozialwissenschaften* (Habermas 1971a), sondern auch in seinem Beitrag *Der Universalitätsanspruch der Hermeneutik* (Habermas 1971b) niedergeschlagen hat, bewegt sich innerhalb seiner methodologischen Überlegungen zu einer kritischen Gesellschaftstheorie. Habermas entwickelte unter Rückgriff auf die Psychoanalyse Sigmund Freuds (1856–1939) und die Position des Psychoanalytikers und Soziologen Alfred Lorenzers (1922–2002) das hermeneutische Konzept einer „Tiefenhermeneutik", das explizit die Universalitätsthese Gadamers widerlegen sollte (Habermas 1971b, S. 147). In diesem Zusammenhang trat Habermas entsprechend für ein „tiefenhermeneutisches" bzw. „szenisches" Verstehen ein, das das technische Erkenntnisinteresse der empirisch verfahrenden, erklärenden Wissenschaften mit dem praktischen Erkenntnisinteresse der hermeneutisch verfahrenden, verstehenden Wissenschaften vereinigte und eine kritisch-emanzipatorische Funktion besaß.

Habermas' Tiefenhermeneutik intendiert demnach zweierlei: Zum einen versucht sie den unkritischen Universalitätsanspruch der Hermeneutik zurückzuweisen, der die Kraft der Reflexion nur ungenügend berücksichtigt; und zum anderen zielt sie auf eine ideologiekritische Gesellschaftstheorie, in der das psychoanalytische Modell als das Paradigma gelingender Selbstreflexion angesehen wird (vgl. Habermas 1971b, S. 154).

Für Habermas hat es die Psychoanalyse mit „spezifisch unverständlichen Lebensäußerungen" zu tun. Diese reichen „von harmlosen Pseudokommunikationen und Fehlleistungen des Alltags bis zu den pathologischen Erscheinungen der Neurosen, der Geisteskrankheiten und der psychosomatischen Störungen." (Habermas 1971b, S. 134) Diesen „Bereich systematisch verzerrter Kommunikation" hat Freud in seinen kulturtheoretischen Schriften erweitert, indem er an klinischen Phänomenen gewonnenen Einsichten zum Aufdecken der vermeintlichen Pseudonormalität verwendete (vgl. Habermas 1971b, S. 134f.). Systematisch verzerrte Kommunikation

Das traditionelle Selbstverständnis der Hermeneutik würde für Habermas in dem Moment herausgefordert, in dem in der umgangssprachlichen Kommunikation Muster dieser systematisch verzerrten Kommunikation aufgewiesen werden könnten. Gelänge dies, ließe sich zeigen, dass der Universalitätsanspruch der Hermeneutik aufgegeben werden müsste: Hermeneutisches Sprachverständnis würde dann nämlich nicht allein auf Verstehen und Einsicht beruhen, sondern auch Erfahrungen der Unverständlichkeit und des Scheiterns umfassen. Habermas geht es dergestalt um den ‚blinden Fleck' in der hermeneutischen Reflexion, der erst über den Weg der Psychoanalyse in den Blick genommen werden kann. Blinder Fleck

Im Unterschied zur Hermeneutik Gadamers, die ein „hermeneutisches Sinnverstehen" bezweckt, bedient sich Habermas zur Entschlüsselung der systematisch verzerrten Kommunikationen, die er auch „Pseudokommunikationen" nennt, eines sogenannten „szenisches Verstehens" (Habermas 1971b, S. 137), das er der Psychoanalyse entnimmt. Bei dieser Form des Verstehens verhalten sich „Verstehen" und „Erklären" dialektisch zueinander, um das Unbewusste ins Bewusste zu „übersetzen": „Szenisches Verstehen"

„Das szenische Verstehen unterscheidet sich vom einfachen hermeneutischen Sinnverstehen durch seine explanatorische Kraft: es erschließt den Sinn der spezifisch unverständlichen Lebensäußerungen nur in dem Maße, als es gelingt, mit der Rekonstruktion der Ursprungsszene auch die Bedingungen der Genesis des Unsinns aufzuklären. Das Was, der Bedeutungsgehalt der systematisch verzerrten Äußerung, läßt sich nicht ‚verstehen', wenn nicht zugleich das Warum, die Entstehung der Symptomszene mit Bezugnahme auf die Ausgangsbedingungen der systematischen Verzerrung selber, ‚erklärt' werden kann." (Habermas 1971b, S. 137f.) Der Verstehensprozess des Psychoanalytikers rekonstruiert demnach erklärend, wie ein Unsinn entstehen konnte, und liefert damit zugleich eine Aufklärung dieses unzugänglichen Sinns (vgl. Habermas 1971b, S. 149). Durch die Aufdeckung der ursprünglichen Konfliktsituation findet eine Auflösung der spezifischen Kommunikationsmuster eines Einzelnen statt. Das heißt, die dem analysierten Patienten zunächst uneinsichtige Eigenart kommunikativer Momente wird durch die explanatorische Kraft des szenischen Verstehens aufgehoben, wodurch er wieder in die Intersubjektivität sprachlicher Verständigung reintegriert wird. Die kritische Reflexion der Urszene wirkt demnach emanzipatorisch, da sie den Patienten die Möglichkeit bietet, sich von pathologisch wirkenden Zwängen zu befreien.

Emanzipation

Eine Hermeneutik, die sich nach Art der Psychoanalyse als eine Tiefenhermeneutik entfaltet, sieht Traditionszusammenhänge nicht mehr als das unhinterfragbar ‚Erste und Letzte' an. Vielmehr ermöglicht sie im Bereich kollektiver Zusammenhänge dem ‚metahermeneutisch' Verstehenden eine Befreiung und Emanzipation von der bis dahin fraglos anerkannten Autorität – ähnlich wie beim psychoanalytischen Gespräch im individuellen Bereich.

Psychoanalyse / Gesellschaftstheorie

Nach Habermas existiert also eine Analogie zwischen Psychoanalyse und ideologiekritischer Gesellschaftstheorie. Diese Analogie wird von Axel Honneth folgendermaßen beschrieben:

„Wie die Psychoanalyse in der theoretisch geleiteten Interpretation einer Lebensgeschichte auf die individuelle Befreiung von einer undurchschauten Pathologie zielt, so soll die kritische Gesellschaftstheorie auf dem Weg einer aufklärenden Interpretation der Zivilisationsgeschichte die Gattung von einer Störung, von einer ‚Pathologie' ihres Bildungsprozesses befreien." (Honneth 1985, S. 308)

Kritik von Gadamer

Diese Korrespondenz zwischen psychoanalytischer und soziologischer Theorie ist von Gadamer scharf kritisiert worden. Sein Haupteinwand lautet, dass die Kraft der kritischen Reflexion, die der Psychoanalytiker für sich in Anspruch nimmt, ihre Grenze am gesellschaftlichen Bewusstsein findet, in dem sich der Analytiker, der Patient und alle anderen verständigen. Der Analytiker kann daher nicht den Anspruch erheben, unabhängig vom wirkungsgeschichtlichen Bewusstsein eine Art Metastandpunkt prinzipieller Unhinterfragbarkeit einnehmen zu können, da er ja selbst auch wirkungsgeschichtlich bedingt ist.

Vor diesem Hintergrund zeigt sich das Problematische der Analogie zwischen psychoanalytischer und soziologischer Theorie. Gadamer weist darauf hin, dass es für Habermas nicht möglich sei, ein Kriterium anzugeben, nach dem sich das ideologiekritische Hinterfragen der Herrschaftszwänge richten könnte. Ohne dieses Kriterium würde jedoch letztlich ein totaler Ideologieverdacht herrschen und es gäbe keine Position, von der aus man grundsätzlich Ideologisches von Nicht-Ideologischem unterscheiden könnte.

Die Kritik von Gadamer hatte zur Folge, dass Habermas seine Position zu einer Theorie der kommunikativen Kompetenz weiterentwickelte. Diese nimmt „das sich in einer metahermeneutischen Dimension bewegende Wissen über die Bedingungen der Möglichkeit systematisch verzerrter Kommunikation" in sich auf und tritt für eine herrschaftsfreie und unbeschränkte Kommunikation ein, die allein ein Konsens erzielen kann, der dem Ideologieverdacht standhält. Gelingt es, eine herrschaftsfreie Kommunikation herzustellen, die nicht mittels einer grundsätzlich verzerrten Sprache vollzogen wird, fallen Ideologiekritik und Hermeneutik zusammen (vgl. Löser 1971).

Theorie der kommunikativen Kompetenz

11.3 Szientistik, Hermeneutik und Ideologiekritik

Karl-Otto Apel gehört ebenso wie Jürgen Habermas zu den jüngeren Vertretern der Kritischen Theorie. Er hat die philosophische Richtung der „Transzendentalpragmatik" initiiert, der es um die Letztbegründung von Normen geht. Im Zentrum seines Denkens steht die „Diskursethik", die auf Jürgen Habermas maßgeblichen Einfluss hatte. Apel hat sie insbesondere in den beiden Bänden von *Transformation der Philosophie* (1973), die Apels Hauptschriften enthalten, und in seinem Buch *Diskurs und Verantwortung. Das Problem des Übergangs zur postkonventionellen Moral* (1988) zu einer „Ethik der Demokratie" entwickelt.

Innerhalb des Kontextes der Gadamer-Habermas-Kontroverse ist Apels Studie *Szientistik, Hermeneutik, Ideologiekritik. Entwurf einer Wissenschaftslehre in erkenntnisanthropologischer Sicht* aus dem Jahre 1968 einzuordnen, die sich als eine „programmatische Skizze" versteht. Wie der Untertitel bereits anzeigt, verfolgt Apel in ihr das Ziel, die Konzeption einer Wissenschaftslehre vorzustellen, die die drei unterschiedlichen wissenschaftstheoretischen Positionen der erklärenden Naturwissenschaften (Szientistik), der verstehenden Geisteswissenschaften (Hermeneutik) und der Ideologiekritik in sich ver-

Szientistik, Hermeneutik, Ideologiekritik

eint. Die Argumentation, die auf einer spezifischen Erkenntnisanthropologie basiert, gliedert Apel in zwei Schritte: In einem ersten Schritt geht es ihm um die These der Komplementarität von Hermeneutik und Szientistik, in einem zweiten Schritt dann um die dialektische Vermittlung von „Erklären und „Verstehen", die im Ansatz der Ideologiekritik vollzogen wird. Ähnlich wie Habermas geht Apel dabei von einer Parallelität zwischen einem psychoanalytischen und einem ideologiekritischen Verfahren aus.

Die Basis von Apels programmatischer Konzeption einer Wissenschaftslehre ist seine Erkenntnisanthropologie. Darunter versteht er einen Ansatz, der nicht bei Kants Frage nach den Bedingungen der Möglichkeit der Erkenntnis stehen bleibt, sondern der diese Fragestellung dahingehend erweitert, dass „alle Bedingungen, welche eine wissenschaftliche Fragestellung als sinnvolle Fragestellung möglich machen", berücksichtigt werden (Apel 1988, S. 96). Will man beispielsweise den Sinn physikalischer Fragestellungen verstehen, muss man neben den kantischen Kategorien der Bewusstseinsfunktionen darüber hinaus z. B. auch sprachliche Gepflogenheiten der Forschung als Voraussetzungen betrachten (vgl. Apel 1988, S. 96). Die Erkenntnisanthropologie als Grundlage eines erweiterten Wissenschaftsverständnisses erfasst dergestalt die größtmögliche Anzahl von Bedingungen, die für eine wissenschaftliche Fragestellung prinzipiell relevant sind.

Zentrale erkenntnisanthropologische Kategorien in Apels Grundlegung sind das „Bewußtseinsapriori", „das Leibapriori der Erkenntnis" und das sogenannte „Erkenntnisinteresse":

> „Das Leibapriori der Erkenntnis steht, wie mir scheint, insgesamt in einem komplementären Verhältnis zum Bewußtseinsapriori; d. h.: beide Bedingungen der Möglichkeit der Erkenntnis ergänzen einander mit Notwendigkeit im ganzen der Erkenntnis, aber im aktuellen Vollzug der Erkenntnis hat entweder das *Leibapriori* oder das Bewußtseinsapriori die Führung: ‚Erkenntnis durch Reflexion' und ‚Erkenntnis durch Engagement' treten polar auseinander." (Apel 1988, S. 99; vgl. Apel 1963)

Beim „Bewußtseinsapriori" handelt es sich also um die von der Erfahrung unabhängigen und sie erst ermöglichenden Bedingungen der Erkenntnis, die als Bedingungen einer objektiv gültigen Weltvorstellung für ein erkenntnistheoretisches Subjekt zu verstehen sind. Allerdings sind diese Bedingungen der Möglichkeit von Erkenntnis für die Begründung einer Erkenntnisanthropologie nicht ausreichend. Darum verweist Apel an dieser Stelle darauf, dass jede Erkenntnis auch leibgebunden ist und eine Sinnkonstitution auf ein Engagement in einem „Hier und Jetzt" angewiesen ist. Die Erkenntnis bedarf nämlich einer individuellen Perspektive, die dem Standort und Standpunkt eines einzelnen Menschen Ausdruck verleiht.

Apel formuliert seine Thesen von der Komplementarität zwischen „Szientistik" und „Hermeneutik" in einer kritischen Auseinandersetzung mit der neopositivistischen Idee einer Einheitswissenschaft, wie sie vor allem von den Wissenschaftstheoretikern Karl Raimund Popper (1902–94), Carl Gustav Hempel (1905–97) und Paul Oppenheim (1885–1977) vertreten wurde (vgl. Popper 1935; Hempel/Oppenheim 1965). Der Neopositivismus, der für eine einheitliche wissenschaftliche Weltauffassung steht, versucht in einer logischen Analyse der sprachlichen Mittel und/oder mittels einer formalen Logik alle Erkenntnis auf Erfahrungsdaten zurückzuführen. Dabei wird jedoch – mit den Worten Apels – jede „Frage nach dem Erkenntnisinteresse, ebenso wie die Frage der Bewertung, zumindest aus der Grundlagenproblematik der Wissenschaftslogik" eliminiert:

> „Auf diese Weise sollen alle Wissenschaften als selbst interessefreie, rein theoretische Thematisierungen von Tatsachen ausgewiesen werden, als Erkenntnis-Operationen, die grundsätzlich derselben Methodologie, der einheitlichen ‚Logic of Science', gehorchen." (Apel 1988, S. 102f.)

Neopositivismus

Vom Standpunkt des Neopositivismus aus kann die Unterscheidung der kausalerklärenden Naturwissenschaften von den sinnverstehenden Geisteswissenschaften „als ideologieverdächtige Metaphysik deklariert" werden (Apel 1988, S. 103). Aufgrund dieser Unterscheidung würde nämlich der Gegenstandsbereich der Geisteswissenschaften, der nur durch ein von innen sich vollziehendes Verstehen zugänglich ist, vom Gegenstandsbereich der erklärenden Wissenschaft abgeschottet, wodurch die Geisteswissenschaften „zu Reservaten einer säkularisierten Theologie des Geistes" gemacht würden (Apel 1988, S. 103). Richtig an der Unterscheidung ist für den Neopositivismus demgegenüber ein sich aus ihr ergebender psychologischer Befund: Der Mensch kann von innen gewisse Ereignisse, die nach dem Reiz-Reaktions-Schema ablaufen, erleben und internalisieren (verinnerlichen) (dazu gehört z. B. die Flucht eines Sich-Fürchtenden vor dem knurrenden Hund oder die Suche eines Hungrigen nach Nahrung). Solche (gleichsam von innen her) vertrauten Verhaltensreaktionen verwendet der Mensch dann zur spontanen „Interpolation", die als gedankliche Verknüpfung von Ereignissen in der Außenwelt verstanden werden kann:

Erklären – Verstehen aus neopositivistischer Sicht

> „Wenn ich z. B. sehe, daß bei einem plötzlichen Temperatursturz mein Nachbar von seinem Schreibtisch aufsteht, Holz spaltet und

seinen Kamin anheizt, so interpoliere ich automatisch, daß er gefroren hat und einen Zustand herbeizuführen sucht, in dem ihm warm wird." (Apel 1988, S. 104)

"Interpolation" Der Neopositivismus deutet das Verstehen als ein solches Interpolieren, das eine Gesetzeshypothese formuliert, die sich objektiv verifizieren lassen muss. Gelingt dies, bietet die Gesetzeshypothese tatsächlich eine Erklärung, die allerdings nicht logisch, sondern bestenfalls psychologisch gerechtfertigt ist. Dementsprechend ist das Verstehen der Geisteswissenschaften im Vorfeld der erklärenden Wissenschaft, der „Science", zu verorten, das für die „„Logic of Science'" jedoch irrelevant ist (vgl. Apel 1988, S. 104).

Apel betont also gegenüber der neopositivistischen Richtung, dass sich die szientifische Methodik der Naturwissenschaften komplementär zu der hermeneutischen Methodik der Geisteswissenschaften verhält. Komplementär ist für ihn das Verhältnis insofern, als die beiden Verfahren einander ausschließen und sich dadurch auch wieder ergänzen. Plausibel wird dieses Strukturverhältnis zwischen den Natur-

Intersubjektive und den Geisteswissenschaften durch einen Rekurs auf die intersub-
Verständigung jektive Verständigung. Blickt man nämlich auf den Naturwissenschaftler, ist dieser nach Apel kein isolierter Einzelner, der ausschließlich zu sich selbst spricht und etwas sich selbst zu erklären versucht. Vielmehr steht der Naturwissenschaftler in einer Experimentiergemeinschaft der Naturforscher, in der er sich über das verständigt, was er erklären will. Diese Verständigung auf der intersubjektiven Ebene ist die Bedingung der Möglichkeit jeder objektiven Wissenschaft, die niemals durch ein Verfahren der objektiven Wissenschaft abgelöst oder ersetzt werden könnte (vgl. Apel 1988, S. 111f.). Daher erweist sich die sprachliche Verständigung über das, was gemeint ist und intendiert wird, als das komplementäre Moment zur objektiven Wissenschaft.

Die Unhintergehbarkeit der intersubjektiven Verständigung kann Apel zufolge selbst Gegenstand der wissenschaftlichen Reflexion werden. Das Erkenntnisinteresse ist dann nicht – wie bei den Naturwissenschaften – „durch die Notwendigkeit einer technischen Praxis auf Grund der Einsicht in Naturgesetze bestimmt", sondern „durch die Notwendigkeit sozialer, moralisch relevanter Praxis" (Apel 1988, S. 112). So wird unter der Beachtung der Intersubjektivitätsrelation sichtbar, dass Verständigungswissenschaften nicht nur möglich, sondern auch notwendig sind.

Auch wenn Karl-Otto Apel keine ausgearbeitete hermeneutische Theorie vorgelegt hat, fordert sein Denken doch in besonderer Weise dazu auf, die Erklären-Verstehen-Kontroverse nicht zuletzt in kritischer Absetzung zum Neopositivismus neu zu bedenken (vgl. auch Apel 1979).

Fragen und Anregungen

- Benennen Sie die Hauptkonfliktpunkte der Gadamer-Habermas-Kontroverse und legen Sie die beiden Position dar.
- Charakterisieren Sie das „szenische Verstehen" in der Tiefenhermeneutik von Jürgen Habermas.
- Überlegen Sie, wie die Analogie zwischen Psychoanalyse und Gesellschaftstheorie im Denken von Jürgen Habermas erläutert werden kann.
- Heben Sie das Spezifische der Erkenntnisanthropologie von Karl-Otto Apel heraus.
- Analysieren Sie die Bedeutung, die das „Verstehen" in neopositivistischer Sicht hat. Nehmen Sie (mithilfe von Apel) kritisch dazu Stellung.

Lektüreempfehlungen

- Karl-Otto Apel: Szientistik, Hermeneutik. Ideologiekritik. Entwurf einer Wissenschaftslehre in erkenntnisanthropologischer Sicht, in: ders., Transformation der Philosophie. Band 2: Das Apriori der Kommunikationsgemeinschaft, 4. Auflage, Frankfurt a. M. 1988, S. 96–127.   *Quellen*

- Hans-Georg Gadamer: Rhetorik, Hermeneutik und Ideologiekritik. Metakritische Erörterungen zu Wahrheit und Methode, in: ders., Wahrheit und Methode. Ergänzungen und Register, Tübingen 1986, S. 232–250.

- Jürgen Habermas: Zur Logik der Sozialwissenschaften, Materialien, 2. Auflage, Frankfurt a. M. 1971.

- Ki-Su Hong: Zur Dialektik von Tradition und Vernunft in Theorie und Praxis, Würzburg 1995. *Präzise Studie zu Habermas und Gadamer mit dem Schwerpunkt auf Habermas.*   *Forschung*

- Ulrich Nassen: Hans-Georg Gadamer und Jürgen Habermas: Hermeneutik, Ideologiekritik und Diskurs, in: ders. (Hg.), Klassiker der Hermeneutik, München u. a. 1982, S. 301–321. *Darstellung der Kontroverse, in der die unterschiedlichen Positionen jeweils konturiert und hinsichtlich der strittigen Theoriestücke aufeinander bezogen werden.*

- Walter Reese-Schäfer: Karl-Otto Apel zur Einführung, Hamburg 1990. *Gelungene Einführung zum Denken von Apel, die kompakt die Grundgedanken Apels darlegt.*

- Walter Ch. Zimmerli: J. Habermas: Auf der Suche nach der Identität von Theorie und Praxis, in: Grundprobleme der großen Philosophen, herausgegeben von Josef Speck, Philosophie der Gegenwart IV, Göttingen 1981, S. 223–266. *Sehr gute Einführung in das Denken von Habermas, in der die Grundzüge seines Denkens vorgestellt werden.*

12 Ricœurs reflexive Hermeneutik

Abbildung 15: Jeff Wall: *The Storyteller* (229 × 437 cm) (1986)

Der 1946 in Vancouver (Kanada) geborene Fotokünstler Jeff Wall hat in seinem Großdia „The Storyteller" den entfremdeten und entwurzelten Menschen unserer Zeit thematisiert. Auf seiner Fotografie trifft der naturwüchsige Wald auf die betonierten Ausläufer einer Autobahn. Verschiedene Gruppen von Menschen sitzen verstreut in dem Raum zwischen Natur und Straße, zwischen Tradition und Moderne. Hier steht der Erzähler nicht mehr selbstverständlich im Zentrum sozialer Aufmerksamkeit, um seinen Zuhörern wichtiges Erfahrungswissen mitzuteilen. Er sitzt vielmehr, umringt von lediglich zwei Personen, im unteren linken Teil des Bildes, gleichsam am Rand der Gesellschaft.

Auch der französische Philosoph Paul Ricœur (1913–2005) schenkte dem Erzählen im 20. Jahrhundert eine besondere Aufmerksamkeit. Dabei achtete er allerdings nicht auf die Verluste, die durch das verloren gegangene Erzählen in unserer technisierten und elektromagnetischen Kultur konstatiert werden können, sondern arbeitete in seiner narrativen Hermeneutik die Qualitäten heraus, die dem Erzählen immer noch zukommen. Ricœur beschäftigte sich in seinem Werk mit einer Fülle von Themen aus einer Vielzahl unterschiedlicher Perspektiven. Dabei bewahrte er im Unterschied etwa zu Edmund Husserl, Martin Heidegger und Hans-Georg Gadamer, mit denen er sich intensiv auseinandergesetzt hat, stets eine Offenheit gegenüber den Humanwissenschaften und integrierte die Ergebnisse insbesondere der Psychoanalyse, der Geschichtswissenschaft und der strukturalistischen Linguistik in sein Denken. Während Ricœurs Hermeneutik in den 1960er-Jahren zunächst auf das Symbol ausgerichtet war, ergänzte und vertiefte er seine hermeneutische Konzeption im Laufe der Zeit zu einer Hermeneutik des Textes und schließlich zu einer Hermeneutik des menschlichen Handelns. Schlüsselthemen bei seinen umfangreichen Bemühungen um eine „reflexive Hermeneutik" waren erstens die Verbindung zwischen Text, Interpretation und Welt, zweitens das korrelative Verhältnis zwischen Hermeneutik und Reflexionsphilosophie und drittens die „narrative Identität" in seiner Hermeneutik des Selbst.

12.1 **Der Text, die Interpretation und die Welt**
12.2 **Hermeneutik und Reflexionsphilosophie**
12.3 **Die narrative Identität**

12.1 Der Text, die Interpretation und die Welt

Paul Ricœurs Konzeption der Hermeneutik liegt ein spezifischer Begriff des Textes zugrunde, den er im Laufe der Zeit innerhalb seiner großen Untersuchungen beständig modifiziert und weiterentwickelt hat. Sein erster Versuch zur Bestimmung und Analyse eines Textes geht auf einen Aufsatz aus dem Jahr 1970 zurück, den Ricœur unter dem Titel *Qu'est-ce qu'un texte. Expliquer et comprendre* (*Was ist ein Text? Erklären und Verstehen*) zu Ehren von Hans-Georg Gadamer in der Festschrift mit dem Titel *Hermeneutik und Dialektik* veröffentlicht hat (Bubner 1970, S. 181–200). Auch der ein Jahr später erschienene Aufsatz *The Model of the Text: Meaningful Action considered as a Text* (1971; *Der Text als Modell: hermeneutisches Verstehen*, 1972) rückt den Text thematisch ins Zentrum und berücksichtigt daneben – was für unseren Zusammenhang allerdings weniger von Relevanz ist – die Frage nach der paradigmatischen Funktion der Methodologie der Textinterpretation für die Humanwissenschaften.

Den Text definiert Ricœur in seinem Werk unter Bezugnahme auf den sogenannten Strukturalismus und dessen Begründer Ferdinand de Saussure (1857–1913) als einen schriftlich fixierten Diskurs, der zum Bereich der *parole* (dem Produkt einer individuellen Äußerung) und nicht zum Bereich der *langue* (dem Zeichenvorrat einer Sprachgemeinschaft) gehört (vgl. Ricœur 2005, S. 80). Ricœur zufolge hat der Text im Verhältnis zum Sprechen und zum Austausch gesprochener Äußerungen einen autonomen Status, da er unabhängig im Hinblick auf die ursprüngliche Autorintention, die ursprüngliche Situation eines Werkes und eines Lesers ist. Das bedeutet, dass für Ricœur im Unterschied zur traditionellen Hermeneutik der Schriftsteller ‚hinter dem Buch' keine Antwort auf die Fragen des Lesers bereithält und das Verhältnis zwischen Schreiben und Lesen nicht als ein Dialog zwischen Autor und Leser verstanden werden darf. Denn der Text „ist der Ort selbst, an dem der Autor ankommt", und Aufgabe der Lektüre ist es, die dem Text immanente Referenz als Vollzug einer Interpretation zu aktualisieren (vgl. Ricœur 2005, S. 84f.).

Im Gegensatz zu strukturalistischen Positionen wendet sich Ricœur mit seinem Werk aber ausdrücklich gegen eine „Ideologie des absoluten Textes", derzufolge ein Text vollkommen losgelöst ist vom Autor und vom Leser und ausschließlich Bezüge auf andere Texte enthält. Ricœur kritisiert, dass eine solche „Ideologie" die Referenz übersieht, die jedem Text immanent ist und die er als „intentionale Ausrichtung auf eine Welt und die reflexive Ausrichtung auf ein Selbst" des Lesers

Begriff des Textes

Referenzen des Textes

bestimmt (Ricœur 2005, S. 118). Aufgrund dieser potenziellen Referenz verlangt die Schrift nach einer Lektüre, bei der der Leser die Stelle eines Gesprächspartners und die Schrift die Stelle des Sprechers und Sprechens einnimmt. Über die Lektüre tritt das Werk nun in den Bereich der Kommunikation ein, was zugleich seinen Eintritt in den Bereich der Referenz bedeutet. In diesem Bereich der Referenz wird eine Welt entfaltet, die sich als Folge aller durch den Text eröffneten Bezüge ergibt und in der der Leser dann wohnen und seine eigensten Möglichkeiten entwerfen kann (vgl. Ricœur 1988, S. 114, 127).

Ricœurs Bestimmung des Textes als eines schriftlich fixierten Diskurses eröffnet einen neuen Zugang zum Problem der Beziehung zwischen Erklären und Verstehen, die beiden grundlegenden Haltungen, die man einem Text gegenüber einnehmen kann. Ricœur versucht, das Verhältnis dieser beiden Modelle, das aus seiner Sicht bisher nur ungenügend reflektiert wurde, dialektisch in den Blick zu nehmen und neu zu bestimmen. Nach seiner Lesart geht die strikte Entgegensetzung und Rivalität zwischen den beiden Methoden des Erklärens und des Verstehens auf Dilthey zurück (→ KAPITEL 8.2). Da die beiden Methoden demnach einander ausschließen, ist man vor die Alternative gestellt, entweder – wie ein Naturwissenschaftler – zu erklären und dabei gegenüber den Objekten eine Außenperspektive zu beziehen, oder – wie ein Geisteswissenschaftler – auslegend zu verstehen, wobei man in der primären Ausrichtung auf die eigene innere Erfahrung eine Innenperspektive einnimmt.

Das Paar Erklären und Verstehen wird bei Ricœur nun durch das Paar Erklären und Interpretation ersetzt. Interpretation kann nach ihm dabei auf zweierlei Art charakterisiert werden. Bezogen auf Diltheys Verständnis von Verstehen bleibt der Begriff der Interpretation einerseits, wie Ricœur schreibt, „sehr subjektiv". Andererseits verwendet er ihn selbst in einem eher objektiven Sinne, indem der Vorgang der Interpretation nicht bei der Intention des Autors stehen bleiben, sondern den Anweisungen folgen soll, die der Text selbst gibt (vgl. Ricœur 2005, S. 103).

Ricœur tritt für eine Hermeneutik ein, die Erklären und (objektives) Interpretieren auf dialektische Weise vereint. Eine dritte, umfassendere Form der Interpretation bildet dabei „den hermeneutischen Bogen", der die beiden Methoden miteinander verbindet (Ricœur 2005, S. 45). Der dialektische Charakter zeigt sich am deutlichsten bei der Lektüre, insofern in dieser beide Haltungen möglich sind. So können wir uns entweder ausschließlich der Form des Textes zuwenden und diese mithilfe linguistischer Mittel einer erklärend strukturalen

Analyse unterziehen, wie sie etwa der Ethnologe und Anthropologe Claude Lévi-Strauss (1908) an Mythen vorgenommen hat (vgl. Lévi-Strauss 2008). Oder wir können uns den Text verstehend aneignen, um durch den Text zugleich auch zu einem anderen und besseren Verständnis unserer selbst zu gelangen. Wir nehmen dann eine Haltung ein, die nach Ricœur der Bestimmung der Lektüre gemäß ist, und verbinden einen neuen Diskurs mit dem Diskurs des Textes.

In folgendem Zitat kommt prägnant zum Ausdruck, worin sich die beiden methodologischen Zugänge zum Text, die sich Ricœur zufolge komplementär zueinander verhalten, unterscheiden und was ihren spezifischen Charakter ausmacht:

> „,Erklären' heißt die Struktur herausarbeiten, das heißt die internen Beziehungen der Abhängigkeit, welche die Statik des Textes ausmachen; ,interpretieren' heißt den Denkweg einschlagen, der vom Text eröffnet wird, sich zum *Aufgang* [orient] des Textes hin auf den Weg machen." (Ricœur 2005, S. 103f.)

Der erklärende Zugang folgt demnach einer strukturalen Konzeption, welche die konstitutiven Elemente des Textes und die Regeln aufzudecken versucht, nach denen diese Elemente zusammengesetzt sind. Die wissenschaftstheoretische Haltung des Erklärens ist nicht nur in der Texthermeneutik, sondern in den Humanwissenschaften des 20. Jahrhunderts überhaupt etabliert und wurde u. a. in der Linguistik Ferdinand de Saussures, der Ethnologie und der strukturalen Anthropologie von Claude Lévi-Strauss, der Psychoanalyse von Jacques Lacan und der strukturalen Textsemantik von Algirdas Julien Greimas angewendet.

_{Erklären}

Die Interpretation ist bei Ricœur von hier aus betrachtet das Erfassen der Verweise auf eine mögliche Welt, die von den nicht ostensiven (situationsungebundenen) Referenzen des Textes eröffnet werden. Die Referenzen des Textes – sei es eines Gedichtes, einer Untersuchung, eines fiktionalen Werkes – sind nicht ostensiv, da sie zwar genannt werden, man aber auf die beschriebenen Dinge, Geschehnisse, Charaktere und Ereignisse nicht mit dem Finger zeigen kann. So folgt die Interpretation der Bewegung des Textes, um die Vorschläge einer Welt zu entdecken, die in ihm offen zutage liegen. In diesem Prozess erweist sich die Interpretation als ein Umgang mit dem Text, der über die bloße Erklärung hinausgeht und in sich beide Zugangsweisen, das Erklären und das (objektive) Interpretieren, vereinigt (vgl. Prammer 1988, S. 78–88).

Interpretation

In diesem Zusammenhang wendet sich Ricœur nachdrücklich von der romantischen Tradition der Hermeneutik, wie sie von Friedrich

Verhältnis zur Tradition

Schleiermacher idealtypisch repräsentiert wird, und ihrer Ausdeutung des hermeneutischen Zirkels ab (→ KAPITEL 7). Während die romantische Tradition das Hauptaugenmerk auf die Fähigkeit des Lesers oder Hörers legt, sich in das geistige Leben eines Autors oder Sprechers hineinzuversetzen, legt es Ricœur auf die Welt, die der Text entfaltet. Auf diese Weise verschiebt sich der Akzent der Textarbeit vom Verstehen des Anderen zum Verstehen der Welt eines Textes.

Hermeneutischer Zirkel

Der hermeneutische Zirkel wird aus der Sicht Ricœurs in der romantischen Tradition nicht richtig verstanden, da hier eine unangemessene Relation zwischen den beiden Subjektivitäten – die des Lesers und die des Autors – vorausgesetzt wird, was wiederum dazu führt, dass der Leser bloß seine eigene Subjektivität auf seine Lektüre projiziert. Diese Sicht ist für Ricœur entsprechend in zweierlei Hinsicht zu korrigieren (vgl. Ricœur 2005, S. 129):

1. Der Interpret macht sich nicht die Sichtweise einer anderen Person zu eigen und versucht diese besser zu verstehen, als sie sich selbst verstanden hat, sondern er eignet sich den Horizont der Welt an, auf die sich ein Werk richtet.
2. Der Interpret projiziert nicht seine eigenen Vorstellungen und Überzeugungen in den Text und den Autor hinein, sondern seine Selbstentdeckung entfaltet sich angesichts des Textes und seiner Welt.

Ontologische Ebene

Ricœur betont, dass der hermeneutische Zirkel auf diese Weise nicht geleugnet, sondern von seiner subjektivistischen auf eine ontologische Ebene verlagert wird: „Der Zirkel besteht zwischen meiner Seinsweise – jenseits der Kenntnis, die ich davon haben kann – und der Weise, die vom Text als Welt des Werkes eröffnet und entdeckt wird." (Ricœur 2005, S. 130) Das Modell der Interpretation, für das Ricœur eintritt, ist dergestalt um eine Dialektik zentriert, die zwischen den beiden Polen der Entdeckung der Text-Welt und der Selbstentdeckung angesichts dieser Welt eine Vermittlung herstellt. Diese Dialektik findet ihren Ausdruck in der häufig wiederholten Maxime: „Mehr erklären, um besser zu verstehen", in der sich die innere Bezogenheit beider Seiten und der hermeneutische Bogen der Interpretation anzeigt (vgl. Ricœur 2005, S. 45).

12.2 Hermeneutik und Reflexionsphilosophie

Das dreibändige Werk *Temps et récit* (1983–85; *Zeit und Erzählung*, 1988–91) und die Schrift *La métaphore vive* (1975; *Die lebendige Metapher*, 1986) gehören eng zusammen, da Ricœur in beiden Schriften das zentrale Phänomen der semantischen Innovation untersucht. Damit ist das Vermögen der (insbesondere poetischen) Sprache gemeint, über die bereits bestehenden Bezeichnungen hinaus neue Bedeutungen hervorzubringen. Während die Innovation bei der Metapher durch Sinnübertragungen bzw. -verschiebungen an den Worten erreicht wird, besteht sie bei der Erzählung in der Erfindung eines Handlungsverlaufs bzw. einer Fabel.

Semantische Innovation

Wie der Titel *Zeit und Erzählung* bereits kenntlich macht, formuliert Ricœur in diesem als sein Hauptwerk zu betrachtendem Buch die These der Reziprozität (Wechselseitigkeit) von Zeit und Erzählung: Zeit wird erst dadurch zur menschlichen Zeit, indem sie durch eine Erzählung artikuliert und strukturiert wird; umgekehrt wird die Erzählung erst in dem Maße sinnvoll, wie sie die verschiedenen Momente der Zeiterfahrung zum Ausdruck bringt. Kurz gesagt: Zeit und Erzählung sind korrelativ, beide lassen sich jeweils nur mithilfe der anderen begreifen.

Reziprozität von Zeit und Erzählung

Unter besonderer Berücksichtigung der Ergebnisse der Psychoanalyse, der strukturalistischen Linguistik und der analytischen Tradition in der Philosophie versucht Ricœur, diese Grundthese der Korrelation von Zeit und Erzählung anhand einer breiten Analyse von fiktivem und historischem Erzählen zu verdeutlichen. Beide Formen der fiktiven und der historischen Erzählung lassen sich Ricœur zufolge trotz aller Unterschiede in einer einzigen zu entfaltenden Theorie der Narrativität erfassen, deren Auffassung vom Erzählen diese Unterscheidung zwar nicht aufhebt, sie aber als zweitrangig erscheinen lässt.

Zwei Erzählformen

Der Hermeneutik wird im Kontext von Ricœurs Überlegungen zu *Zeit und Erzählung* eine umfassende Aufgabe zugewiesen. Sie soll nämlich die Vielzahl der Vorgänge nachbilden, durch die ein Werk aus der praktischen Erfahrung des Handelns hervorgeht und dem Leser vom Autor vorgelegt wird:

Aufgabe der Hermeneutik

„Aufgabe der Hermeneutik ist es [...], die Gesamtheit der Vorgänge zu rekonstruieren, durch die ein Werk sich von dem undurchsichtigen Hintergrund des Lebens, Handelns und Leidens abhebt, um von einem Autor an einen Leser weitergegeben zu werden, der es aufnimmt und dadurch sein Handeln verändert." (Ricœur 1988, S. 88)

Legt man dieses Zitat aus, werden in ihm drei Bereiche thematisiert:
1. der Bereich des Lebens, Handelns und Leidens;
2. der Bereich der Erzählung (des Werkes);
3. der Bereich des Lesers (der Rezeption).

Die Hermeneutik versucht die Gesamtheit der Prozesse und Vorgänge offen zu legen, die diese drei Bereiche umfasst. Der Bogen erstreckt sich hier von der alltäglichen Erfahrung auf dem praktischen Feld über die von einem Autor verfasste Erzählung bis hin zum rezipierenden Leser. Das Theoriestück, das zwischen diesen drei Bereichen vermittelt, ist für Ricœur die Mimesis (Nachahmung), die er in der Auseinandersetzung und in Differenz zum aristotelischen Verständnis des Begriffs in einer dreigliedrigen Mimesistheorie erläutert (vgl. Jervolino 1990, S. 126–138).

Dreigliedrige
Mimesistheorie

Der Begriff Mimesis bezeichnet die Darstellung und Nachahmung von Handlung. In der aristotelischen *Poetik* (ca. 335 v. Chr.) dient dieser Begriff zur Definition der Tragödie, die Aristoteles, verkürzt gesagt, als Nachahmung einer guten und in sich geschlossenen Handlung bestimmt. Die Nachahmung ist dabei nicht als Vorgang des bloßen Kopierens und exakten Abbildens von wahrnehmbaren Gegenständen, Charakteren und Handlungen zu verstehen, sondern als ein schöpferischer Prozess. Die künstlerische Mimesis im Prozess des Dichtens vollzieht sich nach den Regeln des Wahrscheinlichen und der Möglichkeit und inszeniert dergestalt einen Mythos bzw. eine Fabel, die sich durch die Einheit der Handlung auszeichnen.

Mimesis
bei Aristoteles

Mimesis I

In Ricœurs dreigliedriger Mimesistheorie zielt die Mimesis I auf den Bereich des dem Text vorgelagerten Verständnisses vom menschlichen Handeln, in dem die Fabelkomposition verwurzelt ist. Sie verweist auf das „Vorher der dichterischen Kompositionsarbeit", den der Dichter in seinem kulturellen Hintergrund in einer pränarrativen Gestaltung vorfindet (vgl. Ricœur 1988, S. 78). Dabei ist die narrative Komposition in dreifacher Weise im praktischen Leben verankert:

- Die *erste* Verankerung bezieht sich auf unsere Kompetenz im alltäglichen Sprachgebrauch, die es uns erlaubt, das Begriffsnetz ‚Handlung' unter Angabe der Motive, Zwecke, Umstände und Folgen einer Handlung sinnvoll zu verwenden.
- Die *zweite* Verankerung der Fabelkomposition im praktischen Verstehen beruht auf den symbolischen Vermittlungen der Handlungen, die immer schon stattgefunden haben. Denn man kann über Handlungen nur berichten und sie erzählen, weil sie in einem Symbolsystem, d. h. in einen Beschreibungskontext von Zeichen, Regeln und Normen eingebettet sind. „So verleiht die Symbolik der Handlung eine Vorform der *Lesbarkeit*." (Ricœur 1988, S. 95)
- Die *dritte* Verankerung betrifft schließlich die zeitliche Struktur, an die die Erzählungen anschließen. So wird in der Alltagspraxis eine ursprüngliche Zeitstruktur bereits darin sichtbar, dass eine praktische Verflechtung zwischen der Gegenwart der Zukunft, der Ge-

genwart der Vergangenheit und der Gegenwart der Gegenwart geschieht. In der alltäglichen Erfahrung ist demnach eine dreifache Gegenwart präsent, in der die drei Zeitdimensionen zueinander in ein Verhältnis gebracht sind. Diese praktische Verflechtung und dieses Zueinander-ins-Verhältnis-Bringen der dreifachen Gegenwart ist für Ricœur bereits „die elementarste Vorform der Erzählung" (Ricœur 1988, S. 99).

Von der Mimesis I hebt Ricœur die Mimesis II ab. Die Mimesis II bezeichnet den Bereich des „Als ob" bzw. den Bereich der Fiktion, in dem es um die Komposition oder Konfiguration einer Fabel geht. Die Mimesis II hat eine Zwischenstellung zwischen Mimesis I und Mimesis III, die ihr aufgrund ihrer Vermittlungsfunktion zukommt. Die Dynamik, auf der die Vermittlungsfunktion beruht, kann in der Erzählung selbst in dreifacher Hinsicht aufgewiesen werden. So fügt die Fabel zum einen eine Vielzahl von Ereignissen zu einer Geschichte zusammen. (Ereignisse werden so in eine Geschichte verwandelt.) „Außerdem *vereinigt* die Fabelkomposition so *heterogene Faktoren* wie Handelnde, Ziele, Mittel, Interaktionen, Umstände, unerwartete Resultate usw." (Ricœur 1988, S. 106) Und schließlich vermittelt sie – und das ist für Ricœur das Wichtigste – zwischen den beiden Polen der Ereignisse und der Geschichte, indem sie im „Akt des Konfigurierens" die chronologische mit der nichtchronologisch-episodischen Zeitdimension verbindet.

Mimesis II

Die Mimesis III führt in den Bereich der Refiguration der Welt des Handelns, und zwar vermittelt über die Rezeption des Textes durch den Leser. Dieser Bereich benennt dasjenige, was Hans-Georg Gadamer in seiner philosophischen Hermeneutik als „Anwendung" (Applikation) bezeichnet (→ KAPITEL 10.2). Der Übergang von der Welt des Textes (Mimesis II) in die Welt des Lesers (Mimesis III) wird durch den Akt des Lesens vollzogen, in dem eine Geschichte aktualisiert wird. Dieser Akt des Lesens ist ein schöpferischer Vorgang, bei dem die Welt der Handlung im Zeichen der Fabel neu gestaltet wird und der Leser gewissermaßen zum Leser seiner eigenen Welt bzw. seiner selbst wird (vgl. Ricœur 2005, S. 69).

Mimesis III

Vor diesem Hintergrund kann Ricœur die These aufstellen, dass Hermeneutik und Reflexionsphilosophie, die den Menschen zu einem besseren Verständnis seiner selbst führen möchte, sich wechselseitig bedingen (vgl. Orth 2004, S. 15–39). Das Verständnis eines Textes gewinnt der Leser demnach nämlich nicht in seiner Fokussierung auf die hinter einem Text vermutete Autorintention, sondern es entfaltet und vollendet sich in seinem eigenen Selbstverständnis:

Hermeneutik und Reflexionsphilosophie

„Einerseits durchläuft das Selbstverständnis den Umweg über das Verständnis der Leiden der Kultur, in denen sich das Selbst kundtut und bildet, andererseits ist das Verständnis des Textes kein Selbstzweck, es vermittelt seine Beziehung zu einem Subjekt, das nicht im Kurzschluß einer unmittelbaren Reflexion den Sinn seines eigenen Lebens findet. [...] Kurz und gut, in der hermeneutischen Reflexion – oder der reflexiven Hermeneutik – finden die Konstitution des *Selbst* und die des *Sinnes* gleichzeitig statt." (Ricœur 2005, S. 99)

Gehen Hermeneutik und Reflexionsphilosophie dergestalt Hand in Hand, so liegt das Kennzeichen einer hermeneutisch orientierten Reflexionsphilosophie darin, „konkrete Reflexion" zu sein. Sie dient dazu, den Vorgang der Textinterpretation zugleich zu einem Prozess des Selbstverständnisses werden zu lassen, in dessen Verlauf sich der Leser „besser versteht, anders versteht oder überhaupt erst zu verstehen beginnt." (Ricœur 2005, S. 99) Der Leser, der in die Welt des Textes eintritt, öffnet dadurch gewissermaßen die Tür zu sich selbst und bringt durch die aktive Reorganisation einer sinnhaften Geschichte zugleich ein Verstehen seiner selbst hervor. Dieser Prozess birgt einerseits die Gefahr, dass das Selbst in der Identifikation mit einer Erzählfigur (des Handlungsträgers) und in einer Auseinandersetzung mit den imaginativen Variationen sich täuscht und vor sich selbst flüchtet; auf der anderen Seite eröffnet die „konkrete Reflexion" jedoch auch die Möglichkeit, dass der Leser durch den Text zu einem authentischeren Selbstverständnis gelangt. Gelingt letzteres, erweist sich die Hermeneutik nicht als eine „Hermeneutik des Mißtrauens", sondern nimmt den Sinn einer „Hermeneutik der Wiedergewinnung (des Sinns)" an (Ricœur 2005, S. 223f.).

12.3 Die narrative Identität

Verfolgt man die Entwicklung von Ricœurs Denken, so können in hermeneutischer Perspektive die Stationen einer Hermeneutik des Symbols, einer Hermeneutik des Textes und einer Hermeneutik des menschlichen Handelns voneinander abgehoben werden. Diese Stationen stehen jedoch nicht unvermittelt nebeneinander, lassen sich unter ihnen doch eine Vielzahl von Überschneidungen, Überkreuzungen und Verschiebungen erkennen. Bereits in der Phase, in der die Texthermeneutik im Fokus von Ricœurs Erkenntnisinteresse stand, nahm er zunehmend die Handlungstheorie in den Blick, die ihn ebenfalls in seinen frühen Werken bei der Auseinandersetzung mit dem freien Willen beschäftigt hatte (vgl. Ricœur 1950, 1960).

In diesem Zusammenhang kann exemplarisch auf den Aufsatz *Der Text als Modell: hermeneutisches Verstehen* (1972) verwiesen werden, in dem Ricœur die Handlung als einen „Quasi-Text" deutet und unter Bezugnahme auf die sogenannte Sprechakttheorie der beiden Sprachphilosophen John L. Austin (1911–60) und John R. Searle (1932) eine Strukturähnlichkeit von Handlung und Sprechakt nachweist. In diesem Aufsatz wird – ebenso wie in dem bisher noch nicht ins Deutsche übersetzten Sammelband hermeneutischer Essays *Du texte à l'action* (1986; Vom Text zur Handlung) – aufgrund der nachgewiesenen strukturellen Ähnlichkeit zwischen Text- und Handlungstheorie die These formuliert, dass die Handlungstheorie von den Einsichten der Hermeneutik inhaltlich bereichert und befruchtet wird.

Die Schritte und Übergänge, die von der Texthermeneutik zu einer Hermeneutik des menschlichen Handelns bzw. einer „hermeneutischen Phänomenologie der Person" (Ricœur 2005, S. 228) führen, hat Ricœur in der äußerst detailreichen und komplexen Untersuchung *Soi-même comme un autre* (1990; *Das Selbst als ein Anderer*, 1996) auf differenzierte Weise dargelegt. Mit dieser Schrift knüpft Ricœur nicht nur an seine frühe Fragestellung nach dem Subjekt im Zusammenhang mit seiner Willensphilosophie an, sondern nimmt den Gedankengang aus dem Schlusskapitel des dritten Bandes von *Zeit und Erzählung* wieder auf. Hier hatte er die These der „narrativen Identität" formuliert, die sowohl auf Individuen als auch Gemeinschaften zutrifft, und sie durch psychoanalytische Einsichten zu veranschaulichen versucht.

Hermeneutik menschlichen Handelns

In *Das Selbst als ein Anderer*, in dem eine Hermeneutik des Selbst im Zusammenhang mit einer Theorie der Erzählung und der Ethik entfaltet wird, ist die narrative Identität das zentrale Theoriestück, auf das Ricœur in seinen Ausführungen immer wieder zurückkommt. So geht es Ricœur in den zehn Abhandlungen, in die seine Untersuchung gegliedert ist, um Charakteristika des Subjekts,

Narrative Identität

- das einen Zugang zu sich selbst nicht unmittelbar, sondern nur über verschiedene Vermittlungen hat;
- das zwei Formen der Identität besitzt, nämlich die sogenannte „Selbigkeit" und die „Selbstheit";
- das „mit und für den Anderen" ist, also konstitutiv eine Beziehung zum Anderen hat.

Die zwei Arten personaler Identität, die Ricœur unterscheidet und die er Selbigkeit und Selbstheit nennt, entwickelt er in einer kriti-

Zwei Arten personaler Identität

schen Auseinandersetzung mit der Theorie von Derek Parfit (1949), dem es primär um die Selbigkeit geht. Intention Ricœurs ist es, diese beiden Formen der Identität in eine Theorie der narrativen Identität zu integrieren, und zwar dergestalt, dass ihr dialektisches Verhältnis sichtbar wird.

Während der Identitätstyp der Selbigkeit, ausgehend vom lateinischen Begriff *idem* (lateinisch für derselbe), im Konzept der Idem-Identität entwickelt wird, wird der Identitätstyp der Selbstheit, ausgehend vom lateinischen Begriff *ipse* (lateinisch für selbst), im Konzept der Ipse-Identität entfaltet. In *Reflexion Faite: Autobiographie intellectuelle* (*Eine intellektuellen Autobiographie*, 1995) charakterisiert Ricœur die beiden Identitätstypen auf prägnante Weise:

„Die Identität im Sinne von Selbigkeit schien mir den objektiven oder objektivierten Eigenschaften des sprechenden und handelnden Subjekts angemessen zu sein, während mir die Identität im Sinne von Selbstheit ein Subjekt, das fähig ist, sich selbst als Urheber seines Sprechens und Handelns zu bezeichnen, besser zu charakterisieren schien, ein Subjekt, das nicht substantiell und nicht unveränderlich, aber dennoch für sein Sagen und Tun verantwortlich ist." (Ricœur 2005, S. 72)

Selbigkeit / Idem-Identität

Mit dem ersten Typ der Identität, der Selbigkeit bzw. der Idem-Identität, ist die Tatsache angesprochen, dass eine Person im Wechsel und Wandel von Zuständen und Gewohnheiten als ein- und dieselbe bestehen bleibt. Diese Gleichheit der Person impliziert eine Form ihrer zeitlichen Unveränderlichkeit. Sie erlaubt es, Personen einen konstanten Charakter und kontinuierliche Haltungen und Eigenschaften zuzuschreiben, die durch spezifische Merkmale belegt werden können und eine Person von außen identifizierbar machen.

Selbstheit / Ipse-Identität

Der zweite Typ, die Selbstheit oder Ipse-Identität, verweist auf das Verhältnis, das eine Person zu sich selbst einnehmen kann. Mit diesem Identitätstyp hängt es zusammen, dass eine Person fähig ist, für Verbindlichkeiten einzustehen, was Ricœur paradigmatisch anhand einer Analyse des Versprechens zeigt. Die Identität im Sinne der Selbstheit ermöglicht das Tragen von Verantwortung gegenüber dem Vergangenen in der Geschichte, aber auch dem Zukünftigen. Sie wird vom Subjekt gestiftet, das sich selbst zum Urheber seiner Absichten und Initiativen in der Welt macht, weil es in seiner Freiheit von niemand anderem vertreten werden kann.

Integration der beiden Typen

Vor dem Hintergrund dieser Unterscheidung behauptet Ricœur, dass ausschließlich eine Theorie der narrativen Identität beide Typen der personalen Identität zu integrieren vermag, da die „Natur der

narrativen Identität" sich in der „Dialektik von Selbstheit und Selbigkeit" offenbart (vgl. Ricœur 2005, S. 173). Das meint, dass der Charakter einer Person an zwei Bereichen partizipiert:
- dem der Objektivität als Inbegriff der dauerhaften Haltungen bzw. Eigenschaften, die eine Person identifizierbar machen und die sie mittelbar sichtbar werden lassen,
- dem der Existenz, durch den der Charakter immer auch der Selbstbestimmung und Freiheit einer Person überantwortet ist und in seiner Unmittelbarkeit zum Vorschein tritt.

Für die narrative Figur in einer Erzählung ist nun genau diese Spannung von Selbigkeit und Selbstheit konstitutiv, da sie sowohl (unfreiwillig) immer schon einem Kontext bzw. dem Zusammenhang einer Geschichte angehört, als auch selbstständig und eigenwillig ihre Erfahrungen macht. So konstruiert die Erzählung „die Identität der Figur, die man ihre narrative Identität nennen darf, indem sie die Identität der erzählten Geschichte konstruiert. Es ist die Identität der Geschichte, die die Identität der Figur bewirkt." (Ricœur 2005, S. 182) Im Blick auf diese Korrelation erweist sich die narrative Dimension bei der Identitätsbildung einer Person auch im echten Leben als unhintergehbar, weil diese Dimension erst deren Stabilität sowie deren Veränderlichkeit gewährleistet (vgl. Welsen 2007).

Spannung von Selbigkeit und Selbstheit

Fragen und Anregungen

- Was versteht Ricœur unter einem Text?
- Wie unterscheidet sich Ricœurs Deutung des Zusammenhangs von Erklären und Verstehen von der Auffassung, die Dilthey dazu vertreten hat?
- Skizzieren Sie, in welcher Weise Ricœur den hermeneutischen Zirkel bestimmt.
- Welche Aufgabe gibt Ricœur der Hermeneutik im Rahmen seiner dreifachen Mimesistheorie?
- Nennen und charakterisieren Sie die zwei Arten personaler Identität, die Ricœur in *Das Selbst als ein Anderer* entwickelt.

Lektüreempfehlungen

Quellen
- Paul Ricœur: Zeit und Erzählung, Bände I–III, München 1988–91.
- Paul Ricœur: Das Selbst als ein Anderer, 2. Auflage, München 2005.
- Paul Ricœur: Vom Text zur Person. Hermeneutische Aufsätze (1970–1999), Hamburg 2005.

Forschung
- Otto Friedrich Bollnow: Paul Ricœur und die Probleme der Hermeneutik, in: ders., Studien zur Hermeneutik, Band I: Zur Philosophie der Geisteswissenschaften, Freiburg/München 1982, S. 224–294. *Gibt einen sehr guten Überblick über Ricœurs Hermeneutik bis in die 1970er-Jahre.*

- Jean Greisch: Paul Ricœur. L'itinérance du sens, Grenoble 2001. *Wichtiges (bisher nicht ins Deutsche übersetztes) Standardwerk der Ricœur-Forschung.*

- Susanne Kaul: Narratio. Hermeneutik nach Heidegger und Ricœur, München 2003. *Kenntnisreiche Untersuchung, die das Konzept einer fundamentalen Narrativität des Verstehens entwickelt.*

- Burkhard Liebsch (Hg.): Hermeneutik des Selbst – Im Zeichen des Anderen. Zur Philosophie Paul Ricœurs, Freiburg/München 1999. *Versammelt wichtige Aufsätze zur Hermeneutik Ricœurs im Blick auf seine Werke „Zeit und Erzählung" und „Das Selbst als ein Anderer".*

- Jens Mattern: Ricœur zur Einführung, Hamburg 1996. *Arbeitet Ricœurs Kerngedanken des dialektischen Verhältnisses von Zugehörigkeit und Distanzierung heraus.*

13 Derridas Dekonstruktion

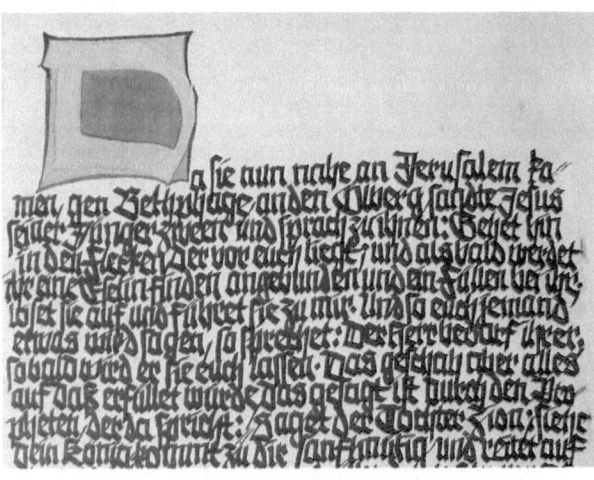

Abbildung 16: Rudolf Koch: Handschrift des Matthäus-Evangeliums (Ausschnitt) (1921)

Dass jeder Text ein engmaschiges Buchstabengewebe ist, bei dem jeder Buchstabe mit jedem anderen Buchstaben vernetzt zu sein scheint, während die Zeilen einer ungleichmäßigen rhythmischen Bewegung folgen, kommt in dem Auszug aus dem handgeschriebenen Matthäus-Evangelium des Offenbacher Schriftkünstlers Rudolf Koch aus dem Jahre 1921 anschaulich zum Vorschein. Auch für Jacques Derrida ist der konkrete Text ein Gewebe, dessen Textur so verschleiert sein kann, dass es manchmal Jahrhunderte erfordert, diese wieder freizulegen. Hier können also zwei einander gegenläufige Bewegungen voneinander unterschieden werden: einerseits die Tendenz des Textes, sich zu verschließen und sich einem lesenden Zugriff zu entziehen, und andererseits die Lektüre, bei der man einen Eingriff bzw. Einschnitt ins Gewebe vornimmt und verborgenen Fäden des Textes zu folgen versucht, um in der ständigen Bewegung des Lesens Sinn entstehen zu lassen.

Historisch betrachtet knüpft der von Jacques Derrida (1930–2004) geprägte Begriff „Dekonstruktion" insbesondere an den Philosophen Martin Heidegger (1889–1976) und dessen Versuch einer „Destruktion" der Geschichte der abendländischen Ontologie an. In systematischer Perspektive kann man mit diesem Begriff Derridas eigenwillige philosophische Konzeption zusammenfassen, bei der die dekonstruktive Lektüre eines Textes von zentraler Bedeutung ist. Dabei geht es Derrida im Unterschied zur bisherigen Hermeneutik weniger um eine allgemeine, wiederholbare Methode, die einen Text auf einen bestimmten Sinn hin liest und auslegt, als vielmehr um eine Haltung, mittels derer man in einem Text Widersprüche aufspüren und Sinn entstehen lassen kann.

13.1 **Destruktion und De-kon-struktion**
13.2 **Eine Lektüre von Platons *Phaidros***
13.3 **Die Schrift und die Differenz**

13.1 Destruktion und De-kon-struktion

Will man sich der Dekonstruktion als Praxis einer Textanalyse nähern, steht man vor der Schwierigkeit, dass sie sich nicht eindeutig bestimmen lässt. Ein Grund dafür liegt in der Verweigerungshaltung, die von der Dekonstruktion, als deren Begründer und zentrale Repräsentant Jacques Derrida gilt, selbst ausgeht. Denn mit einer Definition der Dekonstruktion würde man fälschlicherweise eine Fixierung vornehmen, die andere und neue Möglichkeiten ihrer Anwendung, die jetzt zwar noch nicht bekannt sind, aber sich im Laufe der Zeit herauskristallisieren könnten, unberücksichtigt ließe.

Schwierigkeit einer Definition

Dass sich das Verfahren der Dekonstruktion einer grundsätzlichen Bestimmung zu widersetzen sucht, liegt daran, dass Derrida mit der Dekonstruktion keine universell anwendbare, allgemeine und wiederholbare Methode formulieren will. Nimmt man im Zuge einer Textinterpretation eine dekonstruktive Haltung ein, achtet man nämlich vielmehr mit besonderem Nachdruck auf die spezifische Eigenart und den jeweiligen Eigensinn eines geschriebenen Textes. Die Dekonstruktion formuliert darum für sich selbst den Anspruch, in Differenz zur traditionellen Hermeneutik zu stehen. So geht es ihr von ihrem Selbstverständnis her nicht um ein abstraktes Verfahren, das gleichsam von außen einem konkreten Text übergestülpt wird, sondern um das Einlassen auf einen bestimmten Text, mit dem sie sich mittels der dekonstruktiven Methode kritisch auseinandersetzt.

Gegen eine allgemeine Methode

Versucht man trotz dieser Schwierigkeiten ein erstes Verständnis der Dekonstruktion zu gewinnen, kann dies unter Bezugnahme auf Martin Heideggers Destruktion der Geschichte der bisherigen Ontologie – das ist die Lehre vom Sein – erfolgen, wie sie in seinem ersten Hauptwerk *Sein und Zeit* (1927) zu lesen ist (→ KAPITEL 9). Denn das Wort Dekonstruktion war zunächst nicht Inbegriff einer philosophischen Richtung, sondern Derridas Übersetzung des deutschen (von Heidegger verwendeten) Wortes Destruktion ins Französische.

Ein erstes Verständnis der Dekonstruktion

Heidegger stellt sich in *Sein und Zeit* eine „Doppelaufgabe", die sich mit den Stichworten Daseinsanalyse und Destruktion benennen lässt:

„Doppelaufgabe" von Sein und Zeit

- Einerseits geht es ihm in seiner Daseinsanalyse um eine existenziale Analytik des Menschen, den er terminologisch als Dasein fasst. Diese Analytik setzt bei der durchschnittlichen Alltäglichkeit an und versucht sogenannte „Existenzialien", also Grundstrukturen des Menschen, aufzuweisen und die Frage nach dem Sinn des Seins, von den herkömmlichen Antworten befreit, wieder offen zu legen.

- Andererseits bemüht sich Heidegger in seiner Destruktion der Geschichte der abendländischen Ontologie um eine positive Aneignung der Vergangenheit, indem er nicht bei den Verdeckungen und Verstellungen der Tradition stehen bleibt, sondern diese abzubauen versucht.

Auf diese Aufgabe, die Geschichte der Ontologie zu destruieren, macht Heidegger nachdrücklich aufmerksam:

„Soll für die Seinsfrage selbst die Durchsichtigkeit ihrer eigenen Geschichte gewonnen werden, dann bedarf es der Auflockerung der verhärteten Tradition und der Ablösung der durch sie gezeitigten Verdeckungen. Diese Aufgabe verstehen wir als die *am Leitfaden der Seinsfrage* sich vollziehende *Destruktion* des überlieferten Bestandes der antiken Ontologie auf die ursprünglichen Erfahrungen, in denen die ersten und fortan leitenden Bestimmungen des Seins gewonnen wurden." (Heidegger 1984, S. 22)

Destruktion im Sinne Heideggers

Die „Destruktion des überlieferten Bestandes der antiken Ontologie" hat im Sinne Heideggers entgegen der üblichen Sprachverwendung keinen pejorativen, also abwertenden Charakter. Denn Heidegger verfolgt mit ihr explizit die positive Absicht, sich die Tradition durch ihre Verkrustungen hindurch neu anzueignen und die Frage nach dem Sinn von Sein ohne Vorbelastungen zu stellen. Dabei soll die bisherige Seinsgeschichte nicht verleugnet, ignoriert oder gleichsam destruktiv behandelt werden, sondern ihre Versäumnisse und Mängel sollen freigelegt werden, um dadurch zum Grund bzw. Wesen des Seins vorzudringen.

Im Rückblick auf *Sein und Zeit* hat Martin Heidegger 30 Jahre später in dem Vortrag *Was ist das – die Philosophie?* (1957) noch einmal prägnant sein Verständnis von Destruktion formuliert:

Was ist das – die Philosophie?

„Destruktion bedeutet nicht Zerstören, sondern Abbauen, Abtragen und Auf-die-Seite-stellen – nämlich die nur historischen Aussagen über die Geschichte der Philosophie. Destruktion heißt: unser Ohr öffnen, freimachen für das, was sich uns in der Überlieferung als Sein des Seienden zuspricht." (Heidegger 2003, S. 22)

Derrida, der Heideggers Wort „Destruktion" ins Französische übersetzen wollte, sah sich mit dem Problem konfrontiert, dass die Verwendung des französischen Äquivalents *destruction* die Heideggerschen Überlegungen verfälscht hätte. In dem französischen Wort schwingen nämlich die negativen Konnotationen der Zerschlagung, Vernichtung und der Zerstörung mit, wodurch man der Sache, die das Wort bei Heidegger anzeigt, nicht gerecht worden wäre. Derrida

Dé-con-struction

wählte daher den Begriff *dé-con-struction*, und zwar erstmals 1966 in einem Aufsatz bzw. Essay über die *Grammatologie*, der in der Zeitschrift *Critique* veröffentlicht wurde. Der Aufsatztitel ist zugleich der Titel von Derridas Grundlagenwerk *De la grammatologie* (1967; *Grammatologie*, 1974), das ein Jahr später erschien.

Derridas Wortschöpfung „Dekonstruktion" ist aber keine reine Übersetzung Heideggers, vielmehr überträgt Derrida auf diesen Begriff auch Gedanken, um die es ihm innerhalb seines eigenen Werkes geht. Achtet man nämlich auf die wörtliche Bedeutung, die im Wort Dekonstruktion mitschwingt, lässt sich dabei bereits Derridas eigentliche Intention erkennen: mittels einer dekonstruktiven Lektüre Konstruktionen aufzuweisen und, wie es Georg W. Bertram präzise formuliert hat, „die Konstruktionen in ihren Grenzen zu zeigen, sie von ihren Grenzen her zu entwickeln." (Bertram 1999, S. 233) Während sich aber Heideggers Destruktion auf die bisherige Tradition der abendländischen Geschichte der Ontologie bezieht, lenkt Derridas Dekonstruktion den Blick auf die Schrift und den Text im Allgemeinen. Genauer gesagt: Während Heideggers Destruktion aus der Sicht Derridas immer noch der Ontologie verhaftet bleibt und untrennbar mit der Instanz des Seins und des Logos verbunden ist, hängt Derridas Dekonstruktion von Texten unmittelbar mit der *écriture* zusammen, was Schrift, Schreiben und Schreibweise bedeutet.

Dekonstruktion von Texten

Derridas spezifisches Verständnis von Dekonstruktion wird an einer nicht leicht zu verstehenden Textstelle seiner *Grammatologie* sichtbar, an der er erstmals den Begriff der Dekonstruktion verwendet:

„Die ‚Rationalität' – aber vielleicht müsste auf dieses Wort aus dem Grunde, der am Ende dieses Satzes sichtbar wird, verzichtet werden –, die eine derart erweiterte und radikalisierte Schrift beherrscht, stammt nicht mehr aus einem Logos. Vielmehr beginnt sie mit der Destruierung und, wenn nicht der Zerschlagung, so doch der De-Sedimentierung, der Dekonstruktion aller Bedeutungen, deren Ursprung in der Bedeutung des Logos liegt." (Derrida 1983, S. 23)

Der Begriff Dekonstruktion ist demnach bei Derrida mit dem Konzept einer erweiterten und radikalisierten Schrift verbunden, die ein fragloses Festhalten am Sein und am Logos, wie es sich aus seiner Sicht immer noch bei Heidegger aufweisen lässt, zu überwinden versucht. Denn auch Heidegger scheint Derrida zufolge immer noch „in einer merkwürdigen Weise der Metaphysik verhaftet zu sein" (Derrida 1986, S. 44), als deren Grundlage der Logozentrismus bzw. Phonozentrismus anzusehen ist. Im Logo- oder Phonozentrismus herrscht

Schrift vs. gesprochenes Wort

das gesprochene Wort (französisch *parole* oder *phoné*), das dadurch zu einem Misstrauen oder gar zur Unterdrückung der Schrift (französisch *écriture*) geführt hat. Nach Derrida wird an den bisherigen philosophischen Diskursen eine deutliche Abwertung der Schrift erkennbar, die meistens damit begründet wurde, dass sie das lebendige Gespräch verhindere, dem Gedächtnis nur äußerlich sei und nicht Wissen und Wahrheit, sondern Meinung und Schein hervorbringe.

Über diese Metaphysik mit ihrer Orientierung an der Gegenwart des Seins und an der Herrschaft des gesprochenen Wortes, in dem die Sinnpräsenz gewährleistet sein soll, versucht Derrida hinauszugehen, indem er die De-Sedimentierung und Dekonstruktion aller Bedeutungen intendiert und dabei auch nicht die Bedeutung des Seins bzw. des Logos außer Acht lässt. Auf diesem Weg kann man die Schrift, die bisher nur eine untergeordnete Rolle zugewiesen bekam, von der Autorität des gesprochenen Wortes und den Verdächtigungen des begrifflichen Logos befreien. Dabei wird das hierarchische Verhältnis zwischen Logos und gesprochenem Wort einerseits und Schrift andererseits von Derrida umgedreht, um anstelle des Vorrangs des gesprochenen Wortes (französisch *parole*) einen Vorrang der Schrift (französisch *écriture*) zu behaupten. Darüber hinaus sieht Derrida aber auch die *écriture*, die Schriftlichkeit, in der mündlichen Aussage unmerklich am Werk, wodurch sie letztlich die Voraussetzung des gesprochenen Wortes wird und als „Urschrift" (französisch *archi-écriture*) hervortreten kann (vgl. Derrida 1983, S. 197).

Befreiung der Schrift

13.2 Eine Lektüre von Platons *Phaidros*

Schwierigkeiten, Derrida zu verstehen

Derrida macht es seinen Lesern nicht leicht. Dies mag zum einen an seiner eigenwilligen, kryptisch anmutenden Ausdrucksweise liegen, die einer Systematisierung seines Denkens einen hartnäckigen Widerstand entgegensetzt und kaum vom Willen durchdrungen ist, plausible Argumente anzuführen. Zum anderen zeichnen sich seine Texte durch einen gedrängten Stil und eine Vielzahl von Verweisen aus, da Derrida seinen Gedankengang zumeist in Auseinandersetzung mit und in Abhebung zu anderen philosophischen Texten entwickelt, was deren Kenntnis – zumindest in Grundzügen – erforderlich macht. Darüber hinaus bewegt sich Derridas Werk, was in der deutschen Philosophie eher seltener geschieht, auch in nicht-philosophischen Bereichen und Forschungszusammenhängen (wie z. B. denen der Sprachwissenschaft, der Ethnologie und der Psychoanalyse) und berücksichtigt mit großer Selbstverständlichkeit deren Ergebnisse und Einsichten. Schließlich scheute Derrida keine Mühen, immer wieder seinem eigenen Denken gegenüber kritisch zu sein, um es gar nicht erst der Gefahr einer Geschlossenheit auszusetzen.

Will man trotz dieser Schwierigkeiten das Spezifische von Derridas dekonstruktivem Vorgehen verstehen, bietet es sich an, ihm bei einer seiner Lektürearbeiten gleichsam über die Schulter zu schauen. Auf diese Weise gewinnt man einen unmittelbaren Einblick in seine dekonstruktive Auslegung, die sich von ihrem Selbstverständnis her prinzipiell von den traditionellen textanalytischen Verfahren wie beispielsweise der werkimmanenten Interpretation zu unterscheiden glaubt. Hierzu eignet sich eine Betrachtung seiner ausführlichen Lektüre von Platons Dialog *Phaidros* (vermutlich zwischen 370 und 360 v. Chr. entstanden), die er neben weiteren Lektüren philosophischer oder wissenschaftlicher Autoren wie Friedrich Nietzsche, Jean-Jacques Rousseau, Edmund Husserl, Ferdinand de Saussure und Sigmund Freud vorgelegt hat. Veröffentlicht ist diese Studie unter dem Titel *Platons Pharmazie*. 1968 erstmals publiziert, wurde sie später in das Buch *La dissémination* (1972; *Dissemination*, 1995) aufgenommen. Derrida bezieht sich in der Studie primär auf Platons Überlegungen zur Schrift, die dieser gegen Ende seines Dialogs *Phaidros* äußert.

Platons Phaidros

Einen ersten Zugang zum Verständnis von Derridas kritischer Lektüre des Platon-Textes gewinnt man, wenn man mit ihm zunächst den Blick auf das griechische Wort *phármakon* lenkt, das im *Phaidros* an verschiedenen Stellen auftaucht. Dieses Wort, das Derrida als ein Zeichen auffasst, hat im *Phaidros* eine Vielzahl von Bedeutungen, die sich allerdings nicht einfach ergänzen, sondern aus bestimmten Perspektiven einander widersprechen. So kann Pharmakon als ein Mittel ebenso ein „Gift" wie ein „Heilmittel", eine „Droge" und ein „Zaubertrank" sein (vgl. Derrida 1995, S. 80).

Phármakon

Nach Derrida wird nun zu Beginn des *Phaidros* erstmals auf das Zeichen Pharmakon verwiesen. Es findet Erwähnung, als die beiden Hauptgesprächspartner des Dialoges, Sokrates und Phaidros, die Stadt Athen entlang des Flusses Ilissos verlassen, um der Hitze zu entfliehen und einen schattigen und einsamen Ort aufzusuchen. Phaidros richtet dabei an Sokrates die Frage, ob hier am Fluss nicht irgendwo Oreithyia, die Tochter des Königs Erechtheus von Athen, durch Boreas, den Gott des Nordwinds, geraubt worden sei, und ob Sokrates diese Geschichte für wahr halte (vgl. Platon 1990c, S. 11). Sokrates schlägt darauf im ironisch-belustigtem Ton eine gelehrte Erklärung des Mythos im Sinn der Weisen/Klugen vor: In dem Augenblick, in

Mythos über Oreithyia

dem Oreithyia mit der *Pharmakeia* spielte, habe sie der Wind Boreas von den Felsen herabgeworfen, und wegen dieser Todesart erzählte man, sie sei durch den Gott Boreas geraubt worden. Durch den Tonfall, in dem Sokrates diese Erklärung vorlegt und durch Äußerungen wie beispielsweise der, dass er dergleichen Deutungen „im übrigen ganz artig" fände, macht sich aber seine Distanz zu dieser Darstellung bemerkbar.

Derrida wirft im Zusammenhang mit dieser erstmaligen knappen und uneindeutigen Erwähnung von *Pharmakeia* die Frage auf, ob diese „ein Zufall", ein „Außer-, ein Beiwerk" sei. Auch wenn er hierauf keine klare Antwort gibt, hält Derrida fest, dass mit ihrem Spiel „Pharmakeia eine jungfräuliche Reinheit und ein unberührtes [...] Inneres in den Tod gerissen" hat (Derrida 1995, S. 70).

Nur wenige Zeilen weiter wird aus der Sicht Derridas das Wort Pharmakon in einer anderen Bedeutung verwendet. Sokrates vergleicht an dieser Textstelle (Platon 1990c, S. 15) die von Phaidros mitgebrachten geschriebenen Texte, die er Sokrates vorlesen will, mit einer Droge, die das geeignete „Mittel der Verführung" ist, um Sokrates aus Athen wegzulocken. So sorgt für Derrida das Pharmakon dafür,

Texte als „Mittel der Verführung"

„daß die allgemeinen, natürlichen oder habituellen Wege und Gesetze verlassen werden. Es sorgt hier dafür, daß Sokrates seinen eigenen Platz und seine gewöhnlichen Wege verläßt. Diese hielten

Wirkung der Schriftrollen

ihn stets im Innern der Stadt. Die Schriftrollen [...] wirken wie ein *pharmakon*, das denjenigen, der niemals die Stadt, nicht einmal im letzten Moment, um dem Schierling zu entgehen, verlassen wollte, aus der Stadt heraus treibt oder zieht. Sie sorgen dafür, daß er aus sich herausgeht, und reißen ihn mit auf einem Weg, der eigentlich ein *exodus* ist". (Derrida 1995, S. 78f.)

Eine direkt gehaltene Rede hätte aus Derridas Sicht nicht dieselbe Wirkung gehabt, wie sie von den „verborgenen Lettern", den „aufgeschobenen, vorbehaltenen, eingewickelten, eingerollten Worte(n)" ausgeht (vgl. Derrida 1995, S. 79). So aber übt die Schrift hier die Wirkung eines Pharmakon aus, reißt Sokrates aus seinem gewohnten Weg heraus und führt ihn von diesem weg.

In seiner Lektüre des *Phaidros* schenkt Derrida insbesondere dem

Theuth und Thamus

Mythos von Theuth und Thamus, der gegen Ende des Dialogs von Platon angeführt wird, besondere Beachtung. Dieser Mythos lässt sich folgendermaßen skizzieren: Theuth, der Erfinder der Schrift und anderer Künste (z. B. der Rechenkunst, der Messkunst, der Sternkunde) ging zu Thamus, dem König über das gesamte Ägypten, um diesem seine Künste zu zeigen und ihn dazu aufzufordern, sich für deren Verbreitung im ganzen Land einzusetzen. Der König Thamus ließ sich von jeder dieser Künste den Nutzen erklären und äußerte sich daraufhin zu jeder in einem lobenden oder kritischen Sinne. Als Theuth zur Schriftkunst kam und betonte, dass sie als ein Mittel (Pharmakon) für den Verstand und das Gedächtnis erfunden worden wäre (Platon 1990c, S. 177), widersprach Thamus entschieden. Denn für ihn begünstige das Vertrauen in die Schrift die Vernachlässigung des Gedächtnisses und die Vergesslichkeit der Seele. Zudem fördere sie nicht die Weisheit, da das Gelesene den Schülern zwar das Gefühl vermittle, „Vielwisser" zu sein, sie es letztlich aber größtenteils doch nicht verstehen können und darum eher als „Nichtwisser" zu bezeichnen seien.

Derrida macht bei seiner dekonstruktiven Lektüre deutlich, dass die Schrift an dieser Textstelle im *Phaidros* „ohne Umweg, ohne Hintergedanken, ohne ein verstecktes Argument als ein *pharmakon* vorgelegt, präsentiert und deklariert" wird (Derrida 1995, S. 82).

Allerdings geschieht dies an derjenigen Stelle des Dialogs, an der dieser beinahe erschöpft ist und der Gedankengang bereits voll entfaltet wurde. Eine neue Wendung gelingt dadurch, dass die Frage nach der Schrift primär als eine moralische Frage formuliert wird, bei der die Schrift an einen Mythos gebunden ist und im Gegensatz zum Wissen steht, das man aus sich selbst heraus schöpfen kann. Hier kommt deutlich Platons kritische Haltung gegenüber der Schrift zum Ausdruck, die für ihn von der Macht des Wortes und dem Willen zur Wahrheit zu unterscheiden ist und den „Bruch mit der Genealogie und die Entfernung vom Ursprung bedeutet" (Derrida 1995, S. 83).

Schrift – im Gegensatz zum Wissen

In dem hier grob umrissenen Lektüreprozess gelingt es Derrida letztlich, anhand des Zeichens Pharmakon die nicht zu fixierende Bedeutung als einen blinden Fleck zu benennen, der sich dem Text Platons gewissermaßen entzieht. Das Zeichen Pharmakon, das in sich eine Vielzahl von möglichen Bedeutungen fasst, ruft eine Bewegung hervor oder ist selbst einer Bewegung unterworfen, die immer wieder von Platon angehalten wird, um eine Bedeutung zu setzen. Diese jeweilige Bedeutung gehört im *Phaidros* mit anderen Bedeutungen untrennbar zusammen, auch wenn sie einander widersprechen. So kann das Zeichen Pharmakon in einem dreifachen Sinne verwendet werden, einmal als Einheit von Pharmakon/Heilmittel/Gift, dann als Pharmakon/Heilmittel und schließlich als Pharmakon/Gift.

Blinder Fleck

„Das *pharmakon* ist also ,ambivalent', weil es genau die Mitte bildet, in der die Gegensätze sich entgegensetzen können, die Bewegung und das Spiel, worin sie aufeinander bezogen, ineinander verkehrt und verwandelt werden [...]. Aus diesem Spiel oder dieser Bewegung heraus werden die Gegensätze oder die Unterschiedenen von Platon *angehalten*." (Derrida 1995, S. 143)

<small>Bewegung und Anhalten der Bewegung</small>

Derridas Lektüre von Platons *Phaidros* bringt das im Zeichen Pharmakon sichtbar werdende Zusammenspiel von Bewegung und Anhalten der Bewegung im Fixieren einer Bedeutung zum Vorschein. Spricht Platon daher an einer Textstelle z. B. vom Pharmakon als einem Heilmittel, nimmt er zugleich unausgesprochen über diese Bedeutung hinaus einen Verweis auf andere Bedeutungen vor, da die Fixierung auf diese Bedeutung nicht als endgültig angesehen werden kann. Mit anderen Worten: Auch wenn Platon den Eindruck erweckt, die im Pharmakon enthaltenen Bedeutungen als Gegensätze zu setzen, geht es ihm, wie die Dekonstruktion sichtbar machen kann, doch um den unlösbaren Zusammenhang zwischen der Bewegung und dem Anhalten der Bewegung. Nimmt man daher das Ende des Dialogs als Inbegriff seiner Quintessenz, in der man die Dichotomie von Schrift bzw. Mythos einerseits und Rede bzw. Logos andererseits endgültig fixiert zu finden meint, verengt man fälschlicherweise die platonische Position auf ein Moment innerhalb der gesamten Bewegung des Textes.

<small>Dekonstruktive Lektüre</small>

Mit Georg W. Bertram lässt sich diese dekonstruktive Lektüre Derridas pointiert kennzeichnen:

„Dekonstruktion ist keine Aktivität auf seiten einer kritischen Lektüre. Dekonstruktion wird vielmehr in der Lektüre zu Platon als eine Aktivität erkannt, die in den Konstruktionen seiner Texte am Werk ist. Auf diese Aktivität richtet sich eine Lektüre, die man als dekonstruktive Lektüre bezeichnen könnte. Eine solche Lektüre befasst sich mit einer Dekonstruktion, die vorliegt. Dekonstruktion ist nichts, was in sich selbst begründet wird." (Bertram 1999, S. 234)

Eine dekonstruktive Lektüre trägt demnach keine Kritik von außen an den Text heran, sondern folgt den Dekonstruktionen, die dem Text selbst immanent sind. In gewisser Weise liegt dergestalt ein Resonanzphänomen zwischen Lektüre und Text vor, insofern die Lektüre solches zu lesen gibt, was im Text durch Hinweise lesbar ist, aber durch die Lektüre allererst kritisch lesbar gemacht werden kann. So weist der Text stets über sich hinaus, da der Sinn in ihm niemals nur ein bestimmter Sinn ist, der dingfest gemacht werden könnte, sondern stets differiert und dadurch buchstäblich in Bewegung bleibt.

13.3 Die Schrift und die Differenz

Blickt man auf die Hermeneutik im 20. Jahrhundert, wie sie von Martin Heidegger und Hans-Georg Gadamer repräsentiert wird, und setzt man diese in Beziehung zur Dekonstruktion Derridas, zeigt sich das Spezifische seines Ansatzes anhand seiner Grundworte Schrift (französisch *écriture*) und Differenz (französisch *différance*) – dabei ist die *différance* eine von Derrida vorgenommene Wortschöpfung, welche Eigenschaften der Schrift anzeigt, die dem gesprochenen Wort fehlen, da nur das Schriftbild deutlich macht, dass ein Unterschied zwischen Derridas neuem Wort und dem bestehenden, gleichlautenden Ausdruck *différence* existiert.

Die Behauptung, die Derrida in Hinsicht auf Heideggers Destruktion der Geschichte der Ontologie (→ KAPITEL 13.1) formuliert, ist, dass Heidegger – obwohl er die Metaphysikgeschichte kritisiert und diese nicht zuletzt durch sein Werk endgültig zu überwinden versucht – dennoch der Metaphysik verhaftet bleibt. Plausibilität erhält der Metaphysikverdacht gegenüber Heidegger durch Derridas Vorwurf, Heidegger halte an der Eindeutigkeit eines bereits bestehenden Sinns fest, den es (z. B. in der Frage nach dem „Sinn von Sein") nur zu suchen gilt. Aus der Sicht Derridas geschieht dadurch ein Fixieren des Sinns, dem eine unhinterfragte Gegenwärtigkeit zugewiesen wird.

Kritik an der Metaphysik

‚Ort' der Sinnpräsenz ist in der metaphysischen Tradition von Platon bis Heidegger das gesprochene Wort (französisch *parole* oder *phoné*). Während nämlich aus der Sicht der metaphysischen Tradition die Schrift das Gedächtnis schwächt, weil sie den Menschen daran hindert, sein Erinnerungsvermögen regelmäßig zu schulen und dergestalt eher Schein als Wahrheit hervorbringt (→ KAPITEL 13.2), vermag die Rede (französisch *parole*) als Inbegriff des gesprochenen, unmittelbar wirkenden und lebendigen Wortes die Sinnpräsenz zu gewähren und Wahrheit zu eröffnen. Im Unterschied zur Viel- und Mehrdeutigkeit des Geschriebenen, das in dieser und / oder jener Hinsicht gelesen und interpretiert werden kann, verbürgt in der Lesart der metaphysischen Tradition das gesprochene Wort eine Eindeutigkeit, die vom begrifflichen Logos überwacht wird (vgl. Derrida 1995, S. 84f.).

Gesprochenes Wort

Derrida vertritt im Gegensatz zu dieser Traditionslinie den Vorrang der Schrift (französisch *écriture*). Dabei geht er sogar noch einen Schritt weiter: Er kehrt das bisherige Verhältnis zwischen Schrift und gesprochenem Wort nämlich nicht einfach um, sondern sieht die Schriftlichkeit im Sinne einer „Ur-Schrift" auch im gesprochenen Wort selbst am Werk. So wird die Schrift zur „Bedingung für jedes

„Ur-Schrift"

sprachliche System", auch wenn sie selbst nicht ein Teil davon ist, da sie ihm „nicht als ein Gegenstand einverleibt" werden kann (Derrida 1983, S. 105).

Die mit dem gesprochenen Wort in der metaphysischen Tradition verbundene Eindeutigkeit, die durch den Bezug auf den Logos gewährleistet sein soll, versucht Derrida in eine offene Differenz (französisch *différance*) aufzulösen. Dabei behauptet er, dass der Sinn niemals voll gegenwärtig sein kann, da er einer permanenten Bewegung und einem Bedeutungswandel unterzogen ist, in dem Verschiebungen und Verweisungen der Bedeutungen stattfinden.

Différance

Dem Forscher Peter V. Zima zufolge vertritt Derrida demnach die

> „Ansicht, dass die Sinnpräsenz nicht zu verwirklichen ist, weil jedes Zeichen unablässig auf andere, vorausgegangene oder nachfolgende Zeichen verweist und dadurch den Zerfall der eigenen Identität und der Sinnpräsenz bewirkt." (Zima 1994, S. 52)

Für Derrida ist die Differenz ursprünglich und unhintergehbar: Sie geht nämlich einerseits dem Zeichen voraus, da sie von Derrida auch als eine differenzierende Bewegung gedacht wird; und sie liegt andererseits im Zeichen selbst vor, wodurch es sich einer Bedeutungsfestlegung entzieht.

Derrida legt also eine Konzeption vor, in der die Differenz ein jedem Verstehen vorangehendes Geschehen ist, dessen Gegensätze verschiedene Bedeutungen hervorbringen, die nicht synthetisch wieder in einer Einheit aufgehoben werden können. Mit dem von Derrida durchgeführten Lektüreprozess gelingt es, diese Ambivalenzen, Widersprüche und Mehrdeutigkeiten dekonstruktiv offenzulegen, die gewissermaßen eine Anerkennung der Differenz bedeuten. Dies geschieht, indem man den differenziellen Verweisen, denen keine Grenzen gesetzt sind, folgt und damit der „Kultur der Herrschaft der uneingeschränkten und nicht hinterfragbaren allgemeinen Begriffe" eine Kampfansage macht (vgl. Engelmann 2004, S. 19).

Widersprüche

Zwischen der Hermeneutik, wie sie von Martin Heidegger (→ KAPITEL 9) und Hans-Georg Gadamer (→ KAPITEL 10) im 20. Jahrhundert in Deutschland vertreten wurde, und der Dekonstruktion Derridas in Frankreich kam es immer wieder zu kontroversen Auseinandersetzungen. Sie entzündeten sich insbesondere an Derridas scharfer Kritik, die er gegenüber der unhinterfragten Sinnpräsenz und der Gegenwart der Wahrheit äußerte, die die bisherigen hermeneutischen Positionen behaupteten. Diese Kritik ging seitens Derridas mit einem Metaphysikvorwurf einher, da die Hermeneutik seiner Meinung nach unzulässigerweise einen (guten) Willen zum Verstehen voraussetze, der

Hermeneutik und Dekonstruktion

sich in der Suche nach Sinn und nach wahrhaftigen bzw. richtigen Begriffen manifestieren soll (vgl. Forget 1984). Nachdem man sich zunächst vonseiten der Hermeneutik kritisch mit Derrida auseinandersetzte und es dabei weniger um eine Vermittlung zwischen Hermeneutik und Dekonstruktion ging als um die Betonung des eigenen (hermeneutischen) Ansatzes (vgl. Gadamer 1984), hat man in den letzten Jahren verstärkt den Versuch unternommen, Hermeneutik und Dekonstruktion in ein klärendes und fruchtbringendes Gespräch zu bringen, um deren spezifische Möglichkeiten und Grenzen besser ausloten zu können (vgl. Bertram 2002; Angehrn 2003).

Fragen und Anregungen

- Legen Sie Martin Heideggers spezifisches Verständnis der Destruktion dar und unterscheiden Sie davon Jacques Derridas Verständnis der De-kon-struktion.

- Welchen Schwierigkeiten sieht man sich bei einer Lektüre der Schriften Derridas gegenüber?

- Überlegen Sie, in welcher Weise die bei Derrida sich vollziehende Befreiung der Schrift zu verstehen ist.

- Wie kann man eine dekonstruktive Lektüre bestimmen?

- Charakterisieren Sie mit Derrida die *différance* und machen Sie davon ausgehend den prinzipiellen Unterschied zwischen Hermeneutik und Dekonstruktion deutlich.

Lektüreempfehlungen

- Jacques Derrida: **Die Schrift und die Differenz**, übersetzt von Rodolphe Gasché, 2. Auflage, Frankfurt a. M. 1985.

- Jacques Derrida: **Grammatologie**, übersetzt von Hans-Jörg Rheinberger und Hanns Zischler, Frankfurt a. M. 1983.

- Jacques Derrida: **Dissemination**, herausgegeben von Peter Engelmann, übersetzt von Hans-Dieter Gondek, Wien 1995.

- Jacques Derrida: **Die différance. Ausgewählte Texte**, mit einer Einleitung herausgegeben von Peter Engelmann, Stuttgart 2004.

Quellen

Forschung

- Emil Angehrn: Interpretation und Dekonstruktion. Untersuchungen zur Hermeneutik, Weilerswist 2003. *Befasst sich in Teil II mit den Grundzügen der Dekonstruktion.*

- Georg W. Bertram: Hermeneutik und Dekonstruktion. Konturen einer Auseinandersetzung der Gegenwartsphilosophie, München 2002. *Arbeitet relevante Unterschiede zwischen beiden Positionen heraus.*

- Jonathan Culler: Dekonstruktion. Derrida und die poststrukturalistische Literaturtheorie, übersetzt von Manfred Momberger, Reinbek 1988. *Sehr gute Darstellung des Verfahrens der Dekonstruktion in den Literaturwissenschaften.*

- David Wood (Hg): Derrida. A Critical Reader, Oxford 1997. *Enthält wichtige Aufsätze renommierter Autoren (u. a. Robert Bernasconi, Christopher Norris, Manfred Frank und Richard Rorty) zu Derrida.*

- Peter V. Zima: Die Dekonstruktion. Einführung und Kritik, Tübingen/Basel 1994. *Vermittelt einen Überblick über Grundpositionen (Jacques Derrida, Paul de Man, J. Hillis Miller, Geoffrey H. Hartman, Harold Bloom) innerhalb der Dekonstruktion.*

14 Hermeneutik heute

Abbildung 17: Giovanni da Bologna: Hermes alias *Merkur*. Bronze (1580)

Der etymologische Zusammenhang zwischen dem Götterboten Hermes und der Wissenschaft der Hermeneutik wird heutzutage bestritten, obwohl er noch in vielen Nachschlagewerken nachzulesen ist. Auch wenn er sich aus philologischer Perspektive als falsch erweisen sollte, macht er dessen ungeachtet doch auf etwas Richtiges aufmerksam, nämlich auf die Mittlerfunktion, die beiden zukommt: Während Hermes die göttlichen Botschaften an die Menschen weitergibt, hat es die Hermeneutik als Kunst des Verstehens und Auslegens von Texten in einem prinzipiellen Sinne auch mit der richtigen Vermittlung von Gedanken und von Sprache zu tun. Diese Aufgabe wird je nach historischer Situation und kulturgeschichtlichem Kontext ausdifferenziert und spezifiziert. Der fragwürdige etymologische Zusammenhang von Hermes und Hermeneutik ist darum letztlich Zeugnis für die Tatsache, dass die Hermeneutik ihr Selbstverständnis in jeder Epoche immer wieder neu zu entwickeln hat.

So wenig sich jeder Einzelne am eigenen Schopf aus seiner Lebensgeschichte herausziehen kann, um sie nüchtern zu beurteilen, so wenig ist es möglich, sich prinzipiell von der geistig-kulturellen Situation seiner Zeit zu distanzieren und diese objektiv zu betrachten. Dennoch lassen sich für unsere Zeit grundsätzliche Tendenzen innerhalb des weiten Feldes der Hermeneutik aufspüren, die unterschiedliche Perspektiven hermeneutischen Nachdenkens repräsentieren. Hierbei handelt es sich um die „hermeneutische Kognitionswissenschaft", die „objektive Hermeneutik", die „wissenssoziologische Hermeneutik", die „Hermeneutik des Bildes" und die sogenannte „interkulturelle Hermeneutik". Diese Tendenzen ergänzen, erweitern und vertiefen auf je spezifische Weise die Diskussion um hermeneutische Fragestellungen, die von den Hauptrepräsentanten der philosophischen Hermeneutik im 20./21. Jahrhundert (Martin Heidegger, Hans-Georg Gadamer, Jürgen Habermas, Karl-Otto Apel, Paul Ricœur und Jacques Derrida) maßgeblich geprägt worden ist.

14.1 **Tendenzen und Perspektiven**
14.2 **Eine Hermeneutik des Bildes**
14.3 **Die interkulturelle Hermeneutik**

14.1 Tendenzen und Perspektiven

Einen Überblick über die kulturgeschichtliche Situation der eigenen Zeit zu gewinnen, ist deshalb so schwierig, weil man selbst ein Teil von ihr ist. Diese Verstrickung erschwert es, die erforderliche Distanz zu gewinnen, um von dieser aus die geistigen Strömungen der Zeit unbeeinflusst und möglichst angemessen zu erfassen. Darüber hinaus hat sich die Lebenswelt des Menschen heutzutage in ein vielfach verästeltes und vieldimensional verflochtenes Netz von Bildern, Zeichen, Datenbahnen, Bezügen und Relationen aufgefächert, dessen Geflecht kaum noch überschaubar ist.

Die Weise des Denkens, die diesem Wirklichkeitsverständnis entspricht, lässt sich mit dem bekannten Bild des Rhizoms veranschaulichen, das erstmals von den französischen Philosophen Gilles Deleuze und Felix Guattari in den 1970er-Jahren verwendet wurde. Das Rhizom ist botanisch verstanden ein unterirdischer, vielfach verzweigter und verästelter Wurzelstock, der keine Hauptwurzel hat. Es steht im übertragenen Sinne für das Netzhafte, Zerstreute, Mäandrische und Labyrinthische, dem ein Zentrum, eine Peripherie und ein Ausgang fehlen, da es potenziell unendlich ist (vgl. Eco 1984, S. 65):

Rhizom

„Jeder beliebige Punkt eines Rhizoms kann und muß mit jedem anderen verbunden werden. Ganz anders dagegen der Baum oder die Wurzel, wo ein Punkt und eine Ordnung festgesetzt werden."
(Deleuze / Guattari 1977, S. 11)

Vergegenwärtigt man sich vor diesem Hintergrund die Tendenzen innerhalb der zeitgenössischen Hermeneutik, lässt sich jede von ihnen als eine Perspektive innerhalb dieses Wirklichkeitsgeflechtes lesen. Im Wort „Perspektive" tritt dabei zweierlei zum Vorschein: Es drückt sich darin zum einen die Verbindlichkeit dieser einen Blickrichtung auf den betrachteten Gegenstand aus. Zum anderen schließt jede Perspektive jedoch auch den Absolutheitsanspruch einer einzigen Position aus. Denn um ein zu untersuchendes Objekt tatsächlich so genau und sachlich wie möglich erfassen zu wollen, müssen die durch einen bestimmten Fokus gewonnenen Erkenntnisse um weitere Perspektiven ergänzt werden.

Perspektive

Wenn in der Folge die gegenwärtigen Tendenzen hermeneutischen Nachdenkens herausgearbeitet werden, bleiben davon die Hauptvertreter der philosophischen Hermeneutik unberührt, da diese bereits jeweils in einem eigenen Kapitel behandelt worden sind. So repräsentieren zweifelsohne im 20. bzw. 21. Jahrhundert Martin Heidegger (→ KAPITEL 9), Hans-Georg Gadamer (→ KAPITEL 10), Jürgen Habermas

Hauptvertreter

und Karl-Otto Apel (→ KAPITEL 11), Paul Ricœur (→ KAPITEL 12) und Jacques Derrida (→ KAPITEL 13) jeweils eine zentrale Position hermeneutischen Denkens in der Gegenwart, die die wissenschaftliche Diskussion innerhalb der philosophischen Hermeneutik maßgeblich bestimmt hat und immer noch bestimmt. Denn jede von ihnen konnte in der Besinnung auf die Tradition der Hermeneutik und in ihrer Fortsetzung eine originäre Konzeption entwickeln – und zwar ungeachtet dessen, ob diese Fortsetzung der Tradition gegenüber jeweils kritisch oder affirmativ erfolgte.

Blickt man in der Gegenwart auf das weite, beinahe unübersichtlich gewordene Feld hermeneutischer Bemühungen, lassen sich folgende Tendenzen erkennen:

Hermeneutische Kognitionswissenschaft

Die hermeneutische Kognitionswissenschaft: Im Unterschied zu einer Auffassung von Kognition, die diese als intelligentes bzw. rationales Verhalten eines Subjektes gegenüber einem zu erkennendem Objekt fasst, bestimmt Martin Kurthen, der Hauptrepräsentant dieser hermeneutischen Ausrichtung, Kognition unter Bezugnahme auf Martin Heidegger in einem pragmatischen Sinne, insofern sie jeder erkenntnistheoretischen Ebene immer schon vorausgeht. Kognition erweist sich dann als tätiger Weltbezug, der für den Menschen vor allem expliziten Verstehen bereits konstitutiv ist. Eine naturwissenschaftlich ausgerichtete Kognitionswissenschaft ist dann „nicht die hermeneutische Wissenschaft von der Kognition, sondern die Wissenschaft von der hermeneutischen Kognition" (Kurthen 1994, S. 13).

Objektive Hermeneutik

Die objektive Hermeneutik: Diese von Ulrich Oevermann begründete Richtung der empirischen Sozialforschung geht von einer objektiven Sinnstruktur in der sozialen Wirklichkeit und damit in Handlungs-, Sprach- und Interaktionszusammenhängen aus. Mithilfe eines hermeneutischen Auswertungsverfahrens soll der objektive Sinn (z. B. einer sprachlichen Äußerung) anhand eines Textprotokolls herausgearbeitet werden, indem die generative Struktur in der untersuchten Äußerung aufgezeigt wird. Diese Struktur liegt – ähnlich wie die Regeln der Grammatik beim Sprechen – der Äußerung (oder auch Handlung bzw. Interaktion) zugrunde, ohne dass sie dem Sprecher bewusst sein muss. So kann, einfach gesagt, z. B. einem Partner gegenüber die Äußerung ‚ich hasse dich' die Funktion besitzen, sich vor einer kritischen Reaktion zu schützen und den Partner auf Abstand zu halten. Oder sie kann den Sinn haben, dem Partner ein Geständnis seiner Liebe zu entlocken.

Die Ergebnisse dieses Verfahrens, das sich für Oevermann auf den gesamten Erfahrungsbereich der Geistes-, Sozial- und Kulturwissenschaften anwenden lässt, treten mit dem Anspruch der Objektivität auf (vgl. Oevermann 1979; Oevermann 2003).

Die wissenssoziologische Hermeneutik (oder hermeneutische Wissenssoziologie): Diese Richtung der empirischen Sozialforschung intendiert in Anlehnung an die sozialwissenschaftliche Phänomenologie, wie sie insbesondere von Thomas Luckmann, Peter L. Berger und Alfred Schütz seit Ende der 1960er-Jahre entfaltet wurde, eine Analyse des Bedingungsverhältnisses von bereits vorgefundenem (tradiertem) Wissen und neuem zu erfindenden Wissen in der alltäglichen Lebenswelt. Das Untersuchungsfeld umfasst dabei das breite Spektrum der möglichen Formen sozialer Interaktionen und kultureller Hervorbringungen. Diese werden auf die ihnen zugrunde liegenden Verfahren hin befragt, mittels derer sie vom Menschen angeeignet und erneuert werden (vgl. Soeffner 1989; Hitzler 1999; Reichertz 2007).

Wissenssoziologische Hermeneutik

Eine Hermeneutik des Bildes: Auf kunsthistorischem Feld hat Gottfried Boehm die Konzeption einer Hermeneutik des Bildes vorgestellt, die man als Korrektur und Ergänzung zur traditionellen Vorrangstellung der Sprache bzw. des Textes in der Philosophie lesen kann. Da man sich nämlich Boehm zufolge in der philosophischen Tradition seit Platon primär dem Sprachverstehen zuwandte und das Bild von der Sprache aus betrachtete, bewertete und letztlich entmündigte, geht es in einer Hermeneutik des Bildes um ein Bildverstehen, das die Besonderheit des Bildes und seiner Sprachkraft zu erfassen versucht (vgl. Boehm 1978; → KAPITEL 14.2).

Hermeneutik des Bildes

Die interkulturelle Hermeneutik: Insbesondere mit der Kritik an Hans-Georg Gadamer und dessen Begriff der sogenannten „Horizontverschmelzung" (→ KAPITEL 10) bemüht sich diese Richtung, im Verbund mit literaturwissenschaftlichen, ethnologischen, philosophischen und theologisch-religionswissenschaftlichen Forschungen, gewissermaßen um eine interkulturelle Verstehenslehre. Während Gadamer – so die Kritik – bei seinem Verständnis der Horizontverschmelzung die Akzeptanz der Andersheit des Fremden nur ungenügend berücksichtige und eher einer Assimilation des Fremdartigen Vorschub leiste, wäre heute, mit Blick auf die Notwendigkeit einer interkulturellen Verständigung, eine neue „Hermeneutik der kulturellen Alterität [Andersheit]" und der „Distanz" zu entwickeln (Horstmann 2004, S. 353; → KAPITEL 14.3).

Interkulturelle Hermeneutik

Bei der Vielfalt dieser gegenwärtigen Tendenzen gewinnt das von Odo Marquard 1981 formulierte Plädoyer für eine „pluralisierende" Hermeneutik an Plausibilität. Auch von Matthias Jung wurde eine solche Forderung jüngst unter der Wendung „Pluralität der Hermeneutik" bekräftigt und im Sinne des Eintretens für die „Vielfalt der

Pluralität und Multiperspektivismus

Verstehensformen und -gegenstände" präzisiert (vgl. Marquard 1981; Jung 2001, S. 133f.). Zu fragen aber ist, ob diese Pluralität nicht auch mit einem Plädoyer für ein gewandeltes Methodenverständnis aufseiten des Interpreten einhergehen sollte, durch das man zuallererst der Komplexität und Mannigfaltigkeit der Verstehensformen und -gegenstände Ausdruck verleihen könnte. Würde man diesem Plädoyer zustimmen, könnte vermutlich die Einsicht in den Multiperspektivismus allen Erkennens, wie dieser bereits im 19. Jahrhundert im Denken Friedrich Nietzsches programmatisch vorgestellt wurde, fruchtbar gemacht werden. Aufgabe des Interpreten wäre es dann, eine Haltung einzunehmen, die dem untersuchten Gegenstand in seiner Vieldimensionalität gerecht werden kann, indem er diesen aus möglichst vielen Perspektiven zu erkennen versucht.

14.2 Eine Hermeneutik des Bildes

Zwei Umbrüche

In unserer Zeit können nicht zuletzt in den westlichen Industrieländern zwei Umbrüche festgestellt werden, die für die geistes- und kulturgeschichtliche Tradition von größter Tragweite sind. So hat die gegenwärtige Gesellschaft eine kulturelle Wandlung vollzogen, die durch den Schritt von der gutenbergschen Lese- und Buchkultur in die elektromagnetische Kultur der digitalen Medien markiert wird. Hand in Hand mit dieser kulturellen Veränderung geht ein wirtschaftlicher Umbruch einher, den man mit dem zum Schlagwort geronnenen Begriff der Globalisierung etikettieren kann.

Auch wenn an dieser Stelle nicht entschieden werden kann, ob diese beiden Umbrüche Belege dafür sind, dass zu Beginn des 21. Jahrhunderts eine tiefe Zäsur in der Geschichte stattgefunden hat und man daher gar von dem Beginn einer neuen Epoche (einer „Zweiten Moderne", Giddens 1996) sprechen sollte, können sie doch zweifelsohne als Indizien für prinzipielle Veränderungen im Selbstverständnis der westlichen Gesellschaft angesehen werden (vgl. Osterhammel/ Petersson 2004).

Der kulturelle Umbruch

Der kulturelle Umbruch, der den Übergang von der schriftlichen zur elektronischen Kultur benennt, lässt sich mithilfe des Medientheoretikers Vilém Flusser als eine „informatische Revolution" mit ungeheuren Ausmaßen einschätzen. Aufgrund dieses Umbruchs ist Flusser zufolge die Kultur aus der Phase der bisherigen „Geschichte" in die Phase der sogenannten „Nachgeschichte" eingetreten (Flusser 1997, S. 21f.; Joisten 2003, S. 273f.).

Betrachtet man die bisherige Menschheitsentwicklung, lässt sich nämlich die Phase der „Vorgeschichte" von den Phasen der „Geschichte" und der „Nachgeschichte" abheben. Während der Mensch der Vorgeschichte Jahrtausende lang in einer Bilderwelt lebte, die eng mit einer magischen Weltbetrachtung verbunden war, begann die große Etappe der Geschichte Flusser zufolge vor etwa 6 000 Jahren mit der Erfindung der Schrift. Die Schrift hatte zur Folge, dass der Mensch die bisherigen Bilder buchstäblich in Linien bzw. Zeilen ‚aufrollte' und sie hintereinander anordnete. So kam es im Zuge der Entstehung des textlich-linearen Denkens auch zur Entstehung einer neuen Zeiterfahrung, „nämlich die einer linearen Zeit, eines Stroms des unwiderruflichen Fortschritts, der dramatischen Unwiederholbarkeit, des Entwurfs: kurz der Geschichte." (Flusser 1997, S. 21f.)

Vorgeschichte – Geschichte

In unserer heutigen Zeit tritt die Kultur nun aus der Phase der Geschichte in die Phase der Nachgeschichte. Damit rücken an die Stelle dieser hintereinander angeordneten alphabetischen Texte technische Bilder. Diese neuen Bilder sind anders als die Bilder im alten Sinne keine zweidimensionalen Flächen, sondern „Mosaike, die aus Punkten zusammengesetzt sind" (Flusser 1990, S. 41). Darin zeigt sich, dass die elektromagnetische Kultur der Nachgeschichte keine Wirklichkeit repräsentiert, in der es um Begründungen und Erklärungen geht, die in der Tiefenstruktur der Oberfläche fundiert sind. Stattdessen ist sie eine vernetzte Welt der Oberfläche, in der die Fundierungsebene selbst ‚abhanden' gekommen ist.

Nachgeschichte

Ins Auge springt diese Dominanz der Oberfläche für Flusser in der Farbenexplosion, die stattgefunden hat:

Farbenexplosion

> „Unsere Umgebung ist von Farben erfüllt, welche Tag und Nacht, in der Öffentlichkeit und im Privaten, kreischend und flüsternd, unsere Aufmerksamkeit heischen. Unsere Filme und Fernsehen, alles ist in *Technicolor*. […] Farben sind die Art, wie uns Oberflächen erscheinen. Wenn also ein wichtiger Teil der uns programmierten Botschaften gegenwärtig in Farben ankommt, dann bedeutet das, dass Oberflächen wichtige Träger von Botschaften geworden sind." (Flusser 1997, S. 21)

Vor diesem kulturgeschichtlichen Hintergrund wird deutlich, warum sich die geisteswissenschaftliche Forschung in unserer Zeit der Aufgabe des angemessenen Bildverstehens zugewendet hat (→ ASB BRUHN). Insbesondere der Philosoph und Kunsthistoriker Gottfried Boehm hat – neben Oskar Bätschmann und Ferdinand Fellmann – im kunstgeschichtlichen Kontext bedeutende Untersuchungen vorgelegt, die in eine Hermeneutik des Bildes münden (vgl. Fellmann 1991,

Fellmann 1998; Bätschmann 2001). Besonders aufschlussreich ist Boehms gleichnamiger programmatischer Entwurf *Zu einer Hermeneutik des Bildes*, der erstmals in dem Band *Die Hermeneutik und die Wissenschaften* veröffentlicht wurde, den Boehm zusammen mit Hans-Georg Gadamer 1978 herausgegeben hat.

Das Arbeitsfeld, innerhalb dessen sich Boehms Denken bewegt, wird durch die Grundfrage nach dem Verhältnis von Bild und Sprache umgrenzt – ein Feld, das durch die Philosophie nur unvollständig bearbeitet worden ist, da sie in ihrer Geschichte der Sprache eindeutig größere Aufmerksamkeit geschenkt hat (vgl. Boehm 1994, S. 11). Zudem ist die Philosophie seit Platon dem Bild als Inbegriff des bloßen Scheins und Abbilds der Wirklichkeit eher kritisch distanzierend gegenüber getreten, weil sie es gleichsam mit den Augen der Sprache betrachtet hat. Dabei konnte das Bild nicht in seinen eigenen Qualitäten und in seiner eigenen Aussagekraft erkannt werden, da man eine „Vereinnahmung in das Medium der Sprache" vornahm (Boehm 1978, S. 454). Auf diese Weise bevormundete – oder gar entmündigte – man das Bild durch die Sprache und führte sein prinzipielles Missverstehen herbei.

Die Divergenz zwischen Bild und Sprache bzw. zwischen dem Bildsystem und Aussagen der Sprache lässt sich mit Boehm am Beispiel eines Baums veranschaulichen.

In der Sprache wird ein reales Ding – wie z. B. ein Baum – trotz allen Wandels seiner möglichen Erscheinungsformen als Baum bestimmt. Das heißt unabhängig davon, ob er blüht, belaubt oder kahl ist, ob er kümmerlich oder voll entwickelt ist, hält sich die Benennung „Baum" durch und bringt darin den Vorrang der Stabilität der Sache vor ihren sich wandelnden Erscheinungen zum Ausdruck. Die Identität des Baumes wird von diesem Wandel nicht tangiert, da die Sprache zwischen dem Subjekt-Sein und den sogenannten prädikativen Erscheinungsweisen unterscheiden kann und je von neuem in Aussagen zwischen diesen Verbindungen herzustellen vermag. Hätte die Sprache diese Möglichkeit nicht, „d. h. wäre jede Veränderung der Erscheinung auch eine Veränderung des Seins einer Sache", müsste sie für jede neue Erscheinung ein neues Wort wählen (Boehm 1978, S. 450).

Führt man sich demgegenüber einen gemalten Baum in einem Bild vor Augen, wird die Unterscheidung zwischen Sein und Erscheinung hinfällig, da beide im Bild ununterscheidbar sind:

> „Die Identität des gemalten Bildes konstituiert sich völlig anders. Der im Bild erscheinende Baum ist vom Ort und Kontext seines Erscheinens nicht abzuheben. Würde das geschehen, so bedeutete

das ein ganz neues Bild, in dem aber wiederum der Baum von den Bedingungen seines Erscheinens unablösbar bliebe." (Boehm 1978, S. 450)

Nimmt man diese „eigene ‚Ontologie' des Bildes" ernst, wird die Kategorie des Übergangs entscheidend, die an die Stelle der Trennbarkeit von Sein und Erscheinung in der Sprache tritt. Im Bild wird nämlich alles, was in und auf ihm ‚ist', permanent in Erscheinung überführt, wodurch der im Bild erscheinende und zu sehende Baum nicht vom Ort und Kontext seines Erscheinens gelöst werden kann. So besteht im Bild das Sein nicht vor, hinter oder neben der Erscheinung, denn es wird in einem permanenten Prozess des Übergangs in das Erscheinen der phänomenalen Gegebenheiten aufgenommen.

<small>Kategorie des Übergangs</small>

Vor diesem Hintergrund ist das Bild

<small>Definition Bild</small>

„weder Ding noch Satz oder Wort im Sinne der Sprache – es lässt sich vielmehr als ein Darstellungsproze ß beschreiben, in dem die Momente des Seins sich schon immer als Erscheinungen ausweisen. Diese Zwiespältigkeit am Bilde, auf der doch seine ganze Sprachkraft beruht, bezeichnen wir als ‚Bildlichkeit'". (Boehm 1978, S. 451).

Die Eigenart der Sprache des Bildes besteht also gerade darin, keine Sprache im Sinne der traditionellen Logik des Logos zu sein. Sie lässt sich mit Boehm stattdessen als eine „stumme" oder auch als eine „schweigende Sprache" charakterisieren, wobei diese Stummheit bzw. dieses Schweigen keinen Mangel darstellen (als würde dem Bild die passenden Worte fehlen), sondern die „Perfektion seiner Logik" bedeuten: Das Schweigen ist nämlich „die Artikulationsform der dem Bilde eigenen Seinsweise, des Potentiellen". Es benennt den genannten Darstellungsprozess, in dem Sein in Erscheinung übergeht (Boehm 1978, S. 456).

<small>Sprache des Bildes</small>

Von hier aus betrachtet, kann Boehm eine Unterscheidung zwischen „schwachen" und „starken Bildern" vornehmen, die insbesondere angesichts der medialen Bildwirklichkeit von Relevanz ist, die die heutige Kultur maßgeblich bestimmt. Während schwache Bilder der bloßen Abbildung dienen und – wie die gängigen digital erzeugten Bilder – reine Träger visueller Informationen sind, lassen sich starke Bilder durch ihren „Zuwachs an Sein" kennzeichnen (vgl. Boehm 1996). Sie evozieren nämlich Dinge, Gefühle und Vorstellungen, die der Erfahrung ansonsten unzugänglich geblieben wären, und ermöglichen es damit, die Wirklichkeit in einer neuen Weise zu sehen.

<small>„Schwache" und „starke Bilder"</small>

Achtet man auf die zunehmende Medialisierung alltäglicher Lebensvollzüge, wird es für die Hermeneutik mehr denn je vonnöten, diesen umfassenden Bereich der Bildlichkeit zu reflektieren. Aufgabe wird es dann auch sein, die Frage zu verfolgen, ob das traditionelle Primat der Sprache durch ein Primat des Bildes abgelöst wurde, oder ob sich z. B. beide komplementär oder hierarchisch zueinander verhalten. Angesichts dieser Fragen sind auch die Überlegungen des zeitgenössischen Philosophen Ferdinand Fellmann zu berücksichtigen, der die Hermeneutik in eine Logik des „Vorbegrifflichen, genauer des Bildlichen" einmünden lässt und sie dergestalt als „Protologik" bestimmt (vgl. Fellmann 1991, S. 207).

Primat des Bildes?

14.3 Die interkulturelle Hermeneutik

Für unsere Zeit kann, wie bereits angedeutet, sowohl ein kultureller als auch ein wirtschaftlicher Umbruch festgestellt werden, der sich durch das Wort Globalisierung benennen lässt. Globalisierung bedeutet – wertfrei betrachtet –, dass weltweit Märkte entstehen, die regionale und nationale Grenzen hinter sich lassen. Bisherige Beschränkungen für Kapital, Produktion, Produkte und Dienstleistungen werden überwunden, wodurch es möglich wird, nicht mehr nur vor Ort oder im Land bzw. mit anderen Ländern in eine wirtschaftliche Konkurrenz zu treten, sondern eine weltweite Konkurrenzsituation zu schaffen. Die Welt wird nun zum Markt, der das Kapital zur Investition an die Orte lockt, wo der größte Gewinn erzielt werden kann (vgl. Held 1999; Dürrschmidt 2002; Beck 2007).

Globalisierung

In diesem Umbruch wird ein Phänomen sichtbar, das man als weltweiten Schrumpfungsvorgang des Raums bezeichnen könnte. Während man in früheren Zeiten zu Fuß und mit der Pferdekutsche nur mühsam größere Strecken überwinden konnte, ist es heute leicht möglich, Tausende von Kilometern sehr schnell mit dem Flugzeug zurückzulegen. Dabei gibt es letztlich kaum noch einen Winkel der Erde, der nicht erreichbar wäre. Im Zuge dieses Schrumpfungsvorgangs scheinen sogar alle Entfernungen gleich weit und gleich fern von- und zueinander zu sein, wodurch spezifische Raumcharaktere verschwinden und qualitative Differenzen aufgehoben werden (→ ASB REICHARDT). Diesen Vorgang hatte Martin Heidegger bereits 1950 theoretisch vorweggenommen, als er fragte:

Schrumpfen des Raums

> „Was geht da vor sich, wenn durch das Beseitigen der großen Entfernungen alles gleich fern und gleich nahe steht? Was ist dieses Gleichförmige, worin alles weder fern noch nahe, gleichsam ohne Abstand ist?" (Heidegger 1985, S. 158).

Deutet man diesen globalen Vorgang des Aufhebens von Entfernungen in einem positiven Sinne, sind nun – wie niemals zuvor in der Menschheitsgeschichte – Chancen der Begegnung zwischen den Kulturen entstanden, die alle Bereiche des Alltags tangieren. Diese machen es erforderlich, die Frage nach dem Verhältnis von Eigenem und Fremden in einer neuen Weise zu klären und dabei zugleich Antworten auf die Frage zu finden, wie ein angemessener Umgang mit Fremden und Fremdem möglich ist.

Auf kulturwissenschaftlichem Forschungsgebiet hat sich eine „interdisziplinär und interkulturell orientierte Fremdheitsforschung", die sogenannte Xenologie, herausgebildet, die darauf zielt, eine „interkulturelle Hermeneutik" zu entwickeln (vgl. Wierlacher 1993, S. 45). Ihre zentralen hermeneutischen Gegenstandsbegriffe sind die kulturelle Fremdheit, die Interkulturalität, Distanz, Toleranz und Aneignung, von denen allerdings allgemeingültige und verbindliche Begriffsdefinitionen nicht vorliegen. Wie der Theoretiker Alois Wierlacher heraushebt, scheinen die

    „in diesen Begriffen erfassten Konzepte [...] zu den essentiellen Faktoren zu gehören, die das begreifende Umgehen mit dem Anderen und Fremden nachhaltig steuern und infolgedessen an der Ausformung des Referenzrahmens kategorialer und kommunikativer Prinzipien kulturwissenschaftlicher Xenologie zu beteiligen wären." (Wierlacher 1993, S. 53)

Xenologie

Die fehlende Verbindlichkeit in der Definition dieser Begriffe darf nicht vorschnell als Schwäche ausgelegt werden, führt sie Wierlacher zufolge doch eine „offene Situation" herbei, mit der vielleicht die Chance besteht,

Die „offene Situation"

    „dass diese Ausdrücke, obwohl westlichen Ursprungs, in interkulturellem Forschungsgespräch akzeptabel werden, dass sie Äquivalenzen in anderen Sprachen finden und als tragende Wände zukünftige Fremdheitsforschung fungieren können." (Wierlacher 1993, S. 53)

An diesen Worten wird deutlich, dass es einer kulturwissenschaftlichen Xenologie um eine wirkliche Verbesserung der Verständigung zwischen den Kulturen geht, die nur dann erreicht werden kann, wenn das „Prinzip des kritischen Pluralismus" leitend ist. Diesem Prinzip zufolge gilt es, die jeweiligen Eigenarten von Kulturen zu wahren, die als „differente Spielsysteme" mit ihren je eigenen Spielregeln, Vorstellungen und Werten verstanden werden können (vgl. Wierlacher 1993, S. 52).

Verständigung

Die unterschiedlichen Positionen innerhalb dieses weiten Forschungsgebietes beschäftigen sich alle mit dem zentralen Problem der

Aneignung des Fremden. Als Hauptreferenzquelle, von der man sich mit unterschiedlicher Schärfe absetzt, dient dabei Hans-Georg Gadamers Hermeneutik. Kritisiert wird seine 1960 in *Wahrheit und Methode* dargelegte Auffassung des Verstehens. Nach Gadamer bedeutet Verstehen eine Verschmelzung *„vermeintlich für sich seiender Horizonte"* – z. B. des Gegenwartshorizontes, zu dem der Entwurf eines historischen Horizontes gehört (Gadamer 1986a, S. 311). Die Verfechter einer interkulturellen Hermeneutik sehen in dieser Form der Aneignung des anderen Horizontes eine unangemessene Aufhebung seiner Fremdheit, da das Andere in das Eigene, das Bekannte und Vertraute eingegliedert und so seiner Eigenart beraubt würde.

Auch wenn diese Einwände gegenüber Gadamer sicherlich auf einem Missverständnis seiner Position basieren, lässt sich mit ihrer Hilfe doch deutlich die Intention der kulturwissenschaftlichen Fremdheitsforschung herausarbeiten:

„Mit dem Begriff der Aneignung des Fremden erfasst eine kulturwissenschaftliche Xenologie darum als begreifendes Erkennen der Alterität nicht deren Unterwerfung, Inbesitznahme oder Auflösung in einer ‚Horizontverschmelzung', sondern den Prozeß einer partiellen, distanzwahrenden assimilativen und reziproken Interpretation im Sinne eines Vertrautwerdens in der Distanz." (Wierlacher 1993, S. 110)

Die interkulturelle Hermeneutik rückt daher an die Stelle des traditionellen Verstehensbegriffs den des interkulturellen Verstehens, in dem das Eigene und das Fremde relationale Bestimmungen sind, die in einem untrennbaren Wechselverhältnis zueinander stehen. In der Konsequenz bedeutet dies, dass das Selbstverstehen nicht in reiner Bezogenheit auf das Eigene hervorgebracht werden kann, sondern immer schon in Abgrenzung und im Bezug auf das Andere geschieht. Daher besitzt auch der dialogische Charakter interkulturellen Verstehens für die kulturwissenschaftliche Xenologie eine besondere Relevanz. Dieser sei – wie Axel Horstmann pointiert heraushebt – „von vornherein als Dialog zwischen prinzipiell gleichrangigen Subjekten zu begreifen und zu gestalten" (Horstmann 1999, S. 443).

Im Unterschied zur traditionellen philosophischen Hermeneutik kommen die Impulse und Anstöße der interkulturellen Hermeneutik aus der praktischen Lebenswirklichkeit, in der man sich ganz konkret mit Fragen des richtigen interkulturellen Verstehens konfrontiert sieht. So hat nicht nur der Deutschlehrer sein Fach als Fremdsprache im In- und Ausland zu vertreten, auch der Entwicklungshelfer, der Tourismusmanager oder aber die Kassiererin im Supermarkt haben es in ihrer alltäglichen Praxis mit interkultureller Verständigung zu tun (vgl. Horstmann 1999, S. 442). Innerhalb der Hermeneutik gewinnen dadurch die Dimensionen des Praktischen, der Anwendung (Applikation) und der Kritik ein neues Gewicht, was nicht zuletzt daran sichtbar wird, dass Fremdheitsforschung auch zur „Toleranzforschung" wird (vgl. Wierlacher 1993, S. 78f.).

Fragen und Anregungen

- Inwiefern kann das Bild des Rhizoms die heutige Weise des Denkens veranschaulichen?

- Welche Tendenzen und Perspektiven hermeneutischen Nachdenkens können heutzutage aufgewiesen werden?

- Überlegen Sie, auf welche Weise in der Philosophie das Verhältnis zwischen Bild und Sprache bisher betrachtet wurde. Halten Sie diese Verhältnisbestimmung angesichts der heutigen Allgegenwart des Bildes für angemessen?

- Problematisieren Sie mithilfe der „interkulturellen Hermeneutik" die Wendung „Aneignung des Fremden".

- Wodurch unterscheidet sich die „interkulturelle Hermeneutik" von der traditionellen Hermeneutik?

Lektüreempfehlungen

- **Gottfried Boehm: Zu einer Hermeneutik des Bildes**, in: Seminar: Die Hermeneutik und die Wissenschaften, herausgegeben von Hans-Georg Gadamer und Gottfried Boehm, Frankfurt a. M. 1978, S. 444–471. *Grundlagenbeitrag, der die Konzeption einer Hermeneutik des Bildes vorstellt.*

  Forschung

- **Gottfried Boehm (Hg.): Was ist ein Bild?** München 1994. *Sammelband, der Beiträge zur Klärung von Grundlagen einer hermeneutischen Bildtheorie mit solchen der Exemplifizierung vereinigt.*

- **Norbert Horstmann: Positionen des Verstehens – Hermeneutik zwischen Wissenschaft und Lebenspraxis**, in: Handbuch der Kulturwissenschaften Band 2: Paradigmen und Disziplinen, herausgegeben von Friedrich Jaeger und Jürgen Straub, Stuttgart / Weimar

2004, S. 341–361. *Vermittelt im vierten Teil „Kontroversen und Brückenschläge" einen guten Überblick über zeitgenössische Tendenzen in der Hermeneutik.*

- **Norbert Horstmann: Interkulturelle Hermeneutik. Eine neue Theorie des Verstehens?,** in: Deutsche Zeitschrift für Philosophie 47, 1999, S. 427–448. *Diskutiert die interkulturelle Hermeneutik im Horizont der traditionellen Hermeneutik.*

- **Alois Wierlacher: Kulturwissenschaftliche Xenologie. Ausgangslage, Leitbegriffe und Problemfelder,** in: ders. (Hg.), Kulturthema Fremdheit. Leitbegriffe und Problemfelder kulturwissenschaftlicher Fremdheitsforschung. Mit einer Forschungsbibliographie von Corinna Albrecht u. a., München 1993, S. 19–112. *Vermittelt insbesondere anhand einer Darstellung der Leitbegriffe und Problemfelder der Fremdheitsforschung einen Überblick über deren spezifische Intention.*

15 Serviceteil

15.1 Allgemeine bibliografische Hilfsmittel

Bibliografien

- Norbert Henrichs: Bibliographie der Hermeneutik, 2. Aufl., Düsseldorf 1972. *Bisher die einzige Bibliografie in Buchform, die sich explizit der Hermeneutik widmet. 1. Teil: Allgemeine Hermeneutik, 2. Teil: Bereichs-Hermeneutik. Es werden verschiedene Fächergruppen wie Philosophie, Psychologie, Natur- und Geisteswissenschaften berücksichtigt.*
- Oliver R. Scholz: Bibliographie zur Hermeneutik des 17. und 18. Jahrhunderts & Zeittafel zur Geschichte der allgemeinen Hermeneutik im 17. und 18. Jahrhundert, in: Axel Bühler (Hg.), Unzeitgemäße Hermeneutik. Verstehen und Interpretation im Denken der Aufklärung, Frankfurt a. M. 1994, S. 158–191, S. 258–261. *Verzeichnet die Primär- und Sekundärliteratur der allgemeinen Hermeneutik in der Epoche der Aufklärung.*

Reihen, Zeitschriften und Jahrbücher

- Poetik und Hermeneutik. Arbeitsergebnisse der Forschergruppe Poetik und Hermeneutik, hg. u. a. v. Hans Robert Jauß, Bd. 1–17, München 1964–98. *Die Reihe beinhaltet die Diskussions- und Tagungsergebnisse der interdisziplinären Forschergruppe „Poetik und Hermeneutik"; durch sie wird primär der geisteswissenschaftliche Dialog mit der hermeneutischen Tradition in der zweiten Hälfte des 20. Jahrhunderts dokumentiert.*
- Studia hermeneutica, hg. u. a. v. Erwin Hufnagel, 6 Bände, St. Augustin 1995–2000; Studia hermeneutica. Neue Folge, hg. u. a. v. Erwin Hufnagel, Bd. 1ff., Berlin 2004ff. *1995 wurde die „Studia hermeneutica" als internationale Zeitschrift begründet. Die grundlagentheoretische Diskussion um die hermeneutische Philosophie bildet einen thematischen Schwerpunkt.*
- The dialogue / Das Gespräch / Il dialogo, hg. v. Riccardo Dottori u. a., Bd. 1ff., Münster u. a. 2001ff. *Die Zeitschrift ist als ein Forum für eine Diskussion zwischen analytischer und hermeneu-*

tischer Philosophie gedacht, bzw. zwischen analytical and continental Philosophy; sie erscheint zweimal im Jahr.
- **Internationales Jahrbuch für Hermeneutik**, hg. v. Günter Figal, Bd. 1ff., Tübingen 2002ff. *In diesem Jahrbuch werden Strömungen der gegenwärtigen philosophischen Hermeneutik und der Philosophie mit ihren Entsprechungen in den Wissenschaften diskutiert. Jeder Band behandelt jeweils einen Themenschwerpunkt.*

15.2 Forschungsinstitutionen und Web-Adressen

- **AG Objektive Hermeneutik e.V.**, Web-Adresse: www.agoh.de/cms/. *Die Arbeitsgemeinschaft versammelt seit 1992 interdisziplinäre Forscher, die an der Objektiven Hermeneutik arbeiten. Die Homepage informiert über Tagungen sowie laufende Forschungsarbeiten und enthält eine Literaturdatenbank.*
- **Arbeitsgruppe Französische Hermeneutik an der TU Berlin**, Web-Adresse: www2.tu-berlin.de/fak1/frankreich-zentrum/F-ZSeiten/F-ZFranzHerm.htm. *Die internationale, interdisziplinär angelegte Arbeitsgruppe intendiert auf der Basis regelmäßig durchgeführter Tagungen die kritische Rezeption hermeneutischer Philosophie in Frankreich.*
- **Forschungsstelle Historische Epistemologie und Hermeneutik der Humboldt-Universität zu Berlin**, Web-Adresse: www.fheh.org/. *Die Forschungsstelle stellt ein interdisziplinäres und institutionenübergreifendes Netzwerk dar, zu dem als eine thematische Gruppe die Hermeneutik gehört.*
- **Institut für Hermeneutik und Dialog der Kulturen**, Christoph Schwöbel, Evangelisch-Theologische Fakultät Universität Tübingen, Web-Adresse: www.ihdk.uni-tuebingen.de/. *Das Institut dient der Sammlung, Förderung und Auswertung hermeneutischer Forschungen zur Theologie.*
- **Philosophiebüro Berlin**, Web-Adresse: www.philosophiebuero.de/. *Das Portal enthält Informationen zur Philosophie, Literatur und Kunst sowie umfangreiche Literaturlisten insbesondere zur Hermeneutik, die kontinuierlich aktualisiert werden.*
- **Poetik und Hermeneutik. Eine historische Epistemologie geisteswissenschaftlicher Forschung**, ein Forschungsprojekt von u. a.

Marcel Lepper im Rahmen des Excellenzclusters „Kulturelle Grundlagen von Integration", Web-Adresse: www.exc16.de/cms/275.html. *Das Forschungsprojekt rekonstruiert die „Vollzugsformen der Erkenntnisbildung" der interdisziplinär ausgerichteten Forschergruppe „Poetik und Hermeneutik", die sich im Zeitraum zwischen 1963 und 1994 regelmäßig zu Tagungen traf und die Diskussion um die gegenseitige Befruchtung von Literaturtheorie (Poetik) und deutscher Hermeneutik maßgeblich beeinflusste.*

15.3 Werkausgaben, Periodika und Institutionen zu einzelnen Autoren

Platon (427–347 v. Chr.)

- Platonis opera recognovit brevique adnotatione critica instruxit Ioannes Burnet, Vol. 1–5, Oxford 1899–1906 (Nachdruck Oxford 1924). *Die Kritische Gesamtausgabe ist die am häufigsten verwendete griechische Textausgabe.*
  Kritische Gesamtausgabe

- Platonis opera quae existant omnia, hg. v. Henricus Stephanus, Vol. 1–3, Genf 1578. *Nach den Seitenzahlen und Abschnittsbuchstaben dieser Ausgabe wird allgemein zitiert. Diese Angaben sind in den meisten Editionen am Rand angefügt.*
  Werkausgaben

- Werke in acht Bänden, griechisch – deutsch, übersetzt von Friedrich Schleiermacher, hg. v. Gunther Eigler, Darmstadt 1970–77. *Standardstudienausgabe, die sich durch die Übersetzung Schleiermachers eng an den griechischen Originaltext hält.*

- Platon-Handbuch: Leben – Werk – Wirkung, hg. v. Christoph Horn u. a., Stuttgart 2009. *Das Handbuch bietet einen Überblick über Werk und Themen; es stellt Problemfelder und Begriffe vor.*
  Handbuch / Lexikon

- Platon-Lexikon, Begriffswörterbuch zu Platon und der platonischen Tradition, hg. v. Christian Schäfer, Darmstadt 2007. *Nachschlagewerk zu Platon und der platonischen Tradition mit umfangreichen bibliografischen Angaben.*

- Internationale Platon Gesellschaft, Web-Adressen: www.platon.org/ und http://gramata.univ-paris1.fr/Plato/. *Veranstalter von Symposien und Herausgeber der Plato Series, Wissenschaftliche Diskussionsplattform für Platonforscher und Interessierte im Netz.*
  Gesellschaft

SERVICETEIL

Online-Texte
- **Projekt Gutenberg**, ein Projekt des *Spiegel*, Web-Adresse: http://gutenberg.spiegel.de/?id=19&autor=Platon,%20&autor_vorname=&autor_nachname=Platon. *Werke Platons sind hier in der Übersetzung von Friedrich Schleiermacher frei und kostenlos zugänglich.*

Aristoteles (384–322 v. Chr.)

Werkausgaben
- **Aristotelis opera, ex recensione Immanuelis Bekkeri**, Bd. 1–5, hg. v. der Preußischen Akademie der Wissenschaften, Berlin 1831–70. *Nach dieser Ausgabe wird allgemein zitiert. Die Paginierung dieses Werks wird in den meisten Übersetzungen vermerkt.*

- **Werke in deutscher Übersetzung**, 20 Bände, begründet von Ernst Grumach, hg. v. Hellmut Flashar, Berlin 1956–2008. *Die maßgebliche deutsche Übersetzung der aristotelischen Schriften.*

Lexikon
- **Aristoteles-Lexikon**, hg. v. Ottfried Höffe, Stuttgart 2005. *Das Lexikon bietet einen Überblick über die wichtigsten Begriffe der aristotelischen Philosophie, die in Artikeln vorgestellt werden. Es finden sich darüber hinaus hilfreiche Verweise auf weiterführende Forschungsliteratur.*

Philon (ca. 20 v.–45 n. Chr.)

Gesamtausgabe
- **Die Werke in deutscher Übersetzung**, 7 Bände, photomechanischer Nachdruck der Ausgabe Breslau, hg. v. Leopold Cohn, Berlin 1962–64. *Standardausgabe von Philons Werk in deutscher Übersetzung.*

Origines (ca. 185–254)

Werke
- **Werke**, hg. v. Paul Koetschau, 12 Bände, Leipzig u. a. 1899–1955. *Beinhaltet wichtige Schriften des Origines in deutscher Übersetzung.*

Forschungsstelle
- **Forschungsstelle** der Katholisch-Theologischen Fakultät an der Universität Münster, Web-Adresse: http://egora.uni-muenster.de/fb2/origenes/aktuelles.shtml. *Die Forschungsstelle hat sowohl die Herausgabe einer zweisprachigen Gesamtausgabe zum Ziel als auch verschiedene Forschungsprojekte zur Theologie des Origines und seiner Wirkungsgeschichte.*

Online-Texte
- **Online-Texte** (griechisch, lateinisch) bei den Documenta Catholica Omnia, Web-Adresse: www.documentacatholicaomnia.eu/30_20_0185-0254-_Origenes.html.

Augustinus (354–430)

- **Sancti Aurelii Augustini opera omnia**, studio monachorum ordinis. Benedicti, 11 Bände, Paris 1679–1700. *Die sogenannte Mauriner Ausgabe ist die einzige vollständige Ausgabe von Augustinus' Werk.*
  Werke

- **Aurelius Augustinus' Werke: in dt. Sprache**, hg. und übersetzt von Carl Johann Perl, Paderborn 1955ff. *Zuverlässige deutsche Augustinus-Ausgabe, in die Teile des Gesamtwerks eingegangen sind.*

- **Augustin Handbuch**, hg. v. Volker Henning Drecoll, Tübingen 2007. *Das Handbuch bündelt historische, theologische und philosophische Zugangsweisen und dokumentiert die Überlieferungs- und Editionslage des augustinischen Werkes.*
  Handbuch / Lexikon

- **Augustinus-Lexikon**, hg. v. u. a. Cornelius P. Mayer, Bd. 1ff, Basel u. a. 1994ff. *Das Lexikon erfasst und erklärt in alphabetischer Reihenfolge Begriffe und Sachverhalte, die für Augustins Werk bedeutsam sind.*

- **ZAF – Zentrum für Augustinus Forschung in Würzburg**, Web-Adresse: www.augustinus.de/bwo/dcms/sites/bistum/extern/zfa/index.html. *Ziele und Projekte des Forschungszentrums sind: Das Augustinus-Lexikon, das Corpus Augustinianum Gissense (CD-ROM: Sämtliche Werke und eine Vielzahl an Sekundärliteratur) und das Augustinus-Literatur-Portal.*
  Forschungsstelle

Martin Luther (1483–1546)

- **D. Martin Luthers Werke. Kritische Gesamtausgabe** (Weimarer Ausgabe), lateinisch – deutsch, hg. u. a. v. Gerhard Ebeling, Bd. 1ff. Stuttgart 1883ff; Sonderedition in 120 Bänden, Stuttgart 2000–07. *Die sogenannte Weimarer Ausgabe enthält sämtliche Schriften Luthers sowie von anderen aufgezeichnete mündliche Äußerungen.*
  Kritische Gesamtausgabe

- **Martin Luther: Studienausgabe**, Bd. 1–6, hg. v. Hans-Ulrich Delius, Berlin 1979–99. *Empfehlenswerte Ausgabe für Studienzwecke.*
  Studienausgabe

- **Luther-Handbuch**, hg. v. Albrecht Beutel, Tübingen 2005. *Ein sehr gutes Nachschlagewerk, das Leben, Werk und Wirkung Luthers kompetent erschließt und eine gute Orientierung bietet.*
  Handbuch

SERVICETEIL

Gesellschaft
- **Luther-Gesellschaft**, Web-Adresse: www.luther-gesellschaft.de/. *Die Luther-Gesellschaft veranstaltet Vorträge und Seminare und veröffentlicht die Zeitschrift „Luther" und das „Lutherjahrbuch".*

Online-Informationen
- **Homepage zu Martin Luther**, Web-Adresse: www.luther.de/. *Enthält Informationen zu Person, Werk und geschichtlichem Hintergrund sowie weiterführende Internetlinks.*

Philipp Melanchthon (1497–1560)

Studienausgabe
- **Werke in Auswahl**, hg. v. Robert Stupperich, unter Mitw. v. Hans Engelland, 7 Bände, Gütersloh 1951–80. *Empfehlenswerte Studienausgabe der Werke Melanchthons.*

Forschungsstelle
- **Melanchthon-Forschungsstelle** der Heidelberger Akademie der Wissenschaften, Web-Adresse: www.melanchthon-forschungsstelle.uni-hd.de/. *Ziel der Forschungsstelle ist die Herausgabe der kritischen und kommentierten Gesamtausgabe von Melanchthons Briefwechsel.*

Online-Informationen
- **Homepage zu Philipp Melanchthon**, Web-Adresse: www.melanchthon.de/. *Enthält Informationen zu Person, Werk, geschichtlichem Hintergrund sowie weiterführende Internetlinks.*

Matthias Flacius Illyricus (1520–75)

Einzelausgaben
- **De ratione cognoscendi sacras literas. Über den Erkenntnisgrund der Heiligen Schrift**: lateinisch–deutsche Parallelausgabe, übersetzt, eingeleitet und mit Anmerkungen von Lutz Geldsetzer, Düsseldorf 1969. *Nachdruck des lateinischen Textes aus der letzten Ausgabe der „Clavis scripturae sacrae" aus dem Jahre 1719 mit hilfreichen Anmerkungen.*

Online-Informationen
- **Biographisch-Bibliographisches Kirchenlexikon**, Web-Adresse: www.bautz.de/bbkl/f/flacius_m.shtml. *Informationen zu Flacius' Leben und Werk. Verzeichnis von Primär- und Sekundärliteratur.*

Johann Conrad Dannhauer (1603–66)

Einzelausgabe
- **Idea boni interpretis et malitiosi calumniatoris**, hg. v. Walter Sparn, Hildesheim u. a. 2004. *Nachdruck der Ausgabe Straßburg von 1652 in lateinischer Sprache.*

- Biographisch-Bibliographisches Kirchenlexikon, Web-Adresse: www.bautz.de/bbkl/d/dannhauer_j_k.shtml. *Informationen zu Dannhauers' Leben und Werk. Verzeichnis von Primär- und Sekundärliteratur.*

Online-Informationen

Martin Chladenius (1710–59)

- Einleitung zur richtigen Auslegung vernünftiger Reden und Schriften, mit einer Einleitung von Lutz Goldsetzer, Düsseldorf 1969. *Nachdruck der Ausgabe Leipzig von 1742.*

Einzelausgabe

- Biographisch-Bibliographisches Kirchenlexikon, Web-Adresse: www.bautz.de/bbkl/c/chladenius_j_m.shtml. *Informationen zu Chladenius' Leben und Werk. Verzeichnis von Primär- und Sekundärliteratur.*

Online-Informationen

Georg Friedrich Meier (1718–77)

- Versuch einer allgemeinen Auslegungskunst, mit einer Einleitung von Lutz Geldsetzer, photomechanischer Nachdruck der Ausgabe Halle 1757, Düsseldorf 1965. *Nachdruck der Erstausgabe.*

Einzelausgaben

- Versuch einer allgemeinen Auslegungskunst, hg. v. Axel Bühler und Luigi Cataldi Madonna, Hamburg 1996. *Studienausgabe des zuerst 1757 erschienenen Werks von Georg Friedrich Meier.*

Friedrich Schleiermacher (1768–1834)

- Kritische Gesamtausgabe, hg. im Auftrag der Berlin-Brandenburgischen Akademie der Wissenschaften und der Akademie der Wissenschaften zu Göttingen, hg. v. Hermann Fischer u. a., Berlin u. a. 1983ff. *Die erste Abteilung der Kritischen Gesamtausgabe (Abt. I. Schriften und Entwürfe) ist bisher abgeschlossen, die anderen Abteilungen (Abt. II. Vorlesungen, Abt. III. Predigten, Abt. IV. Übersetzungen, Abt. V. Briefwechsel und biografische Dokumente) sind in Arbeit.*

Kritische Gesamtausgabe

- Schleiermacher-Forschungsstelle an der Theologischen Fakultät der Christian-Albrechts-Universität zu Kiel, Web-Adresse: http://univis.uni-kiel.de/prg?url=http://www.uni-kiel.de/fak/theol/einrichtungen/schleier.shtml.

Forschungsstelle

- Homepage der Schleiermacher Forschungsstelle, Web-Adresse: www.bbaw.de/bbaw/Forschung/Forschungsprojekte/schleiermacher/de/Startseite. *Die Forschungsstelle bearbeitet die Kritische Ausgabe der Schriften und des Nachlasses von Friedrich Schleiermacher. Die Edition erfolgt in Arbeitsteilung mit der von der Göttinger Akademie der Wissenschaften betreuten Kieler Schleiermacher-Forschungsstelle.*

Gesellschaft
- **Internationale Schleiermacher-Gesellschaft e. V.** (Halle/Saale), Web-Adresse: http://anu.theologie.uni-halle.de/ST/SF/SG.

Forum
- **Schleiermacher-Forum**, Web-Adresse: http://anu.theologie.uni-halle.de/ST/SF. *Eine Anlaufstelle für alle Schleiermacher-Interessenten. Projekte, Tagungen, Links.*

Wilhelm Dilthey (1833–1911)

Gesammelte Schriften
- **Gesammelte Schriften**, 21 Bände, Leipzig u. a. 1914ff., Stuttgart u. a. 1957ff., Göttingen 1970ff. *Standardausgabe von Diltheys Schriften mit hilfreichen Einleitungen.*

Jahrbuch
- **Dilthey-Jahrbuch für Philosophie und Geschichte der Geisteswissenschaften**, hg. v. Frithjof Rodi, 12 Bände, Göttingen 1983ff. *Das Jahrbuch versammelt Beiträge, die um die Hermeneutik und insbesondere ihre Ausweitung zu Beginn des 20. Jahrhunderts kreisen; für das Jahr 2009 ist eine Wiederaufnahme des Jahrbuchs vorgesehen.*

Forschungsstelle
- **Dilthey-Forschungsstelle im Institut für Philosophie an der Ruhr-Universität Bochum**, Web-Adresse: www.ruhr-uni-bochum.de/philosophy/dilthey/start.html.

Martin Heidegger (1889–1976)

Gesammelte Werke
- **Gesamtausgabe**, Bd. 1ff., 1. Abteilung: Veröffentlichte Schriften 1910–1976, 2. Abteilung: Vorlesungen 1919–1944, 3. Abteilung: Unveröffentlichte Abhandlungen. Vorträge – Gedachtes, 4. Abteilung: Hinweise und Aufzeichnungen, Frankfurt a. M. 1975ff. *Auf 102 Bände geplante, nach Heideggers eigener Entscheidung „Ausgabe aus letzter Hand". Die Schriften werden nicht in einer kritisch-historischen Ausgabe herausgegeben, sondern in der Weise*

wie Heidegger sie selbst veröffentlicht hat, d. h. ohne philologischen Apparat und Register.

- **Martin-Heidegger-Gesellschaft e. V.** Meßkirch, Web-Adresse: www.heidegger-gesellschaft.de/. — Institutionen

- **Heidegger-Jahrbuch**, hg. v. Alfred Denker und Holger Zaborowski (unterstützt durch einen wissenschaftlichen Beirat), Bd. 1ff., Freiburg u. a. 2004ff. *Das Jahrbuch dokumentiert die Auseinandersetzung mit Heideggers Denken im Kontext der Philosophie-, Zeit- und Rezeptionsgeschichte und enthält hilfreiche Dokumentations- und Interpretationsteile.* — Jahrbuch

- **Heidegger-Handbuch: Leben – Werk – Wirkung**, hg. v. Dieter Thomä, Stuttgart 2003. *Detaillierte Beiträge dokumentieren und erklären mit hilfreichen Verweisungen wichtige Themen sowie Begriffe von Heideggers Werk.* — Handbuch

- **Website der Universitätsbibliothek Freiburg im Breisgau**, Web-Adresse: www.ub.uni-freiburg.de/referate/02/heidegger/heidgg00.html. *Wegweiser durch die Heidegger-Literatur und Informationen zu Leben und Werk Heideggers.* — Online-Informationen

Hans-Georg Gadamer (1900–2002)

- **Gesammelte Werke**, Bd. 1–10, Tübingen 1985–95. *Bei der Ausgabe handelt es sich nicht um eine Gesamtausgabe. Der Autor Gadamer ließ Arbeiten, die er für weniger wichtig hielt, beiseite. Wie bei Heidegger handelt es sich um eine „Ausgabe letzter Hand", die auch Korrekturen zu früher veröffentlichten Schriften enthält.* — Gesammelte Werke

- **Gesammelte Werke**, unveränderte Taschenbuchausgabe, Bd. 1–10, Tübingen 1999. *Die Taschenbuchausgabe eignet sich sehr gut für Studienzwecke.* — Studienausgabe

- **Etsuro Makita: Gadamer-Bibliographie (1922–1994)**, Frankfurt a. M. 1995. *Enthält ausführliche bibliografische Informationen zu den Veröffentlichungen und Übersetzungen Gadamers bis 1994.* — Bibliografie

- **Homepage von Dr. Etsuro Makita zu Gadamer**, Web-Adresse: www.ms.kuki.tus.ac.jp/KMSLab/makita/gdmhp/gdmhp_d.html. *Mit Informationen zu Biografie, Bibliografie, Festschriften und Sekundärliteratur zu Hans-Georg Gadamer.* — Online-Informationen

SERVICETEIL

Weitere Positionen der Philosophischen Hermeneutik im 20. Jahrhundert

Dekonstruktion und Hermeneutik

Einzelausgaben
- Jacques Derrida: Die différance. Ausgewählte Texte, mit einer Einleitung herausgegeben von Peter Engelmann, Stuttgart 2004. *Von Jacques Derrida liegt bisher noch keine Gesamtausgabe vor. Diese Ausgabe eignet sich sehr gut zum Einstieg in die Lektüreform Derridas.*

- Text und Interpretation, hg. v. Philippe Forget, München 1984. *Der Tagungsband dokumentiert die Auseinandersetzung zwischen Gadamer und Derrida, d. h. die anfängliche Diskussion zwischen Hermeneutik und Dekonstruktion.*

- Jacques Derrida und Hans-Georg Gadamer: Der ununterbrochene Dialog, hg. v. Martin Gessmann. Frankfurt a. M. 2004. *Bietet einen Einblick in die spätere Annäherung zwischen Dekonstruktion und Hermeneutik.*

Bibliografie
- Peter Zeillinger: Jacques Derrida. Bibliographie der französischen, deutschen und englischen Werke, Wien 2005. *Bietet eine umfangreiche Übersicht über das Werk Derridas in gedruckter Form.*

Online-Informationen
- Offizielle Homepage zu Jacques Derrida, Web-Adresse: www.derrida.ws/. *Mit umfangreichen Angaben zu Werk und Forschung über Derrida in französischer Sprache.*

- Online Archive of California, Web-Adresse: http://content.cdlib.org/view?docId=tf3q2nb26c&chunk.id=dsc-1.8.6&brand=oac. *Informationen zum Nachlass Derridas und dessen Bearbeitung.*

Ideologiekritik und Hermeneutik

Einzelausgaben
- Karl-Otto Apel: Transformation der Philosophie. 2 Bände, 4. Aufl., Frankfurt a. M. 1988, S. 96–127. *Hauptwerk Karl-Otto Apels, insbesondere der zweite Band enthält seine Position zur Hermeneutik.*

- Jürgen Habermas: Zur Logik der Sozialwissenschaften, Materialien, 5. erweiterte Aufl., Frankfurt a. M. 1982. *Seit 1982 ergänzter Band um Texte des Positivismusstreites, zum Universalitätsanspruch der Hermeneutik und u. a. zu Nietzsches Erkenntnistheorie; dokumentiert Übergänge im Habermasschen Denken.*

- Jürgen Habermas: Hermeneutische und analytische Philosophie. Zwei komplementäre Spielarten der linguistischen Wende, in: ders., Wahrheit und Rechtfertigung. Erweiterte Aufl., Frankfurt a. M. 2004, S. 65–101. *Gibt wichtige Einblicke in die Zusammenhänge von hermeneutischer und analytischer Philosophie sowie über die Ideologiekritik hinausgehende Einblicke in das Denken des späten Habermas.*

- Hermeneutik und Dialektik, hg. v. Rüdiger Bubner u. a., 2 Bände, Tübingen 1970. *Die Festschrift vereinigt wichtige Aufsätze zur Auseinandersetzung der philosophischen Hermeneutik mit der Tradition der Dialektik.*

- Hermeneutik und Ideologiekritik. Mit Beiträgen von Apel, Bormann, Bubner, Gadamer, Giegel, Habermas, Frankfurt a. M. 1971. *Enthält die wichtigsten Beiträge zur Diskussion zwischen Ideologiekritik und philosophischer Hermeneutik.*

Reflexive Hermeneutik

- Paul Ricœur: Herméneutique et critique des idéologies, in: ders., Du texte à l'action. Essais d'herméneutique II, Paris 1986, S. 367–416. *Der bisher noch nicht ins Deutsche übersetze Text gibt wichtige Einblicke in Ricœurs Verhältnis zu Positionen von Habermas und Gadamer innerhalb der Debatte um Hermeneutik und Ideologiekritik.* — Einzelausgaben

- Paul Ricœur: Vom Text zur Person. Hermeneutische Aufsätze (1970–1999), übersetzt und hg. v. Peter Welsen, Hamburg 2005. *Der Band ausgewählter Texte ermöglicht einen ersten Zugang zu Ricœurs Denken, seinem Verhältnis zur traditionellen Hermeneutik und der Position einer reflexiven Hermeneutik.*

- Paul Ricœur. Bibliographie primaire et secondaire. 1935–2000, hg. v. Frans D. Vansina, Leuven 2000. *Hilfreiche Bibliografie zur Orientierung innerhalb Ricœurs Werk, die über die philosophische Hermeneutik hinausgeht.* — Bibliografie

- Homepage zu Paul Ricœur, Web-Adresse: http://www.fondsricoeur.fr/intro.php. *Umfangreiche Homepage zum Werk Ricœurs und aktuellen Literaturhinweisen.* — Online-Informationen

16 Anhang

→ ASB
Akademie Studienbücher, auf die der vorliegende Band verweist

ASB Bruhn Mathias Bruhn: Das Bild. Theorie – Geschichte – Praxis, Berlin 2009.

ASB D'Aprile / Siebers Iwan-Michelangelo D'Aprile / Winfried Siebers: Das 18. Jahrhundert. Zeitalter der Aufklärung, Berlin 2008.

ASB Müller Harald Müller: Mittelalter, Berlin 2008.

ASB Reichardt Ulfried Reichardt: Globalisierung. Literaturen und Kulturen des Globalen, Berlin 2010.

Informationen zu weiteren Bänden finden Sie unter www.akademie-studienbuch.de

16.1 Zitierte Literatur

Alexander 1993 Werner Alexander: Hermeneutica Generalis. Zur Konzeption und Entwicklung der allgemeinen Verstehenslehre im 17. und 18. Jahrhundert, Stuttgart 1993.

Angehrn 2003 Emil Angehrn: Interpretation und Dekonstruktion. Untersuchungen zur Hermeneutik, Weilerswist 2003.

Anz 1982 Heinrich Anz: Hermeneutik der Individualität. Wilhelm Diltheys hermeneutische Position und ihre Aporien, in: Hendrik Birus (Hg.), Hermeneutische Positionen. Schleiermacher – Dilthey – Heidegger – Gadamer, Göttingen 1982, S. 59–88.

Apel 1963 Karl-Otto Apel: Das Leibapriori der Erkenntnis. Eine Betrachtung im Anschluß an Leibnizens Monadenlehre, in: Archiv für Philosophie 12, 1963, S. 152–172.

Apel 1979 Karl-Otto Apel: Die Erklären-Verstehen-Kontroverse in transzendentalpragmatischer Sicht, Frankfurt a. M. 1979.

Apel 1985 Karl-Otto Apel: Diltheys Unterscheidung von ‚Erklären' und ‚Verstehen' im Lichte der Problematik der modernen Wissenschaftstheorie, in: Wolfgang Orth (Hg.), Dilthey und die Philosophie der Gegenwart, Freiburg / München 1985, S. 285–347.

Apel 1988 Karl-Otto Apel: Transformation der Philosophie. Bd. 2: Das Apriori der Kommunikationsgemeinschaft, 4. Aufl., Frankfurt a. M. 1988.

Aristoteles 1994 Aristoteles: Peri Hermeneias, übersetzt und erläutert v. Hermann Weidemann, Aristoteles Werke in deutscher Übersetzung, begründet von Ernst Grumach, hg. v. Hellmut Flashar, Bd. 1, Teil II, Berlin 1994.

Augustinus 1976 Aurelius Augustinus: Die Retractationen in zwei Büchern. Retractionum libri duo, in deutscher Sprache v. C. J. Perl, Paderborn 1976.

Augustinus 2001 Aurelius Augustinus: De trinitate, Bücher VIII–XI, XIV–XV, Anhang: Buch V, neu übersetzt und mit Einleitung hg. v. Johann Kreuzer, lateinisch-deutsch, Hamburg 2001.

Augustinus 2002 Aurelius Augustinus: Die christliche Bildung, Übersetzung, Anmerkungen und Nachwort v. Karla Pollmann, Stuttgart 2002.

ANHANG

Bätschmann 2001 Oskar Bätschmann: Einführung in die kunstgeschichtliche Hermeneutik. Die Auslegung von Bildern, 5. Aufl., Darmstadt 2001.

Barbaric 2007 Damir Barbaric: Die Grenze zum Unsagbaren. Sprache als Horizont einer hermeneutischen Ontologie (GW 1, 442–47), in: Günter Figal (Hg.), Hans-Georg Gadamer. Wahrheit und Methode, Berlin 2007, S. 199–218.

Beck 2007 Ulrich Beck: Was ist Globalisierung? Irrtümer des Globalismus – Antworten auf Globalisierung, Frankfurt a. M. 2007.

Beetz 1981 Manfred Beetz: Nachgeholte Hermeneutik. Zum Verhältnis von Interpretations- und Logiklehren in Barock und Aufklärung, in: Deutsche Vierteljahresschrift für Literaturwissenschaft und Geistesgeschichte 55, 1981, S. 591–628.

Bertram 1999 Georg W. Bertram: Wem gilt die Kritik der Dekonstruktion? in: Allgemeine Zeitschrift für Philosophie 24, 1999, S. 21–241.

Bertram 2002 Georg W. Bertram: Hermeneutik und Dekonstruktion. Konturen einer Auseinandersetzung der Gegenwartsphilosophie, München 2002.

Betti 1967 Emilio Betti: Allgemeine Auslegungslehre als Methodik der Geisteswissenschaften, Tübingen 1967.

Birus 1982 Hendrik Birus (Hg.): Hermeneutische Positionen. Schleiermacher – Dilthey – Heidegger – Gadamer, Göttingen 1982.

Boehm 1978 Gottfried Boehm: Zu einer Hermeneutik des Bildes, in: Seminar: Die Hermeneutik und die Wissenschaften, hg. v. Hans-Georg Gadamer, Frankfurt a. M. 1978, S. 444–471.

Boehm 1994 Gottfried Boehm: Die Wiederkehr der Bilder, in: Gottfried Boehm (Hg.), Was ist ein Bild? München 1994, S. 11–38.

Boehm 1996 Gottfried Boehm: Zuwachs an Sein. Hermeneutische Reflexion und bildende Kunst, in: Hans-Georg Gadamer, Die Moderne und die Grenze der Vergegenständlichung, hg. v. Bernd Klüser, München 1996, S. 95–125.

Bollnow 1982 Otto-Friedrich Bollnow: Was heißt einen Schriftsteller besser verstehen, als er sich selbst verstanden hat? in: Otto-Friedrich Bollnow, Studien zur Hermeneutik, Bd. 1, Freiburg/München 1982, S. 48–72.

Bubner 1969 Rüdiger Bubner: Was ist Kritische Theorie? (M. Horkheimer – J. Habermas), in: Philosophische Rundschau, hg. v. Hans-Georg Gadamer und Helmut Kuhn. 16. Jg., Tübingen 1969, S. 213–249.

Bubner 1970 Hermeneutik und Dialektik. Bd. II. Sprache und Logik. Hans-Georg Gadamer zum 70. Geburtstag, hg. v. Rüdiger Bubner, Conrad Kramer und Reiner Wiehl, Tübingen 1970.

Bubner 1971 Rüdiger Bubner: „Philosophie ist ihre Zeit, in Gedanken erfasst", in: Hermeneutik und Ideologiekritik. Mit Beiträgen von Apel/Bormann/Bubner/Gadamer/Giegel/Habermas, Frankfurt a. M. 1971, S. 210–243.

Bubner 1973 Rüdiger Bubner: Über die wissenschaftstheoretische Rolle der Hermeneutik. Ein Diskussionsbeitrag, in: ders., Dialektik und Wissenschaft, Frankfurt a. M. 1973, S. 89–111.

Burger 2006 Christoph Burger: Gegen Origenes und Hieronymus für Augustin: Philipp Melanchthons Auseinandersetzung mit Erasmus über die Kirchenväter, in: Die Patristik in der frühen Neuzeit, hg. v. Günter Frank u. a., Stuttgart-Bad Cannstatt 2006, S. 13–26.

Chladenius 1969 Johann Martin Chladenius: Einleitung zur Auslegung vernünftiger Reden und Schriften, mit einer Einleitung von Lutz Geldsetzer, Düsseldorf 1969.

Christiansen 1969 Irmgard Christiansen: Die Technik der allegorischen Auslegungswissenschaft bei Philon von Alexandrien, Tübingen 1969.

ZITIERTE LITERATUR

Dannhauer 2004 Johann Conrad Dannhauer: Idea boni interpretis et malitiosi calumniatoris, hg. v. Walter Sparn, Hildesheim / Zürich / New York 2004.

Deleuze / Guattari 1977 Gilles Deleuze / Felix Guattari: Rhizom, Berlin 1977.

Derrida 1983 Jacques Derrida: Grammatologie, übersetzt von Hans-Jörg Rheinberger und Hanns Zischler, Frankfurt a. M. 1983.

Derrida 1986 Jacques Derrida: Positionen. Gespräche mit Henri Ronse, Julia Kristeva, Jean-Louis Houdebine und Guy Scarpetta, übersetzt von Dorothea Schmidt und Astrid Winterberger, Wien 1986.

Derrida 1995 Jacques Derrida: Dissemination, hg. v. Peter Engelmann, übersetzt von Hans-Dieter Gondek, Wien 1995.

Descartes 1960 René Descartes: Discours de la Méthode. Von der Methode des richtigen Vernunftgebrauchs und der wissenschaftlichen Forschung, übersetzt und hg. v. Lüder Gäbe, Hamburg 1960.

Dilthey 1928 Wilhelm Dilthey: Grundlagen der Wissenschaften vom Menschen, der Gesellschaft und der Geschichte. Ausarbeitungen und Entwürfe zum zweiten Band der Einleitung in die Geisteswissenschaften (ca. 1870–1895), Stuttgart / Göttingen 1928.

Dilthey 1958 Wilhelm Dilthey: Der Aufbau der geschichtlichen Welt in den Geisteswissenschaften, Stuttgart / Göttingen 1958.

Dilthey 1966 Wilhelm Dilthey: Das Leben Schleiermachers. Bd. 2: Schleiermachers System als Philosophie und Theologie, Stuttgart / Göttingen 1966.

Dilthey 1968 Wilhelm Dilthey: Der Aufbau der geschichtlichen Welt in den Geisteswissenschaften, 5. Aufl. Stuttgart / Göttingen 1968.

Dilthey 1969 Wilhelm Dilthey: Weltanschauung und Analyse des Menschen seit Renaissance und Reformation, 8. Aufl., Stuttgart / Göttingen 1969.

Dilthey 1982 Wilhelm Dilthey: Die geistige Welt. Einleitung in die Philosophie des Lebens. Erste Hälfte: Abhandlungen zur Grundlegung der Geisteswissenschaften, 7. Aufl., Stuttgart / Göttingen 1982.

Dreyfus 1980 Hubert L. Dreyfus: Holism and Hermeneutics, in: Review of Metaphysics 34, 1980, S. 3–23.

Dreyfus 1991 Hubert L. Dreyfus: Being-in-the-World. A Commentary on Heidegger's Being and Time, Cambridge 1991.

Duchrow 1965 Ulrich Duchrow: Sprachverständnis und biblisches Hören bei Augustin, Tübingen 1965.

Dürrschmidt 2002 Jörg Dürrschmidt: Globalisierung, Bielefeld 2002.

Ebeling 1951 Gerhard Ebeling: Die Anfänge von Luthers Hermeneutik, in: Zeitschrift für Theologie und Kirche, 48. Jg. 1951, Heft 2, S. 172–230.

Ebeling 1959 Gerhard Ebeling: Artikel „Hermeneutik", in: Religion in Geschichte und Gegenwart, Bd. III, 1959, Sp. 242–262.

Eco 1984 Umberto Eco: Nachschrift zum „Namen der Rose", München / Wien 1984.

Engelmann 2004 Peter Engelmann: Einleitung, in: Jacques Derrida, Die différance. Ausgewählte Texte, mit einer Einleitung hg. v. Peter Engelmann, Stuttgart 2004, S. 7–30.

Fellmann 1976 Ferdinand Fellmann: Das Vico Axiom: Der Mensch macht die Geschichte, Freiburg / München 1976.

Fellmann 1991 Ferdinand Fellmann: Symbolischer Pragmatismus. Hermeneutik nach Dilthey, Reinbek 1991.

ANHANG

Fellmann 1998 Ferdinand Fellmann: Hermeneutik, Semiotik, Informatik. Interpretation als Repräsentation, in: Evelyn Dölling (Hg.), Repräsentation und Interpretation, Berlin 1998, S. 15–38.

Figal 2006 Günter Figal: Gegenständlichkeit. Das Hermeneutische und die Philosophie, Tübingen 2006.

Figal 2007 Günter Figal (Hg.): Hans-Georg Gadamer. Wahrheit und Methode, Berlin 2007.

Flacius 1968 Matthias Flacius Illyricus: De ratione cognoscendi sacras literas / Über den Erkenntnisgrund der Heiligen Schrift, übersetzt, eingeleitet und mit Anmerkungen versehen v. Lutz Geldsetzer, Düsseldorf 1968.

Flashar 2002 Hellmut Flashar: Nachwort, in: Platon, Ion, griechisch / deutsch, übersetzt und hg. v. Hellmut Flashar, Stuttgart 2002, S. 54–71.

Flusser 1990 Jörg Albrecht: Vom Ende der bürgerlichen Kultur. Ein Gespräch mit Vilém Flusser, in: über flusser. Die Fest-Schrift zum 70. von Vilém Flusser, hg. v. Volker Rapsch, Düsseldorf 1990.

Flusser 1997 Vilém Flusser: Medienkultur, Frankfurt a. M. 1997.

Forget 1984 Philippe Forget (Hg.): Text und Interpretation. Deutsch-französische Debatte mit Beiträgen von J. Derrida, Ph. Forget, M. Frank, H.-G. Gadamer, J. Greisch und F. Laruelle, München 1984.

Freyer 1923 Hans Freyer: Theorie des objektiven Geistes, Berlin 1923.

Friederich 1982 Christoph Friederich: Johann Martin Chladenius: Die allgemeine Hermeneutik und das Problem der Geschichte, in: Ulrich Nassen (Hg.), Klassiker der Hermeneutik, Paderborn u. a. 1982, S. 43–75.

Gadamer 1961 Hans-Georg Gadamer: Hermeneutik und Historismus, in: Philosophische Rundschau 9, 1961, S. 241–276.

Gadamer 1974 Hans-Georg Gadamer: Artikel „Hermeneutik", in: Historisches Wörterbuch der Philosophie, Bd. 3, Basel 1974, Sp. 1061–1073.

Gadamer 1978 Hans-Georg Gadamer: Emilio Betti und das idealistische Erbe, in: Quaderni Fiorentini 7, 1978, S. 5–11.

Gadamer 1984 Hans-Georg Gadamer: Text und Interpretation, in: Philippe Forget (Hg.), Text und Interpretation. Deutsch-französische Debatte mit Beiträgen von J. Derrida, Ph. Forget, M. Frank, H.-G. Gadamer, J. Greisch und F. Laruelle, München 1984, S. 24–55.

Gadamer 1986a Hans-Georg Gadamer: Wahrheit und Methode. Grundzüge einer philosophischen Hermeneutik, 5. durchgesehene und erweiterte Aufl., Tübingen 1986.

Gadamer 1986b Hans-Georg Gadamer: Wahrheit und Methode. Ergänzungen und Register, Tübingen 1986.

Gander 2007 Hans-Helmuth Gander: Erhebung der Geschichtlichkeit des Verstehens zum hermeneutischen Prinzip (GW 1, 270–311), in: Günter Figal (Hg.), Hans-Georg Gadamer. Wahrheit und Methode, Berlin 2007, S. 105–125.

Geldsetzer 1965 Lutz Geldsetzer: Einleitung, in: Georg Friedrich Meier, Versuch einer allgemeinen Auslegungskunst, hg. v. Lutz Geldsetzer, Düsseldorf 1965, S. V–XXVIII.

Geldsetzer 1968 Lutz Geldsetzer: Einleitung, in: Matthias Flacius Illyricus, De ratione cognoscendi sacras literas / Über den Erkenntnisgrund der Heiligen Schrift, übersetzt, eingeleitet und mit Anmerkungen versehen von Lutz Geldsetzer, Düsseldorf 1968, ohne Seiten.

Geldsetzer 1969 Lutz Geldsetzer: Einleitung, in: Johann Martin Chladenius, Einleitung zur richtigen Auslegung vernünftiger Reden und Schriften, hg. v. Lutz Geldsetzer, Düsseldorf 1969, S. IX–XXIX.

Gethmann 1974 Carl Friedrich Gethmann: Verstehen und Auslegung. Das Methodenproblem in der Philosophie Martin Heideggers, Bonn 1974.

ZITIERTE LITERATUR

Gethmann 1993 Carl Friedrich Gethmann: Dasein: Erkennen und Handeln. Heidegger im phänomenologischen Kontext, Berlin 1993.

Gförer 1835 August Gförer: Kritische Geschichte des Christentums I, Philo und die alexandrinische Theosophie, 2. Aufl., Stuttgart 1835.

Giddens 1996 Anthony Giddens: Konsequenzen der Moderne, Frankfurt a. M. 1996.

Glidden 1997 David Glidden: Augustine's Hermeneutics and the Principle of Charity, in: Ancient Philosophy 17, 1997, S. 135–157.

Gloege 1964 Gerhard Gloege: Die Rechtfertigungslehre als hermeneutische Kategorie, in: Theologische Literaturzeitung 89, 1964, S. 161–176.

Greisch 1993 Jean Greisch: Hermeneutik und Metaphysik. Eine Problemgeschichte, München 1993.

Grondin 2001 Jean Grondin: Einführung in die philosophische Hermeneutik, 2. überarb. Aufl., Darmstadt 2001.

Habermas 1971a Jürgen Habermas: Zur Logik der Sozialwissenschaften. Materialien, 2. Aufl., Frankfurt a. M. 1971.

Habermas 1971b Jürgen Habermas: Der Universalitätsanspruch der Hermeneutik, in: Hermeneutik und Ideologiekritik. Mit Beiträgen von Apel/Bormann/Bubner/Gadamer/Giegel/Habermas, Frankfurt a. M. 1971, S. 120–159.

Habermas 1971c Jürgen Habermas: Zu Gadamers „Wahrheit und Methode", in: Hermeneutik und Ideologiekritik. Mit Beiträgen von Apel/Bormann/Bubner/Gadamer/Giegel/Habermas, Frankfurt a. M. 1971, S. 45–56.

Heidegger 1983 Martin Heidegger: Die Grundbegriffe der Metaphysik. Welt – Endlichkeit – Einsamkeit, Frankfurt a. M. 1983.

Heidegger 1984 Martin Heidegger: Sein und Zeit, 15. an Hand der Gesamtausgabe durchgesehene Auflage mit den Randbemerkungen aus dem Handexemplar des Autors im Anhang, Tübingen 1984.

Heidegger 1985 Martin Heidegger: Vorträge und Aufsätze, 5. Aufl., Pfullingen 1985.

Heidegger 1988 Martin Heidegger: Ontologie (Hermeneutik der Faktizität), Frankfurt a. M. 1988.

Heidegger 2003 Martin Heidegger: Was ist das – die Philosophie? Stuttgart 2003.

Held 1999 David Held u. a.: Global Transformations: Politics, Economics and Culture, Cambridge 1999.

Hempel/Oppenheim 1965 Carl Gustav Hempel/Paul Oppenheim: Studies in the Logic of Explanation, in: Paul Hempel (Hg.), Aspects of Scientific Explanation and other Essays in the Philosophy of Science, New York/London 1965, S. 245–295.

Henn 1976 Claudia Henn: „Sinnreiche Gedanken". Zur Hermeneutik des Claudenius, in: Archiv für Geschichte der Philosophie, 58. Bd., Heft 3, 1976.

Hitzler 1999 Ronald Hitzler/Jo Reichertz/Norbert Schröer (Hg.): Hermeneutische Wissenssoziologie. Standpunkte zur Theorie der Interpretation, Konstanz 1999.

Holl 1948 Karl Holl: Gesammelte Aufsätze zur Kirchengeschichte, I: Luther, 7. Aufl. Tübingen 1948.

Honneth 1985 Axel Honneth: Kritik der Macht: Reflexionsstufen einer kritischen Gesellschaftstheorie, Frankfurt a. M. 1985.

Horstmann 1999 Axel Horstmann: Interkulturelle Hermeneutik. Eine neue Theorie des Verstehens? in: Deutsche Zeitschrift für Philosophie 47, Berlin 1999, S. 427–448.

Horstmann 2004 Axel Horstmann: Positionen des Verstehens – Hermeneutik zwischen Wissenschaft und Lebenspraxis, in: Handbuch der Kulturwissenschaften, Bd. 2: Paradigmen und Disziplinen, hg. v. Friedrich Jaeger und Jürgen Straub, Stuttgart/Weimar 2004, S. 341–363.

Hübener 1985 Wolfgang Hübener: Schleiermacher und die hermeneutische Tradition, in: Schleiermacher-Archiv, hg. v. Hermann Fischer u. a., Bd. 1, Teilbd. 1, Berlin/New York 1985, S. 561–574.

Hufnagel 1982 Erwin Hufnagel: Wilhelm Dilthey: Hermeneutik als Grundlegung der Geisteswissenschaften, in: Ulrich Nassen (Hg.), Klassiker der Hermeneutik, Paderborn u. a. 1982, S. 173–206.

Hufnagel 2001 Erwin Hufnagel: Einführung in die Hermeneutik, 2. Auflage Remscheid 2001.

Ineichen 1991 Hans Ineichen: Philosophische Hermeneutik, Freiburg/München 1991.

Jaeger 1974 H.-E. Hasso Jaeger: Studien zur Frühgeschichte der Hermeneutik, in: Archiv für Begriffsgeschichte, Bd. XVIII, Bonn 1974, S. 35–84.

Jauß 1991 Hans Robert Jauß: Ästhetische Erfahrung und literarische Hermeneutik, Frankfurt a. M. 1991.

Jervolino 1990 Domenico Jervolino: The Cogito and Hermeneutics. The Question of the Subject in Ricœur, London 1990.

Joisten 2003 Karen Joisten: Philosophie der Heimat – Heimat der Philosophie, Berlin 2003.

Jülicher 1910 Adolf Jülicher: Die Gleichnisreden Jesu. 1. Bd.: Die Gleichnisreden Jesu im Allgemeinen. 2. Bd.: Auslegung der Gleichnisreden der drei ersten Evangelien, 2. Aufl., Freiburg 1910.

Jung 1996 Matthias Jung: Dilthey zur Einführung, Hamburg 1996.

Jung 2001 Matthias Jung: Hermeneutik zur Einführung, Hamburg 2001.

Keller 1984 Rudolf Keller: Der Schlüssel zur Schrift. Die Lehre vom Wort Gottes bei Matthias Flacius Illyricus, Hannover 1984.

Knape 1993 Joachim Knape: Philipp Melanchthons „Rhetorik", Tübingen 1993.

Kreuzer 1995 Johann Kreuzer: Pulchritido. Vom Erkennen Gottes bei Augustin. Bemerkungen zu den Büchern IX, X und XI der *Confessiones*, München 1995.

Künne 1990 Wolfgang Künne: Prinzipien der wohlwollenden Interpretation, in: Intentionalität und Verstehen, hg. v. Forum für Philosophie Bad Homburg, Frankfurt a. M. 1990, S. 212–236.

Kurthen 1994 Martin Kurthen: Hermeneutische Kognitionswissenschaft. Die Krise der Orthodoxie, Bonn 1994.

Lafont 1994 Cristina Lafont: Sprache und Welterschließung. Zur linguistischen Wende der Hermeneutik Heideggers, Frankfurt a. M. 1994.

Lang 1981 Peter Christan Lang: Hermeneutik – Ideologiekritik – Ästhetik. Über Gadamer und Adorno sowie Fragen einer aktuellen Ästhetik, Hanstein 1981.

Lessing 1999 Hans-Ulrich Lessing: Einleitung, in: ders. (Hg.), Philosophische Hermeneutik, Freiburg/München 1999, S. 9–31.

Lévi-Strauss 2008 Claude Lévi-Strauss: Traurige Tropen, Neuaufl., Frankfurt a. M. 2008.

Lipps 1976 Hans Lipps: Untersuchungen zu einer hermeneutischen Logik, 4. Aufl., Frankfurt a. M. 1976.

Litt 1948 Theodor Litt: Mensch und Welt. Grundlinien einer Philosophie des Geistes, München 1948.

Litt 1959 Theodor Litt: Das Allgemeine im Aufbau der geisteswissenschaftlichen Erkenntnis, Groningen 1959.

ZITIERTE LITERATUR

Löser 1971 Werner Löser SJ: Hermeneutik oder Kritik? Die Kontroverse zwischen H.-G. Gadamer und J. Habermas, in: Stimmen der Zeit, Freiburg 1971, S. 50–59.

Lohse 1981 Bernhard Lohse: Martin Luther. Eine Einführung in sein Leben und sein Werk, München 1981.

Luther 1967a D. Martin Luther: Tischreden 1531–46, 2. Bd., Tischreden aus den dreißiger Jahren, in: D. Martin Luthers Werke. Kritische Gesamtausgabe, Weimar/Graz 1967.

Luther 1967b D. Martin Luther: Tischreden, 5. Bd., in: D. Martin Luthers Werke. Kritische Gesamtausgabe, Weimar/Graz 1967.

Marquard 1981 Odo Marquard: Abschied vom Prinzipiellen, Stuttgart 1981.

Meier 1965 Georg Friedrich Meier: Versuch einer allgemeinen Auslegungskunst, hg. v. Lutz Geldsetzer, Düsseldorf 1965.

Melanchthon 1993 Philipp Melanchthon: Loci communes 1521, lateinisch/deutsch, übersetzt und mit kommentierenden Anmerkungen versehen v. Horst Georg Pöhlmann, Gütersloh 1993.

Melanchthon 2001 Philipp Melanchthon: Elementa rhetorices. Grundbegriffe der Rhetorik 1531, hg., übersetzt und kommentiert v. Volkhard Wels, Berlin 2001.

Misch 1930 Georg Misch. Lebensphilosophie und Phänomenologie: eine Auseinandersetzung der Diltheyschen Richtung mit Heidegger und Husserl, Leipzig 1930.

Mostert 1998 Walter Mostert: Glaube und Hermeneutik. Gesammelte Aufsätze, hg. v. Pierre Bühler und Gerhard Ebeling, Tübingen 1998.

Müller 1998 Carl Werner Müller: Die Dichter und ihre Interpreten. Über die Zirkularität der Exegese von Dichtung im platonischen Ion, in: Rheinisches Museum für Philologie, in Verbindung mit Carl Werner Müller und Clemens Zintzen hg. v. Bernd Manuwald, 141. Bd., Frankfurt a. M. 1998, S. 259–285.

Nassen 1982 Ulrich Nassen (Hg.): Klassiker der Hermeneutik, Paderborn u. a. 1982.

Oevermann 1979 Ulrich Oevermann/Tilmann Allert/Elisabeth Konau/Jürgen Krambeck: Die Methodologie einer „objektiven Hermeneutik" und ihre allgemeine forschungslogische Bedeutung in den Sozialwissenschaften, in: Hans-Georg Soeffner (Hg.), Interpretative Verfahren in den Sozial- und Textwissenschaften, Stuttgart 1979, S. 352–434.

Oevermann 2003 Ulrich Oevermann: Bausteine einer Theorie künstlerischen Handelns aus soziologischer Sicht, in: Konrad Heumann/Ferdinand Zehentreiter (Hg.), Das Kunstwerk als Ausdrucksgestalt. Exemplarische Sequenzanalysen aus den Bereichen Literatur, Bildende Kunst, Architektur und Musik, Frankfurt a. M. 2003.

Origines 1985 Origines: Vier Bücher von den Prinzipien, hg., übersetzt, mit kritischen und erläuternden Anmerkungen versehen v. Herwig Görgemanns und Heinrich Karpp, 2., verbesserte und um einen Nachtrag erweiterte Auflage, Darmstadt 1985.

Orth 1985 Ernst Wolfgang Orth (Hg.): Dilthey und die Philosophie der Gegenwart, Freiburg/München 1985.

Orth 2004 Stefan Orth/Peter Reifenberg (Hg.): Facettenreiche Anthropologie. Paul Ricœurs Reflexionen auf den Menschen, Freiburg/München 2004.

Osterhammel/Petersson 2004 Jürgen Osterhammel/Niels P. Petersson: Geschichte der Globalisierung. Dimensionen, Prozesse, Epochen, 2., durchgesehene Aufl., München 2004.

Palmer 1969 Richard E. Palmer: Hermeneutics. Interpretation Theory in Schleiermacher, Dilthey, Heidegger and Gadamer, Evanston 1969.

Pépin 1987 Jean Pépin: La tradition de l'allégorie de Philon d'Alexandrie à Dane, Paris 1987.

Philon 1962a Philo von Alexandria: Allegorische Erklärung des heiligen Gesetzbuches, Buch I–III, in: Die Werke in deutscher Übersetzung, Bd. III, hg. v. Leopold Cohn u. a., 2. Aufl., Berlin 1962, S. 16–165.

Philon 1962b Philo von Alexandria: Über Abrahams Wanderung, in: Die Werke in deutscher Übersetzung, Bd. V, hg. v. Leopold Cohn u. a., 2. Aufl., Berlin 1962, S. 152–213.

Philon 1964 Philo von Alexandria: Über das betrachtende Leben oder die Schutzflehenden, in: Die Werke in deutscher Übersetzung, Bd. VII, hg. v. Leopold Cohn u. a., Berlin 1964, S. 44–70.

Platon 1990a Platon: Der Staat, bearbeitet von Dietrich Kurz, griechischer Text von Émile Chambry, deutsche Übersetzung v. Friedrich Schleiermacher, in: Platon, Werke in acht Bänden, griechisch und deutsch, 4. Bd., hg. v. Gunther Eigler, 2. Aufl., Darmstadt 1990.

Platon 1990b Platon: Theaitetos. Der Sophist. Der Staatsmann, bearbeitet v. Peter Staudacher, griechischer Text v. Auguste Dìes, deutsche Übersetzung v. Friedrich Schleiermacher, in: Platon, Werke in acht Bänden, griechisch und deutsch, 6. Bd., hg. v. Gunther Eigler, 2. Aufl., Darmstadt 1990.

Platon 1990c Platon: Phaidros. Parmenides. Briefe, bearbeitet von Dietrich Kurz, griechischer Text v. Léon Robin, Auguste Dies und Joseph Souilhé, deutsche Übersetzung v. Friedrich Schleiermacher und Dietrich Kurz, in: Platon, Werke in acht Bänden, griechisch und deutsch, 5. Bd., hg. v. Gunther Eigler, 2. Aufl., Darmstadt 1990.

Platon 2002 Platon: Ion, griechisch / deutsch, übersetzt und hg. v. Hellmut Flashar, Stuttgart 2002.

Pöggeler 1972 Otto Pöggeler: Einführung, in: ders. (Hg.), Hermeneutische Philosophie. Texte von Dilthey, Heidegger, Gadamer, Ritter, Apel, Habermas, Ricœur, Becker, Bollnow, München 1972, S. 7–71.

Pöggeler 1983 Otto Pöggeler: Heidegger und die hermeneutische Philosophie, Freiburg / München 1983.

Pöggeler 1994 Otto Pöggeler: Schritte zu einer hermeneutischen Philosophie, Freiburg / München 1994.

Pöhlmann 1976 Ernst Pöhlmann: Enthusiasmus und Mimesis. Zum Platonischen Ion, in: Gymnasium 83, 1976, S. 191–208.

Pohlenz 1964 Max Pohlenz: Die Stoa. Die Geschichte einer geistigen Bewegung, Göttingen 1964.

Popper 1935 Karl Raimund Popper: Logik der Forschung, Wien 1935.

Prammer 1988 Franz Prammer: Die philosophische Hermeneutik Paul Ricœurs in ihrer Bedeutung für eine theologische Sprachtheorie, Innsbruck / Wien 1988.

Prauss 1976 Gerold Prauss: Erkennen und Handeln in Heideggers „Sein und Zeit", Freiburg / München 1976.

Redepenning 1966 Ernst Rudolf Redepenning: Origines. Eine Darstellung seines Lebens und seiner Lehre, in 2 Abteilungen, Abteilung 1, Aalen 1966. (Neudruck der Ausgabe Bonn 1841).

Reichertz 2007 Jo Reichertz: Hermeneutische Wissenssoziologie, in: Rainer Schützeichel (Hg.), Handbuch für Wissenssoziologie und Wissensforschung, Konstanz 2007, S. 171–180.

Rese 2007 Friederike Rese: *Phronesis* als Modell der Hermeneutik. Die hermeneutische Aktualität des Aristoteles (GW 1, 312–329), in: Günter Figal (Hg.), Hans-Georg Gadamer. Wahrheit und Methode, Berlin 2007, S. 127–150.

Ricœur 1950 Paul Ricœur: Le volontaire et l'involontaire, Paris 1950.

Ricœur 1960 Paul Ricœur: Finitude et Culpabilité. L'homme faillible / La symbolique du mal, Paris 1960.

Ricœur 1988   Paul Ricœur: Zeit und Erzählung. Bd. I: Zeit und historische Erzählung, aus dem Französischen von Rainer Rochlitz, Paderborn 1988.

Ricœur 1999   Paul Ricœur: Die Interpretation. Ein Versuch über Freud, übersetzt v. Eva Moldenhauer, 4. Aufl., Frankfurt a. M. 1999.

Ricœur 2005   Paul Ricœur: Vom Text zur Person. Hermeneutische Aufsätze (1970–1999), übersetzt und hg. v. Peter Welsen, Hamburg 2005.

Rodi 1990   Frithjof Rodi: Erkenntnis des Erkannten. Zur Hermeneutik des 19. und 20. Jahrhunderts, Frankfurt a. M. 1990.

Rothacker 1920   Erich Rothacker: Einleitung in die Geisteswissenschaften, Tübingen 1920.

Rothacker 1927   Erich Rothacker: Logik und Systematik der Geisteswissenschaften, München / Berlin 1927.

Rothacker 1954   Erich Rothacker: Die dogmatische Denkform in den Geisteswissenschaften und das Problem des Historismus, Mainz 1954.

Scheible 1984   Heinz Scheible: Melanchthon zwischen Luther und Erasmus, in: Renaissance – Reformation: Gegensätze und Gemeinsamkeiten, Wiesbaden 1984, S. 155–180.

Scheible 1992   Heinz Scheible: Artikel „Melanchthon", in: Theologische Realenzyklopädie, hg. v. Gerhard Müller, Bd. XXII, Berlin 1992, S. 371–410.

Schempp 1973   Paul Schempp: Luthers Stellung zur Heiligen Schrift, in: ders., Theologische Entwürfe, hg. v. Richard Widmann, München 1973.

Schleiermacher 1995   Friedrich Schleiermacher: Hermeneutik und Kritik, mit einem Anhang sprachphilosophischer Texte Schleiermachers, hg. und eingeleitet v. Manfred Frank, 6. Aufl., Frankfurt a. M. 1995.

Schnabel-Schüle 2006   Helga Schnabel-Schüle: Die Reformation 1495–1555. Politik mit Theologie und Religion, Stuttgart 2006.

Schneider 2004   Wolfgang Ludwig Schneider: Grundlagen der soziologischen Theorie. Bd. 3: Sinnverstehen und Intersubjektivität – Hermeneutik, funktionale Analyse, Konversationsanalyse und Systemtheorie, Wiesbaden 2004.

Scholz 1994   Oliver Robert Scholz: Die allgemeine Hermeneutik bei Georg Friedrich Meier, in: Axel Bühler (Hg.), Unzeitgemäße Hermeneutik. Verstehen und Interpretation im Denken der Aufklärung, Frankfurt a. M. 1994, S. 158–191.

Scholz 1999   Oliver Robert Scholz: Verstehen und Rationalität. Untersuchungen zu den Grundlagen von Hermeneutik und Sprachphilosophie, Frankfurt a. M. 1999.

Sick 1959   Hansjörg Sick: Melanchthon als Ausleger des Alten Testaments, Tübingen 1959.

Siegfried 1970   Carl Siegfried: Philo von Alexandria als Ausleger des Alten Testaments, Amsterdam 1970.

Simon-Schaefer 1975   Roland Simon-Schaefer / Walther Ch. Zimmerli: Theorie zwischen Kritik und Praxis. Jürgen Habermas und die Frankfurter Schule, Stuttgart-Bad Cannstatt 1975.

Soeffner 1989   Hans-Georg Soeffner: Auslegung des Alltags – Der Alltag der Auslegung, Frankfurt a. M. 1989

Szondi 1975   Peter Szondi: Einführung in die literarische Hermeneutik, hg. v. Jean Bollack und Helen Stierlin, Frankfurt a. M. 1975.

Teichert 1991   Dieter Teichert: Erfahrung, Erinnerung, Erkenntnis. Untersuchungen zum Wahrheitsbegriff der Hermeneutik Gadamers, Stuttgart 1991.

Tugendhat 1970 Ernst Tugendhat: Der Wahrheitsbegriff bei Husserl und Heidegger, 2. Aufl., Berlin 1970.

Tugendhat 1976 Vorlesungen zur Einführung in die sprachanalytische Philosophie, Frankfurt a. M. 1976.

Wach 1984 Joachim Wach: Das Verstehen. Grundzüge einer Geschichte der hermeneutischen Theorie im 19. Jahrhundert, 3 Bände in einem Band, Hildesheim/Zürich/New York 1984.

Wels 2001 Volkard Wels: Nachwort, in: Philipp Melanchthon: Elementa rhetorices/Grundbegriffe der Rhetorik, hg. übersetzt und kommentiert v. Volkard Wels, Berlin 2001, S. 443–475.

Welsen 2007 Peter Welsen: Erzählung und Ethik bei Paul Ricœur, in: Narrative Ethik. Das Gute und das Böse erzählen, hg. v. Karen Joisten, Berlin 2007, S. 151–167.

Whitehead 1929 Alfred North Whitehead: Process and reality, New York 1929.

Wierlacher 1993 Alois Wierlacher (Hg.): Kulturthema Fremdheit. Leitbegriffe und Problemfelder kulturwissenschaftlicher Fremdheitsforschung. Mit einer Forschungsbibliographie von Corinna Albrecht u. a., München 1993.

Wolf 1999 Ursula Wolf: Die Philosophie und die Frage nach dem guten Leben, Reinbek bei Hamburg 1999.

Zima 1994 Peter V. Zima: Die Dekonstruktion. Einführung und Kritik, Tübingen/Basel 1994.

Zimmerli 1975 Walther Ch. Zimmerli: Ist die kommunikationstheoretische Wende ein Ausweg aus dem Hermeneutikstreit? in: Roland Simon-Schaefer/Walther Ch. Zimmerli, Theorie zwischen Kritik und Praxis. Jürgen Habermas und die Frankfurter Schule, Stuttgart-Bad Cannstatt 1975, S. 95–122.

Zöckler 1975 Christofer Zöckler: Dilthey und die Hermeneutik. Diltheys Begründung der Hermeneutik und die Geschichte ihrer Rezeption, Stuttgart 1975.

Textstellen aus der Bibel wurden anhand der Abkürzungen biblischer Bücher zitiert, wie sie die Loccumer Richtlinien vorgeben.

16.2 Abbildungsverzeichnis

Abbildung 1: Monika Manthei: Ohne Titel (2002). Monika Manthei, Wiesbaden.

Abbildung 2: Raffael: *Die Schule von Athen* (Ausschnitt) (1511–12), Fresko. bpk/Scala.

Abbildung 3: Entsprechung zwischen der Heiligen Schrift und dem Menschen bei Philon.

Abbildung 4: Beispiele allegorischer Deutung bei Philon.

Abbildung 5: Antonello da Messina: *Der Heilige Augustinus* (1472–73). bpk/Scala.

Abbildung 6: Der Aufbau des menschlichen Geistes.

Abbildung 7: Birgid Helmy: *Kommunion* (2001). VG Bild-Kunst, Bonn 2009.

Abbildung 8: Daniel Nikolaus Chodowiecki: *Aufklärung* (1791), Radierung. bpk/Kupferstichkabinett, SMB/Jörg P. Anders.

Abbildung 9: Caspar David Friedrich: *Der Wanderer über dem Nebelmeer* (1818).

Abbildung 10: Vergleich zwischen traditioneller Stellenhermeneutik und Schleiermachers Hermeneutik.

Abbildung 11: Henri Matisse: *Der Tanz* (*La Danse*, 1910). Succession H. Matisse/VG Bild-Kunst, Bonn 2009.

Abbildung 12: Martin Heidegger: Manuskriptseiten seines Hauptwerks *Sein und Zeit* (1927). Deutsches Literaturarchiv Marbach.

Abbildung 13: Norbert Miguletz: Besucher in einer Kunstausstellung (2006), Fotografie. Norbert Miguletz, Frankfurt a. M.

Abbildung 14: Das Institut für Sozialforschung in Frankfurt am Main. Fotografie.

Abbildung 15: Jeff Wall: *The Storyteller* (229 × 437 cm) (1986). Jeff Wall Studio, Vancouver/Kanada.

Abbildung 16: Rudolf Koch: Handschrift des Matthäus-Evangeliums (Ausschnitt) (1921). Klingspor Museum, Offenbach.

Abbildung 17: Giovanni da Bologna: Hermes alias *Merkur*. Bronze (1580). akg-images/Erich Lessing.

(Der Verlag hat sich um die Einholung der Abbildungsrechte bemüht. Da in einigen Fällen die Inhaber der Rechte nicht zu ermitteln waren, werden rechtmäßige Ansprüche nach Geltendmachung ausgeglichen.)

16.3 Personenverzeichnis

Abaelard 51
Adorno, Theodor W. 154, 238
Alexander, Werner 84, 94
Antonello da Messina 49
Angehrn, Emil 195f.
Anz, Heinrich 113
Apel, Karl-Otto 15, 97, 116, 144, 154, 163–168, 198, 200, 221
Aquin, Thomas von 51
Aristoteles 8, 14, 19, 22, 30–34, 41, 149, 176, 214, 238
Ast, Friedrich 97f., 107f.
Augustinus 31, 42, 49–64, 70, 72, 112, 128, 149f., 215
Augustinus von Dakien 46
Austin, John L. 179

Bätschmann, Oskar 203
Barbaric, Damir 149
Beck, Ulrich 206
Beetz, Manfred 86
Berger, Peter L. 201
Bertram, Georg W. 187, 192, 195f.
Betti, Emilio 20, 148
Birus, Hendrik 17, 20, 107
Böckh, August 97, 115
Boehm, Gottfried 144, 201–205, 209
Bollnow, Otto-Friedrich 105, 118, 122, 182
Brachtendorf, Johannes 63
Brinkmann, Hennig 64
Bubner, Rüdiger 30, 141, 152, 156, 158–160, 171, 221
Bultmann, Rudolf 118, 124
Burger, Christoph 72

Cassianus, Johannes 46f.
Chladenius, Johann Martin 82, 85–89, 93f., 97, 217
Chodowiecki, Daniel Nikolaus 81f., 233
Christiansen, Irmgard 37, 40, 48
Comte, Auguste 238
Culler, Jonathan 196

Dannhauer, Johann Conrad 82–85, 93, 217
Deleuze, Gilles 199
Derrida, Jacques 183–196, 198, 200, 220, 238
Descartes, René 125
Dilthey, Wilhelm 10f., 17f., 20, 61, 71, 75–77, 82, 97f., 107, 109–122, 128, 140f., 146, 172, 181, 212, 218f.
Dreyfus, Hubert L. 131

Droysen, Johann G. 115, 128
Duchrow, Ulrich 58
Dürrschmidt, Jörg 206

Ebeling, Gerhard 13, 69, 76, 79, 213
Eco, Umberto 199
Engelmann, Peter 194f., 220
Engels, Friedrich 28

Fellmann, Ferdinand 117, 203f., 206
Fichte, Johann Gottlieb 105
Figal, Günter 34, 141, 151f., 212
Flacius (Matthias Flacius Illyricus) 15, 47, 66, 76–80, 112, 216f.
Flasch, Kurt 64
Flashar, Hellmut 24, 34, 108, 214
Flusser, Vilém 202f.
Forget, Philippe 195, 220
Foucault, Michel 239
Frank, Manfred 97, 107f.
Frege, Gottlob 149
Freud, Sigmund 160f., 189, 238
Freyer, Hans 121
Friedrich, Christoph 88, 94
Friedrich, Caspar David 95f., 233
Fromm, Erich 154

Gadamer, Hans-Georg 15, 17f., 20, 30f., 33, 42, 59f., 75f., 80, 82, 88, 97f., 104, 107, 110, 124, 139–152, 154–163, 167f., 170f., 177, 193–195, 198f., 201, 204, 208f., 219–221
Gander, Hans-Helmuth 143, 151
Geldsetzer, Lutz 78f., 89, 93, 216f.
Gethmann, Carl Friedrich 125, 129, 136
Gförer, August 40
Giddens, Anthony 202
Giovanni da Bologna 197, 233
Glidden, David 54
Gloege, Gerhard 68
Greimas, Algirdas Julien 173
Greisch, Jean 24, 27, 30, 61, 100f., 182
Grondin, Jean 13, 20, 75, 134, 137, 145, 150–152
Guattari, Felix 199
Gundolf, Friedrich 118

Habermas, Jürgen 15, 20, 97, 116, 118, 144, 146, 152, 154–164, 167f., 198, 200, 221, 238
Hager, Fritz-Peter 34

PERSONENVERZEICHNIS

Hegel, Georg Wilhelm Friedrich 28, 120, 145f., 152
Heidegger, Martin 11, 17f., 20, 32f., 50, 54, 98, 107, 115, 118, 120, 123–137, 140f., 143, 151f., 155, 157, 170, 182, 184–187, 193–195, 198–200, 206, 219, 237f.
Held, David 206
Helmy, Birgid 65f., 233
Hempel, Carl Gustav 165
Henn, Claudia 87
Hermann, Friedrich-Wilhelm von 137
Hitzler, Ronald 201
Holl, Karl 69, 118
Honneth, Axel 162
Horkheimer, Max 154, 238
Horstmann, Axel 201, 208–210
Hübener, Wolfgang 97
Hufnagel, Erwin 20, 117, 122, 148, 211
Humboldt, Wilhelm von 149, 212
Husserl, Edmund 133, 140f., 147, 170, 189, 238

Ineichen, Hans 16, 20, 135f.

Jacobson, Roman 239
Jaeger, Friedrich 210
Jaeger, H.-E. Hasso 84f., 94
Jauß, Hans Robert 144, 211
Jervolino, Domenico 176
Jülicher, Adolf 40
Jung, Matthias 11f., 20, 105, 201f.

Kant, Immanuel 9, 82, 99, 105, 115, 142, 160, 164, 237, 239
Kaul, Susanne 182
Keller, Rudolf 77, 80
Kimmerle, Heinz 98
Knape, Joachim 71, 80
Koch, Rudolf 183f., 233
Korff, Herman August 118
Kreuzer, Johann 58, 63f.
Künne, Wolfgang 92
Kurthen, Martin 200

Lacan, Jacques 173, 239
Lafont, Cristina 131
Lang, Peter Christan 159
Lessing, Hans-Ulrich 17, 122
Levinas, Emanuel 238
Lévi-Strauss, Claude 173, 239
Liebsch, Burkhard 182
Lipps, Hans 33
Litt, Theodor 121
Lohse, Bernhard 68

Lorenzer, Alfred 160
Löser SJ, Werner 163
Lubac, Henri de 48
Lücke, Friedrich 98
Luckmann, Thomas 201
Luckner, Andreas 137
Luther, Martin 15, 40, 47, 66–73, 77–80, 215f.

Manthei, Monika 7f., 233
Marquard, Odo 201f.
Marx, Karl 28, 160
Matisse, Henri 109f., 233
Mattern, Jens 182
Maurus, Hrabanus 51
Meier, Georg Friedrich 82, 89–94, 97, 112, 217
Melanchthon, Philipp 15, 47, 66, 71–77, 79f., 216
Merleau-Ponty, Maurice 124, 238
Miguletz, Norbert 139f., 233
Misch, Georg 33, 118
Mostert, Walter 70
Müller, Carl Werner 25, 34

Nassen, Ulrich 94, 122, 157f., 168
Natorp, Paul 152
Nietzsche, Friedrich 110, 147, 189, 202, 221
Nohl, Hermann 118

Oevermann, Ulrich 200f.
Origines 15, 36, 42–48, 112, 214f.
Orth, Stefan 177
Oppenheim, Paul 165
Osterhammel, Jürgen 202

Palmer, Richard E. 116
Parmenides 53
Pascal, Blaise 128
Pépin, Jean 37
Philon von Alexandrien 15, 36–43, 45, 47f.
Platon 8, 14, 19, 22–30, 33f., 152, 184, 188–193, 201, 204, 213f., 237f.
Pleger, Wolfgang H. 108
Plotin 62
Pöggeler, Otto 17, 99, 116, 137
Pöhlmann, Ernst 25
Pohlenz, Max 41
Pollmann, Karla 63f.
Popper, Karl Raimund 165
Prammer, Franz 173
Prauss, Gerold 129

Raffael 21f., 233
Rambach, Johann Jacob 148
Redepenning, Ernst Rudolf 44f., 48

Reese-Schäfer, Walter 168
Reichertz, Jo 201
Rentsch, Thomas 137
Rese, Friederike 148
Rickert, Heinrich 128
Ricœur, Paul 15, 31f., 106, 116, 118, 124, 169–182, 198, 200, 221f., 238
Riedel, Manfred 122
Rodi, Frithjof 33, 122, 212, 218
Rothacker, Ernst 121
Rotterdam, Erasmus von 71, 75
Rousseau, Jean-Jacques 189
Rütsche, Johannes 122

Sartre, Jean-Paul 124, 238
Saussure, Ferdinand de 171, 173, 189, 239
Scheible, Heinz 71, 75
Scheler, Max 128, 238
Schempp, Paul 68
Schlegel, Friedrich 97, 105, 108
Schleiermacher, Friedrich 14, 17–20, 27, 30, 61, 82, 92, 95–108, 110f., 113, 115, 141, 143, 147, 174, 213f., 218
Schnabel-Schüle, Helga 71f.
Schneider, Wolfgang Ludwig 104
Schnur, Harald 108
Scholz, Oliver Robert 41, 44, 54, 92, 94, 104, 107, 111, 211
Schütz, Alfred 201
Searle, John R. 179
Semler, Johann Salomo 78
Sick, Hansjörg 72, 75
Siegfried, Carl 39, 48

Simmel, Georg 110
Simon-Schaefer, Roland 159
Soeffner, Hans-Georg 201
Sokrates 22f., 25f., 189f.
Spranger, Eduard 118
Staiger, Emil 118
Szondi, Peter 210

Teichert, Dieter 145
Trubetzkoj, Nikolaus 239
Tugendhat, Ernst 125

Vico, Giambattista 117

Wach, Joachim 78, 108
Wall, Jeff 169f., 233
Weidemann, Hermann 34
Weil, Felix 154
Wels, Volkard 71, 74, 79f.
Welsen, Peter 181, 222
Whitehead, Alfred North 23
Wiehl, Reiner 108
Wierlacher, Alois 207–210
Windelband, Wilhelm 128
Wischke, Mirko 152
Wolf, Friedrich August 97f., 107f.
Wolf, Ursula 128
Wolff, Christian 86
Wood, David 196

Zima, Peter V. 194, 196
Zimmerli, Walther Ch. 155, 168
Zöckler, Christofer 118

16.4 Glossar

Allegorie Zusammengesetzt aus griechisch *álle* = anderswie und *agoreúein* = sprechen; bedeutet wörtlich übersetzt „etwas auf eine andere Art sagen"; indirekte Form der Rede bzw. Darstellung, bei der eine Sache als Zeichen für eine andere Sache verwendet wird. Ein bekanntes Beispiel für eine Allegorie ist die Darstellung der Gerechtigkeit als eine Frau mit Waage und Schwert. → KAPITEL 3

Apophantisches Als Ein von Martin Heidegger geprägter Terminus, mit der er die Als-Struktur der Auslegung in einer Aussage kennzeichnet. Dem apophantischem geht das → hermeneutische Als voraus. → KAPITEL 1.1, 9.2

A priori Lateinischer Ausdruck für „von dem Früheren her"; erkenntnistheoretisch bedeutet es im Sinne des Philosophen Immanuel Kant (1724–1804) dasjenige, das die Erfahrung ermöglicht und von dieser unabhängig ist (die Kategorien und die Anschauungsformen Raum und Zeit).

Christologie Lehre der christlichen Dogmatik von Jesus Christus, seiner Person und seinem Wesen. Es geht dabei insbesondere um die Heilsbedeutung Jesu für die Welt und die Beziehung des Menschen zu ihm. → KAPITEL 5

Deduktion Philosophische (bzw. wissenschaftliche) Methode, die vom Allgemeinen (einem allgemeinen Gesetz) ausgeht und von diesem das Einzelne und Besondere (den konkreten Fall) erkennt. Gegensatz: → Induktion.

Dialektik Vom griechischen *dialektiké (téchne)* = Kunst der Unterredung; die Bedeutung der Dialektik differiert je nach Philosoph erheblich. In den späteren Dialogen Platons (*Phaidon, Politeia, Phaidros, Sophistes*) ist Dialektik z. B. die höchste Wissenschaft, durch die man das Wissen über die Ideen, die ewigen und unveränderlichen Urbilder der Dinge, erlangen kann. → KAPITEL 2.2

Evangelium Vom griechischen *eu-angélion* = frohe Botschaft; unter den Evangelien versteht man zumeist die vier Evangelienbücher im Neuen Testament der Heiligen Schrift nach Matthäus, Markus, Lukas und Johannes. → KAPITEL 5

Fundamentalontologie Eine von Martin Heidegger vorgenommene Wortschöpfung in seinem Werk *Sein und Zeit* (1927), mit der er die Analyse der Grundstrukturen menschlichen Seins, der sogenannten „Existenzialien" benennt. → KAPITEL 9

Hermeneutischer Zirkel Vom griechischen *hermeneúein* = aussagen, erklären, übersetzen; im allgemeinen Sinne bezeichnet der hermeneutische Zirkel die hermeneutische Grundforderung, nach der das Ganze vom Einzelnen und den Teilen her zu verstehen ist (z. B. der Absatz von den Sätzen) und wiederum das Einzelne und die Teile vom Ganzen her (z. B. die Absätze vom gesamten Text). Im engeren Sinne bezeichnet er die zirkuläre Beziehung zwischen Vorwissen (Vorverständnis) und Verständnis. So beginnt das Verstehen mit eigenen Vorurteilen und Vormeinungen als Bedingungen des Verstehens, in denen Vermutungen über den Sinn des Textes entworfen werden. Dieses Vorwissen wird durch die Erarbeitung und Kenntnis des Textes erweitert und korrigiert. Mithilfe der erweiterten und korrigierten Vorwissens, der den Verstehensprozess erneut in Gang setzen kann, kann der Sinn des Textes besser verstanden werden. Besser würde man von der hermeneutischen Spirale sprechen, um das fortschreitende Verstehen des Textsinns als eine unendliche Aufgabe darzustellen. → KAPITEL 7.3, 12.1

Hermeneutisches Als Ein von Martin Heidegger geprägter Terminus, der anzeigt, dass sich jedes – auch das vorsprachliche Verstehen – in der Form des ‚etwas-als-etwas-Verstehens' ereignet. Es geht dem → apophantischem Als voraus, das sich auf die Als-Struktur einer expliziten Aussage bezieht. → KAPITEL 1.1, 9.2

Historismus Vom lateinischen *historia* = Geschichte; philosophische Richtung im 19./20. Jahrhundert, die in der Geschichtlichkeit das Wesen der menschlichen Existenz und des Seins schlechthin erkennt. → KAPITEL 8

Idee Von griechisch *idéa (eidos)* = das Bild, das Urbild, das Muster; das Verständnis der Idee hat sich im Laufe der Jahrhunderte immer wieder stark gewandelt. Bei Platon dienen die Ideen zur Bezeichnung des ewigen, unveränderlichen wahrhaft Seienden und Bleibenden. Sie können für Platon im Prozess der Wiedererinnerung (Anamnesis) an vorgeburtlich geschautes, aber bei der Geburt wieder vergessenes Wissen geistig erfasst werden. → KAPITEL 2

Induktion Philosophische (bzw. wissenschaftliche) Methode, die vom Einzelnen und Besonderen (von besonderen Fällen) auf das Allgemeine und eine Gesetzmäßigkeit schließt. Gegensatz: → Deduktion.

Kritische Theorie Bezeichnung für eine kritische Gesellschaftstheorie von philosophischen und soziologisch-politologischen Autoren, denen es unter verschiedenen Gesichtspunkten um eine Analyse der Gesellschaft und der Aufdeckung ihrer Ideologien geht. Ihre Vertreter (z. B. Max Horkheimer, Theodor W. Adorno, Jürgen Habermas) fasst man auch unter der Wendung Frankfurter Schule zusammen. → KAPITEL 11

Literalsinn Der buchstäbliche (wörtliche) Sinn einer Textstelle. → KAPITEL 3, 5.1

Metaphysik Die Bezeichnung Metaphysik war zunächst ein rein bibliothekarischer Titel, den im 1. Jahrhundert n. Chr. der Bibliothekar Andronikos von Rhodos zur systematischen Anordnung der aristotelischen Schriften verwendet hat, um sie in der Bibliothek nach (griechisch *metá*) den physikalischen Büchern einzureihen. Im Laufe der Zeit wurde der bibliothekarische Titel auch auf den Inhalt der Schriften des Aristoteles bezogen. Er sollte darauf verweisen, dass in den physikalischen Büchern zunächst die Erkenntnis der Naturdinge erfolgt und danach, in denen der Metaphysik, das diesen Dingen Zugrundeliegende untersucht wird. Dieses wird zwar später erkannt, ist im Grunde aber das Erste. → KAPITEL 2, 13.1

Ontologie Zusammengesetzt aus griechisch *on*, Plural *onta* = das Seiende und *logos* = Lehre; Lehre vom Sein als solchem bzw. Seienden im Allgemeinen, seinen Grundstrukturen und Grundbestimmungen. → KAPITEL 9, 13.1

Phänomenologie Zusammengesetzt aus griechisch *phainomenon* = Erscheinung und *logos* = Lehre; philosophische Strömung der Gegenwart, die auf ihren Begründer Edmund Husserl (1859–1938) zurückgeht. Der Grundbegriff der Phänomenologie Husserls ist der des intentionalen Bewusstseins, der besagt, dass Bewusstsein immer Bewusstsein von etwas ist. Ziel seiner Phänomenologie ist es, eine Beschreibung der intentionalen Akte vorzunehmen und das reine Wesen der intentional gegebenen Gegenstände (das *eidos*) mithilfe der Methode der phänomenologischen Reduktion (Einklammerung) und der Wesensschau mit „intuitiver Evidenz" zu erschauen. Zu den bedeutendsten Schülern Husserls gehören in Deutschland die Philosophen Max Scheler und Martin Heidegger. In Frankreich hat sich die Phänomenologie bei unterschiedlichen Philosophen originär weiterentwickelt, u. a. bei Jean-Paul Sartre, Maurice Merleau-Ponty, Emanuel Levinas, Paul Ricœur und Jacques Derrida. → KAPITEL 9.3

Positivismus In einem allgemeinen Sinne seit dem französischen Philosophen Auguste Comte (1798–1857) ein erkenntnistheoretischer Standpunkt, der nur das in der Erfahrung Gegebene (das Positive) für tatsächlich und sicher erkennbar hält. Die (metaphysische) Suche nach einem wahrhaft Wirklichen ‚hinter' dem Gegebenen, erscheint daher als theoretisch sinnlos und praktisch ohne Nutzen. → KAPITEL 11.3

Psychoanalyse Zusammengesetzt aus griechisch *psyché* = Seele und *análysis* = Zerlegung / Zergliederung; im allgemeinen Verständnis eine Untersuchung der menschlichen Seele. Als ihr Begründer gilt der Wiener Arzt Sigmund Freud (1856–1936), der mit der Psychoanalyse eine Methode entwickelte, die der Therapie seelischer Erkrankungen dient. → KAPITEL 11, 12

Rechtfertigung Mit der Rechtfertigung ist das zentrale Thema in der christlichen Soteriologie, der Lehre von der Erlösung des Menschen durch Jesus Christus, benannt. Im Unterschied zum üblichen Sprachgebrauch versteht man unter der Rechtfertigung im theologischen Sinn die heilsame Zuwendung Gottes zum Menschen. → KAPITEL 5

Rhapsode Vom griechischem *rapsodía* = Gesang; der Rhapsode war im alten Griechenland (ca. 5. Jahrhundert v. Chr.) ein wandernder Rezitator, der bei feierlichen Anlässen gegen Bezahlung epische Dichtung (vor allem die des Homer) vortrug. Seine Darbietung wurde von einem Saiteninstrument begleitet. Bis zur schriftlichen Aufzeichnung der literarischen Werke galt er als wichtigster Träger der Überlieferung. → KAPITEL 2.1

Strukturalismus Geisteswissenschaftliche Richtung, die von der Grundannahme ausgeht, dass jedes Objekt in Beziehung und Verbindung zu einem oder mehreren Objekten steht und die Methodenlehre daher von der Struktur als eine objektiv vorhandenen Grundgegebenheit auszugehen hat. Der Strukturalismus hat seine Anfänge in der Linguistik, und zwar in Frankreich bei Ferdinand de Saussure (1857–1913), in Prag bei Nikolaus Trubetzkoj (1890–1938) und in Russland bei Roman Jacobson (1896–1982). Grundlegend ist Ferdinand de Saussures Unterscheidung zwischen der Sprache als *langue* (Sprache als Regelsystem) und der Sprache als *parole* (die gesprochene Sprache/das Sprechen). Strukturalistisch ausgerichtete Positionen finden sich innerhalb der Anthropologie, der Ethnologie (Claude Lévi-Strauss), der Soziologie, der Psychologie bzw. Psychoanalyse (Jacques Lacan) und der Philosophie (Michel Foucault). → KAPITEL 12

Transzendentalphilosophie Primär Bezeichnung für Immanuel Kants (1724–1804) erkenntniskritische Position, die nach den Bedingungen der Möglichkeit der Erkenntnis fragt, also danach, was aller Erfahrung → a priori vorhergeht. → KAPITEL 7.1

Trinität Vom lateinischen *trinitas* = Dreizahl; auch Trinität, Dreifaltigkeit. Der Begriff bezeichnet in der christlichen Theologie unter der Grundvoraussetzung des christlichen Glaubens die Einheit der drei Personen des göttlichen Wesens, nämlich: Gott „Vater", Gott „Sohn" (Jesus Christus) und Gott „Heiliger Geist". → KAPITEL 4

www.ingramcontent.com/pod-product-compliance
Lightning Source LLC
Chambersburg PA
CBHW020408230426
43664CB00009B/1227